改訂版 生涯学習時代の
生徒指導・キャリア教育

西岡正子
桶谷 守 編

教育出版

執筆者一覧 （五十音順。所属は執筆時。カッコ内は執筆箇所） ＊…編者

阿形　恒秀　　千里金蘭大学教授（Ⅰ部7章・コラム）

新井　肇　　　関西外国語大学教授（Ⅰ部1章）

池田　誠喜　　鳴門教育大学教授（Ⅰ部6章・コラム）

池田　忠　　　嵯峨美術大学教授（Ⅰ部3章4節～5節・10章・コラム）

大塚　眞理子　滋賀県立大学非常勤講師（Ⅱ部4章3節）

＊桶谷　守　　　池坊短期大学学長・京都教育大学名誉教授（Ⅰ部2章・3章1節～3節・コラム）

金田　啓稔　　大阪電気通信大学教授（Ⅱ部4章4節・コラム）

川地　亜弥子　神戸大学教授（Ⅱ部5章）

小泉　隆平　　近畿大学教授（Ⅰ部4章・5章・コラム）

相馬　誠一　　東京家政大学名誉教授（Ⅰ部8章・9章・コラム）

＊西岡　正子　　佛教大学名誉教授（Ⅱ部3章・4章1節・4章7節・9章・コラム）

西野　絵里香　豊中市立桜井谷東小学校教諭（Ⅱ部4章2節・コラム）

林田　匡　　　熊本市立中緑小学校校長（Ⅱ部4章5節・4章6節・6章2節・コラム）

原田　紀久子　特定非営利活動法人アントレプレナーシップ開発センター理事（Ⅱ部8章・コラム）

山本　桂子　　奈良女子大学非常勤講師（Ⅱ部1章・2章・6章1節・7章）

は　じ　め　に

　教師になる前に生徒指導・キャリア教育について十分学んでいないという声を聞く。さらにキャリア教育等という新しい言葉まで出てきて困惑しているという声も。単位数も少なく、多くのことを学ばなければならないこの分野に関しては、とまどう人たちが多くいて当然といえる。しかし、どの分野に関してもいえることだが、一度学んだからといってそれで十分だとはいえない。

　この『生涯学習時代の生徒指導・キャリア教育』は、まさしく学び続ける人のための教科書として作られた。新しい要素が次々加わるが、変わらない本質もある。私たちは、何を学び、何をすればいいのか。生徒指導、キャリア教育の中心となる概念「一人ひとり」にみられるように、読者の一人ひとりが、学び続けるために、跳躍する踏み台になればと作られたのがこの本である。科学的研究に基づいた理論から、執筆者の経験知まで、生徒指導とキャリア教育に関する知見が詰められている。

　読者諸氏の独自の哲学のうえに独自の実践をしていただきたい。読者も一人ひとり異なるように、指導、支援、援助をうける児童、生徒、学生を含む若者たち、さらに成人も一人ひとり異なる。一人ひとりの成長のために役立てていただきたい。

　本文にも掲載したが、教育学者の竹内義彰は「人間を真に生かしうる方法・手順を持つことは、人間についての深い洞察と豊かな愛情を持った人間においてのみ可能だからである。つまり人間を生かすためには哲学がなければならないのである」と述べている。個人が独自の哲学をもって生徒指導・キャリア教育を実践していただきたい。生涯学習時代の今日、もう一つ付け加えるならば、常に学び成長していく人間においてのみ、人間を真に生かすことが可能ということもできる。読者諸氏も常に学び続け、独自の方法と手順を確立していただきたい。本書をスタートとして、さまざまな本を読み、さらに啓発的経験を積

み重ね生徒指導・キャリア教育を深めていっていただきたい。読者諸氏が生涯学習時代の生徒指導・キャリア教育を創り出していただきたい。

改訂版においては、異なる二つの分野である「生徒指導」と「キャリア教育」のそれぞれに相応しい形式をとっている。各部の前書きに目を通してから、読み進めていただきたい。

廣瀬智久氏、阪口建吾氏の両氏には、初版からお世話になっている。また、この度の改訂版出版にあたって、さらなるご尽力をいただき、深く感謝している。武井学氏の迅速かつ誠意ある対応に、執筆者全員が励まされた。心よりお礼申し上げる。

西 岡 正 子

目　　次

はじめに

Ⅰ部　生徒指導・教育相談・学級経営

1章　生徒指導とは……………………………………………………… 2

　1　生徒指導の意義と目的 …… 2

　　(1) 生徒指導の教育的意義 …… 3

　　(2)『生徒指導提要』改訂の背景と目指す方向性 …… 3

　　(3) 生徒指導の定義と目的 …… 5

　　(4) 生徒指導の目標としての「自己指導能力」……… 6

　　(5) 生徒指導の領域と内容 …… 7

　2　生徒指導の重層的支援構造──2軸3類4層構造とは … 8

　　(1) 生徒指導の「2軸3類4層構造」……… 8

　　(2) 発達支持的生徒指導 ……… 9

　　(3) 課題予防的生徒指導：課題未然防止教育 ………… 10

　　(4) 課題予防的生徒指導：課題早期発見対応 ………… 11

　　(5) 困難課題対応的生徒指導 …… 12

　3　生徒指導実践の理論的基盤 ………… 13

　　(1) 生徒指導の原理 …… 13

　　(2) 生徒指導の基盤となる理論 … 14

　　(3) 生徒指導において求められる力と姿勢 … 16

　　(4) 生徒指導を支える基盤 ……… 18

2章　生徒指導の方法………………………………………………… 20

　1　児童生徒理解とは ………… 20

　　(1) 児童生徒理解とは ………… 21

(2) 児童生徒理解の実際 ……… *22*

2　チーム学校と生徒指導体制 ………… *24*

(1) チーム学校（チーム支援）とは ……… *24*

(2) 機能する学校組織 ………… *25*

3　生徒指導体制 …… *27*

(1) 生徒指導体制づくりに当たって留意する点 ……… *28*

(2) 生徒指導体制の確立に向けて ………… *28*

(3) 生徒指導主事の役割 ……… *29*

(4) 教職員研修 ……… *31*

(5) 生徒指導体制の見直し ……… *32*

3章　生徒指導の課題とあり方………………………………………… *35*

1　問題行動の理解とその対応 ………… *35*

(1) 児童生徒を取り巻く社会の状況 ……… *36*

(2) 問題行動を捉える視点 ……… *37*

2　発達の課題と生徒指導 ……… *40*

(1) 発達障害理解と支援 ……… *41*

(2)「個別支援」と「集団指導」… *42*

(3) 個々の児童生徒の特性に応じた指導 … *43*

3　学校不適応と生徒指導 ……… *43*

(1) 学校不適応とは … *44*

(2) 不適応と生徒指導（具体的な方法）…… *44*

4　生徒指導と保護者、家庭との連携 …… *45*

(1) 保護者対応における留意点「さ・し・す・せ・そ」………… *46*

(2) 保護者とのこじれた関係改善に向けての留意点 … *48*

5　校内外連携 ……… *49*

(1) チーム学校とは・チーム学校が機能するための大切な視点 ………… *50*

(2) 関係機関との関係者会議（ケース会議）における留意点 …… *50*

4章　教育相談の意義と目的……………………………………………… *52*
　1　学校における教育相談の意義と役割‥*52*
　　(1) 生徒指導と教育相談………*53*
　　(2) 生徒指導と教育相談の関係‥*54*
　2　教育相談（カウンセリング）とは………*55*
　　(1) 生徒指導の一環としての教育相談……*56*
　　(2) アセスメントとは…………*56*
　　(3) カウンセリングとは………*56*
　　(4) 学校教育相談…… *57*
　　(5) 教育相談の場面…*58*
　　(6) 教育相談の三つの機能（日本学校教育相談学会, 2006, pp.21-23　一部を改変）‥*58*
　　(7) 教育相談の基本的な考え・姿勢（文部科学省, 2022, pp.14-15　一部を改変）…*59*
　3　教育相談の理論…*61*
　4　カウンセリングの方法………*62*
　5　教育相談に活かせる手法…… *63*

5章　教育相談の課題とあり方……………………………………… *66*
　1　教育相談における連携とは…………*66*
　　(1) 教師間連携………*67*
　　(2) 管理職との連携…*67*
　　(3) 保健室との連携…*68*
　　(4) スクールカウンセラー（SC）との連携…………*68*
　　(5) 保護者との連携…*69*
　　(6) 外部専門機関との連携………*70*
　2　スクールカウンセラー制度の現状と課題………*70*
　3　学校における教育相談の課題…………*71*
　　(1) 学校における教育相談と生徒指導の対立…………*72*
　　(2) 問題行動への対処…………*72*
　　(3) 教育相談に関する校内体制の充実……*74*

6章　学級経営意義と目的 ……………………………………… 75

1　学級経営とは …… 75

(1) 学級の成り立ち …… 76

(2) 学級の特質 ……… 76

(3) 学級経営の実際 …… 77

2　学級担任としての心構え …… 79

(1) 児童生徒理解 …… 80

(2) 思いやりと規範意識の醸成と支持的学級風土 …… 80

(3) 学級環境づくり …… 81

(4) 学級経営における生徒指導の四つの層に対する取組 ……… 82

(5) 合理的配慮と学級経営 ……… 83

(6) 学級経営のデザインとロジックモデルによる学級経営の展開 ………… 83

(7) 働き方の改善と学級経営 …… 84

7章　「いじめ」問題への対応 ……………………………………… 90

1　いじめ防止対策推進法における定義 ………… 90

(1) 法律におけるいじめの定義 …… 90

(2) 社会通念としてのいじめ …… 91

(3) 決していじめを見逃さない姿勢 ……… 92

2　いじめの早期発見・早期対応 ………… 92

(1) 児童生徒側の問題によるいじめ把握の難しさ …… 93

(2) 教師側の問題によるいじめ把握の難しさ ……… 93

(3) 児童生徒と教師の関係における問題によるいじめ把握の難しさ ……… 93

3　いじめに対する組織的対応 ………… 94

(1) いじめ防止対策についての教師の無理解 ………… 94

(2) 教職員間の同僚性・協働性の不十分さ … 95

4　「重大事態」への対応 ……… 96

(1) 法律等におけるいじめ重大事態の理解 … 96

(2) いじめの解消についての理解 ………… 97

(3) 被害児童生徒の支援と加害児童生徒の指導 ……… 98

5　いじめにおける保護者対応 ………… 98

(1) いじめ加害者の保護者への対応 ……… *99*

(2) いじめ被害者の保護者への対応 ……… *100*

(3) 共生社会を担うロールモデルとしての大人の連携 ………… *100*

8章 「不登校」への対応 ………………………………………… *102*

1 不登校の現状と課題 ……… *102*

(1) 不登校の定義について ……… *103*

(2) 不登校の現状について ……… *104*

(3) 長期欠席の子どもたちの現状と教育機会確保法等の国の支援について … *105*

2 不登校の子どもたちへの対応 ……… *107*

(1) 不登校の子どもたちへのかかわり ……… *108*

(2) 支援の充実と関係機関との連携 ……… *110*

9章 「希死念慮」「自殺企図」への対応 ………………………… *115*

1 「死に急ぐ」子どもたち …… *115*

(1) Aさんの場合 …… *115*

(2) 死に急ぐ子どもたち ……… *116*

2 子どもたちの希死念慮と自殺企図とその予防 … *117*

(1) 子どもの自殺念慮と自殺企図 ………… *118*

(2) 自殺予防の取組（学校、保護者、関係機関との連携）と対応 ……… *119*

10章 「インターネット・性に関する課題」に対する対応 …………… *121*

1 インターネットをめぐる課題 ……… *121*

(1) 初期対応、事実確認 ……… *121*

(2) 保護者、家庭との連携 ……… *122*

(3) 関係機関との連携 ………… *122*

(4) 未然防止 ………… *122*

2 性に関する課題 … *123*

(1) 事実確認・初期対応・保護者連携 …… *124*

(2) 学校組織としての対応 ……… *125*

(3) 未然防止 ………… *125*

II部　キャリア教育

1章　職業指導・進路指導・キャリア教育の意義と目的………………… *128*

1　職業指導の歴史にみる意義と目的 ….. *128*

(1) 職業指導の起源 … *128*

(2) 職業指導の発達 … *129*

2　日本における進路指導の発達 ………… *129*

(1) 日本における職業指導 ……… *129*

(2) 進路指導の目的と活動領域 ………… *131*

3　キャリア教育の意義と目的 ………… *132*

(1) 進路指導からキャリア教育へ ………… *132*

(2) キャリア教育で育成する力 .. *133*

2章　職業選択理論と職業適応理論………………………………… *137*

1　職業選択理論の展開 ……… *137*

(1) 特性因子論（マッチング理論）……… *137*

(2) 人格理論 ……… *138*

(3) 意思決定理論 ….. *141*

(4) 社会的学習理論 … *141*

2　職業適応理論 …… *142*

(1) 職務適合と職務満足 ……… *143*

(2) 職務満足 ……… *143*

(3) 動機づけ要因と衛生要因 ….. *144*

3　職業適性検査 …… *145*

(1) 適性検査の種類と活用 ……… *145*

(2) 職業適性検査の効用と限界 .. *145*

3章　職業的発達と自己概念の形成……………………………………………… 149
　1　職業的発達理論の展開と発達の意味 ‥ 149
　2　職業的発達理論と自己概念 ………… 151
　3　ギンズバーグの自我の発達 ………… 154
　4　成人期のキャリア発達 ……… 156

4章　キャリア教育の実践と課題……………………………………………… 161
　1　キャリア教育の新たな方向 ………… 161
　　(1) 教育基本法と学校教育法 ‥‥ 161
　　(2) 全教科・全活動を通して組織的・継続的に実施 … 162
　　(3) 教科とキャリア教育 ……… 166
　2　日々の授業とキャリア教育―学校現場における実践の工夫 ……… 167
　　(1) キャリア教育実践における環境作りの大切さ ‥‥ 167
　　(2) 差異が生まれる「しかけ」… 168
　　(3) ことばをつなぐ … 168
　　(4) オープンエンドの話し合い ‥ 169
　3　家庭科教育とキャリア教育―学校現場における実践の工夫 ……… 170
　　(1) 発達段階を踏まえた指導 ‥‥ 171
　　(2) 実践的・体験的活動の重視 ‥ 171
　　(3) 課題解決的な学習の充実 ‥‥ 171
　　(4) 消費者教育的視点の重視 ‥‥ 171
　　(5) 他教科との関連を図る ……… 172
　　(6) 外部機関との連携や外部人材の活用 ‥‥ 172
　4　体育・スポーツ指導とキャリア教育―学校現場における実践の工夫 … 172
　　(1) 体育・スポーツ指導とキャリア教育 ‥‥ 172
　　(2) 大学スポーツ指導とキャリア教育の実際 ………… 175
　5　学校の特色に応じた実践 ‥‥ 176
　　(1) 学校をプラットホームにした生涯学習の展開 ‥‥‥ 176
　　(2) 地域との連携による体験活動の推進 ‥‥ 176
　　(3) 社会参画意識の醸成 ……… 177
　　(4) カリキュラム・マネジメントによるキャリア教育の推進 ‥‥ 177

6　学校・家庭・地域の連携 …… *178*

7　働くということの問題点 …… *179*

5章　生徒指導、および進路指導と生活綴方 …………………………… *186*

1　生活綴方とは何か ………… *186*

2　生活指導の源流 … *188*

(1)　峰地光重の生活指導論 ……… *188*

(2)　小砂丘忠義の生活綴方論 …… *189*

3　生活綴方と進路指導——作品「職業」をめぐる議論 …… *189*

4　戦前の綴方教師の進路指導——秋田市高等小学校を例に ………… *192*

6章　進路相談とキャリア教育 ……………………………………… *195*

1　進路相談の理論と方法 ……… *195*

(1)　進路相談とカウンセリング ………… *195*

(2)　進路相談の技法 … *196*

(3)　キャリア・カウンセリング ………… *198*

2　進路相談の課題と展望 ……… *199*

(1)　進路相談の課題 … *199*

(2)　進路相談の展望 … *200*

7章　障害のある児童生徒、および病弱児のキャリア教育 ……………… *204*

1　障害のある児童生徒のキャリア教育 ‥ *204*

(1)　障害のある子どもの学びの場 ………… *204*

(2)　障害のある子どものキャリア教育 …… *205*

(3)　キャリア選択と課題 ……… *206*

2　病気療養児の学習とキャリアサポート ………… *207*

(1)　キャリア発達を支える学習 ‥ *207*

(2)　トータル・ケアとしてのキャリア教育 ………… *210*

8章　アントレプレナーシップ教育……………………………………… 213
- 1　アントレプレナーシップ教育推進の背景 ……… 213
  - (1) アントレプレナーシップとは ………… 213
  - (2) 学校教育での取り組み ……… 214
  - (3) 日本の取り組み … 215
- 2　アントレプレナーシップ教育について ………… 216
  - (1) キャリア教育とアントレプレナーシップ教育 …… 216
  - (2) アントレプレナーシップをいかに育てるか ……… 216
  - (3) 実践と教育効果 … 218
  - (4) アントレプレナーシップ溢れる学校づくりへ …… 219

9章　生涯学習時代のキャリア教育…………………………………… 222
- 1　人生を拓くキャリア教育 …… 222
  - (1) 生涯にわたる発達と学習 …… 222
  - (2) 意識変容という概念の出現 … 223
  - (3) キャリア・ダイナミクスと学習 ……… 225
- 2　キャリア教育における主体性 ………… 226
  - (1) 定義にみる主体性 ………… 226
  - (2) 個人の発達と主体性 ……… 227

COLUMN
- 生徒指導雑感「じゃんけん」… 34
- 教育相談における傾聴 ……… 65
- 学級経営とアセスメントツール ……… 85
- そうじの手引き …… 86
- いじめへの対応における関係修復の視点 ………… 101
- 不登校の子どもたちへ学びの場を（京都市立洛風中学校）… 114
- スポーツと生徒指導・キャリア教育 …… 136
- 職業教育とキャリア教育（進路指導・職業指導）………… 148

未来年表に見る今 ―求められるキャリア教育― ………… 160

アメリカのキャリア教育改革
　―学校教育と職業に就いて生きていくことの結びつき― ……… 185

毎日の健康観察の時間に、話す・書く活動を …… 194

「学校と地域の連携・協働」によるキャリア教育の実践 …… 203

10年後の仕事 ……… 221

カナダ・カルガリー大学における女性のキャリア教育 …… 231

I 部

生徒指導・教育相談・学級経営

　2013年の『生涯学習時代の生徒指導・キャリア教育』初版から11年が経過し、その間、グローバル化やAI（人工知能）の進化、少子高齢化など、教育を取り巻く状況は大きく変化してきた。文部科学省によると、「現在の日本の教育における課題」として挙げられているのが、いじめ・不登校等の生徒への対応、特別支援教育の充実、外国人児童生徒への対応、子どもの学力低下への対策、家庭の貧困による教育格差などである。

　このような背景事情のなか、『生徒指導提要』が改訂された。大きなポイントとして、「特定の児童生徒に焦点化した『事後』指導・援助から、全校体制で取り組む全ての児童生徒の『成長・発達を支える生徒指導』への転換」すなわち、「**させる生徒指導から支える生徒指導への転換**」である。教育の主体は、あくまでも児童生徒であり、大人が考えた方向を指し示す「指導」中心ではなく、児童生徒が自ら考え、判断し、行動するための支援をすることを力点に置くことが求められている。そのためには、学校という組織、教職員一人ひとりの意識の改革が必要である。その指針となることを願って、I 部では、各節に「演習課題」と「考え方の観点」を示し、読者諸氏と共に考えを進めていけるよう改訂を行った。

（桶谷 守）

〈引用・参考文献〉
文部科学省（2022）『生徒指導提要（改訂版）』
国立教育政策研究所　生徒指導・進路指導研究センター『生徒指導リーフ』

1章　生徒指導とは

1　生徒指導の意義と目的

演習課題

　学校教育における生徒指導の意義、および『生徒指導提要』改訂の背景と目指す方向性を理解したうえで、生徒指導の定義、目的、目標、領域と内容について考えてみよう。

考え方の観点

　生徒指導は、児童生徒一人ひとりが個性やよさ、可能性を実現する過程を支えると同時に、公共性を備えた市民社会の形成者となるように働きかける教育活動である。変動する社会のなかでの生徒指導においては、将来を見通して、社会で充実して生きることができるようになるための「指導・援助・支え」（支援）を体系的に未来志向で行うことが求められる。

（1）生徒指導の教育的意義

　生徒指導は、「学校の教育目標を達成する上で重要な機能を果たすものであり、学習指導と並んで、学校教育において重要な意義を持つ」教育活動である。

（2）『生徒指導提要』改訂の背景と目指す方向性

　急激な社会変化と問題行動や不登校の深刻化を背景に、子ども支援の視点に立ち、「チーム学校」による「支える生徒指導」への転換が目指されている。

（3）生徒指導の定義と目的

　生徒指導は、現在、そして将来、社会で充実して生きることの指導・援助・支え（三つを合わせて支援）であり、個性化と社会化の実現を、その目的とする。

（4）生徒指導の目標としての「自己指導能力」

　児童生徒が「自己指導能力」を獲得するために教職員が留意すべき「生徒指導の実践上の視点」は、①自己存在感の感受、②共感的な人間関係の育成、③自己決定の場の提供、

2　　I部　生徒指導・教育相談・学級経営

④安全・安心な風土の醸成、である。

（5）生徒指導の領域と内容

　生徒指導はすべての教職員が担うものであるが、特に、児童生徒を直接に支援する担任の役割と、生徒指導部の仕事内容について明確にする必要がある。

（1）生徒指導の教育的意義

　教育基本法第1条で規定されているように、学校教育は「人格の完成を目指し、平和で民主的な国家及び社会の形成者として必要な資質を備えた心身ともに健康な国民の育成を期して行われなければならない」ものである。第2条には、そのために必要な、豊かな情操を培い健やかな身体を養うこと、自主自立の精神や勤労の精神を養うこと、主体的な社会の形成者となること、国際社会の平和や発展に寄与する態度を養うことなど、具体的な目標が示されている。

　生徒指導は、このような「学校の教育目標を達成する上で重要な機能を果たすものであり、学習指導と並んで学校教育において重要な意義を持つ」教育活動である（文部科学省, 2022, p.12）。各教科・道徳科・総合的な学習の時間・特別活動が、学習指導要領に指導内容や到達目標などが明示され教育課程に位置づけられているのに対し、生徒指導は、それらの領域を含むすべての教育活動において教育目標を達成するための「機能」として働くものといえる。

（2）『生徒指導提要』改訂の背景と目指す方向性

　2022年12月に生徒指導の基本書である『生徒指導提要』（文部科学省）が、改訂された（以下、『生徒指導提要』（2022）と表記）。

　改訂の背景として第一にあげられるのは、2020年代に入り児童生徒を取り巻く社会環境が大きく変化するなかで、コロナ禍の影響もあって、不登校児童生徒数や自殺者数、いじめの重大事態の発生件数や小学生の暴力行為の発生件数が増加傾向にあり、児童生徒が抱える課題の深刻化がみられたことである（文部科学省, 2024）。

　さらに、このような状況のなかで、生徒指導の方向性をめぐって、学校およ

び教職員に突きつけられている四つの課題が指摘できる。

第一に、VUCA（Volatility 変動性、Uncertainty 不確実性、Complexity 複雑性、Ambiguity 曖昧性）な時代といわれる予測困難な「変動社会」に対応する力を児童生徒が身につけるために生徒指導ができることは何か、という課題である。「多くの知識を身につけ、現実にどう適応するのか」（適応力）という問いから、「今ないものが現れたときにどう対応するのか、また、新たなものをどう創り出すのか」（対応力・創造力）という問いへの変換が求められていると考えられる。

第二に、虐待や貧困など困難な家庭環境に置かれた子どもたちや、発達障害やLGBTQ、外国籍など多様な背景をもつ子どもたちが増加するなかで、同化主義でなく多文化主義に立ち、排除でなく受容と包摂を目指す生徒指導をどう進めるのか、という課題である。「共生社会」の一員として、大人と子どもが一体となって、どのような社会をつくっていくのかが問われている。

第三に、2013年の「いじめ防止対策推進法」の成立、2016年の「自殺対策基本法」の改正、2017年の「教育機会確保法」の施行、2022年の「こども基本法」の成立など生徒指導に関連する法令の成立、改正が相次ぐなかで、「子どもを守る」ための法の理解に基づく生徒指導をどう実践するのか、という課題である。

第四に、生徒指導上の課題が山積するなかで、教職員の多忙を解消するための「働き方改革」と生徒指導の充実をどう両立させるのか、という課題である。

改訂は、これら四つの課題に答えるべく、生徒指導の概念や目的、方法などを整理し直すとともに、従来の生徒指導観から脱却した新たな生徒指導実践の方向性を示そうとして進められた。

『生徒指導提要』（2022）が目指す生徒指導の基本的方向性は、次の3点にまとめられる。

第一に、特定の児童生徒に焦点化した事後の指導・援助から、日常の教育活動全般を通じて、全ての児童生徒の成長・発達を「支える生徒指導」への転換が目指されている。「育てる」「育む」といった表現が極めて少なくなり、多くが、児童生徒が「○○な力を身につける」ように働きかける、「成長・発達する」こ

とを支える、という表現に置き換えられた。教職員が主語の「させる生徒指導」から、児童生徒が主語の「支える生徒指導」への重点移行と捉えることができる。

第二に、教室での教科の学びを「社会で充実して生きる」ことにつなげるために、学習指導と生徒指導の一体化が目指されている。授業のなかに、知識や思考力を身につけ学力を高めるだけではなく、児童生徒が個性を伸ばし社会性を身につけるように働きかける生徒指導の視点を意識して組み込んでいくことを意味する。「主体的・対話的で深い学び」の実現と重なるものと考えられる。

第三に、「働き方改革」も考慮しつつ、学校内外の連携・協働に基づく「社会に開かれたチーム学校」としての生徒指導体制を構築し、手詰まり状態にある学校状況を切り拓くための生徒指導のあり方が模索されている。

（3）生徒指導の定義と目的

生徒指導は、もともとアメリカのスクールカウンセリングの「ガイダンスとカウンセリング」（guidance & counseling）の考え方を下敷きにしたものである。外的な規制による指導だけでなく、児童生徒の内面に働きかける相談的要素をもつ教育活動として捉えることができる。『生徒指導提要』（2022）においても、生徒指導とは、「児童生徒が、社会の中で自分らしく生きることができる存在へと、自発的・主体的に成長や発達する過程を支える教育活動」であり、「生徒指導上の課題に対応するために、必要に応じて指導や援助を行う」（同書, p.12）働きかけ（機能）であると定義されている。つまり、生徒指導は、すべての教職員が、すべての児童生徒を対象に、あらゆる教育活動を通じて、その自発的かつ主体的な成長・発達の過程を支えることを基盤とし、課題性が高まった場合に必要に応じて課題解決に向けた指導や援助を行う教育活動であるという構造が示されたと捉えることができる。したがって、教職員は児童生徒の成長や発達を支える教育の専門性をもった支援者として位置づけられたといえるであろう。

また、「生徒指導は、児童生徒一人一人の個性の発見とよさや可能性の伸長と社会的資質・能力の発達を支えると同時に、自己の幸福追求と社会に受け入れられる自己実現を支えることを目的とする」（同書, p.13）と、その目的が「個

性化」と「社会化」にあることが明示された。生徒指導には、児童生徒の個人としての自己実現（「個性化」）を支える側面とともに、社会づくりの担い手となるための社会性の発達（「社会化」）を促す指導・援助という側面があるといえる。その観点から生徒指導を捉えると、ガイダンスとしての「狭義の生徒指導」、カウンセリングとしての「教育相談」、「キャリア教育」（進路指導・進路相談）から構成される「広義の生徒指導」（「包括的児童生徒支援」と言い換えることもできる）においては、教育相談とキャリア教育が主に「個性化」に、狭義の生徒指導が主に「社会化」に軸足を置いていると考えることができる。

（4）生徒指導の目標としての「自己指導能力」

　生徒指導の目標である「自己指導能力」について、『生徒指導提要』（2022）においては、「児童生徒が、深い自己理解に基づき、『何をしたいのか』、『何をするべきか』、主体的に問題や課題を発見し、自己の目標を選択・設定して、この目標の達成のため、自発的、自律的、かつ、他者の主体性を尊重しながら、自らの行動を決断し、実行する力」（同書，p.13）と定義されている。社会のなかで独立した人間として自主的に判断し、他者を価値ある存在として尊重しつつ、主体的・自律的に行動し積極的に自己を生かしていくことができる力を指すものと考えられる。危機も含めさまざまな場面で社会的に好ましい行動を選択し、自分の素質・能力・興味・関心などを伸長させていく姿勢・意欲ともいえる。

　児童生徒が自己指導能力を獲得することを教職員が支えるうえで留意すべき「生徒指導の実践上の視点」として、次の4点が示された（同書，pp.14-15）。

① **「自己存在感の感受」**：一人ひとりをかけがえのない存在と捉え、個性や独自性を大切にする。

② **「共感的人間関係の育成」**：自他の個性を尊重し、相手の立場に立って考え行動できる協力的な人間関係を学級の内外に築く。

③ **「自己決定の場の提供」**：自ら考え、選択し、決定し、行動する経験が得られる機会を意図的に設定する。

④ **「安全・安心な風土の醸成」**：お互いの個性や多様性を認め合い、安心して

授業や学校生活を送ることができる風土をつくる。

(5) 生徒指導の領域と内容

　生徒指導はすべての教職員が担うものである。ただ、第一義的に責任を負うのは、児童生徒の最も身近な理解者として支え、指導・援助に直接あたる「担任」といえる。特に小学校では、その色彩が強くあらわれるが、学校全体として指導方針を決め、教職員集団の共通理解に基づく統一性のある生徒指導を展開していくことが求められる。そのために置かれているのが、校内組織としての「生徒指導部」であり、責任者としての「生徒指導主事」（学校教育法施行規則，1975 年）である。

　生徒指導はあらゆる教育活動に伴う「機能」である。しかし、機能という表現によって、具体的に何をするのかという点が曖昧にされてしまうきらいがある。これからの生徒指導を考えるうえで、生徒指導とは何をすることなのか、つまり、生徒指導部を中心に全校で取り組む仕事内容を明らかにすることが求められる。生徒指導が担う役割の明確化という視点から、主に生徒指導部が担う具体的な仕事内容を整理すると、次のようになる（図 1）。

直接指援	児童・生徒、保護者への面接・危機介入等の働きかけ（指導・援助）
心理教育	予防・スキル教育（薬物乱用防止や SST 等）の計画・実施
情報収集	児童生徒理解（アセスメント）のための情報収集・照会
同僚支援	同僚との相談、コンサルテーション、レクリエーション
研修活動	校内研修・事例検討会・講演会等の企画・運営
周知啓発	ニュースレター（生徒指導便り）の発行、SC や相談室の広報活動
環境整備	生徒指導室・教育相談室の整備、校内掲示物や備品等への配慮
情報管理	記録の管理、デジタルデータのセキュリティ、書類の整理などの事務
行動連携	学校間連携、SC、SSW、SL および学校外の専門機関等との連携

図 1　生徒指導の仕事内容

2　生徒指導の重層的支援構造——2軸3類4層構造とは

演習課題

　生徒指導の重層的支援構造（2軸3類4層構造）について、4層それぞれの意味と具体的内容を、いじめ対応を例に考えてみよう。

考え方の観点

　個人の経験や勘に頼る生徒指導から理論に基づく見通しをもった生徒指導への転換を図るために、課題発生の有無から2軸、対象となる児童生徒の範囲と課題性の高低から3類4層で構成される生徒指導の重層的支援構造が示された。

（1）生徒指導の「2軸3類4層構造」

　生徒指導を時間軸で2分類し、対象となる児童生徒の範囲と課題性の高低から3類4層に構造化し、理論に基づく見通しをもった生徒指導の実現を目指す。

（2）発達支持的生徒指導

　すべての児童生徒を対象に、特定の課題を意識することなく、日常のあらゆる教育活動を通じて、その成長・発達を支える、生徒指導の基盤となるものである。

（3）課題予防的生徒指導：課題未然防止教育

　すべての児童生徒を対象に、特定の課題に焦点化した（いじめ防止、自殺予防等）未然防止プログラムを実施する。

（4）課題予防的生徒指導：課題早期発見対応

　課題の前兆行動がみられる一部の児童生徒を対象に、早期に課題に気づき、即応的にかかわることで、課題を深刻化させずに早期の課題解決を目指す。

（5）困難課題対応的生徒指導

　深刻な課題を抱えたり危機に陥ったりした特定の児童生徒への指導・援助を、組織を活かして継続的に行い、課題解決や危機の乗り越えを目指す。

（1）生徒指導の「2軸3類4層構造」

　『生徒指導提要』（2022）においては、これからの生徒指導の方向性として、特定の児童生徒に焦点化した事後の指導・援助から、日常の教育活動を通じて

すべての児童生徒の成長・発達を「支える生徒指導」への転換が示された。そのことを受けて、課題の発生の有無から時間軸で「常態的・先行的（プロアクティブ）な生徒指導」と「即応的・継続的（リアクティブ）な生徒指導」に2分類したうえで、対象となる児童生徒の範囲と課題性の高低の観点から、①すべての児童生徒の成長・発達を支える「発達支持的生徒指導」（1層）、②すべての児童生徒を対象とした「課題未然防止教育」（2層）と課題の前兆行動がみられる一部の児童生徒を対象とした「課題早期発見対応」（3層）から構成される「課題予防的生徒指導」、③深刻な課題を抱えた特定の児童生徒への指導・援助を行う「困難課題対応的生徒指導」（4層）という重層的支援構造が示された（図2）。

構造化することにより、往々にして個人の経験や勘に頼って行われてきたこれまでの生徒指導実践を、理論に基づく見通しをもった生徒指導実践へと転換を図ることが目指されている。

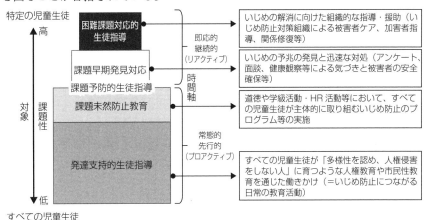

図2　生徒指導の重点的支援構造（いじめ対応を例に）
（『生徒指導提要（2022）』p.19図2、P.129図9を参考に作成）

(2) 発達支持的生徒指導

発達支持的生徒指導は、「特定の課題を意識することなく、全ての児童生徒を対象に、学校の教育目標の実現に向けて、教育課程内外の全ての教育活動

において進められる」ものであり、「生徒指導の基盤」として位置づけられた。発達支持的という言葉は、「あくまでも児童生徒が自発的・主体的に自らを発達させていくことが尊重され、その発達の過程を学校や教職員がいかに支えていくか」という児童生徒に向き合う際の基本的な立ち位置を示したものである。

　発達支持的生徒指導においては、「日々の教職員の児童生徒への挨拶、声かけ、励まし、賞賛、対話、及び、授業や行事等を通した個と集団への働きかけ」を通して、児童生徒が、「自己理解力や自己効力感、コミュニケーション力、他者理解力、思いやり、共感性、人間関係形成力、協働性、目標達成力、課題解決力などを含む社会的資質・能力」および「自己の将来をデザインする」キャリアデザイン力、さらには、「共生社会の一員となる」ための市民性意識、人権意識などを身につけることが目指される。つまり、教職員と児童生徒との日常的なコミュニケーションを通して、すべての児童生徒の成長・発達を支える働きかけを行うことが「発達支持的生徒指導」といえる（同書, p.20）。

　発達支持的生徒指導の最たる場は授業である。わからなかったことがわかるようになる、できなかったことができるようになる、といった経験を重ねることで自信をもてるようになったり、さまざまな教科の学習を通して自分にとって特別に好きなもの、打ち込めるものを見いだしたりすることが、成長・発達につながる。したがって、児童生徒にとって「わかる授業」、時にはワクワクしたり、感動したりする授業を行うことが発達支持的生徒指導に他ならない。また、集団活動を中心とする特別活動において、何らかの役割を果たすことで周りから認められたり、他者と協働することで課題を達成したりする経験を通して、自己有用感や協働することの大切さを実感することも成長・発達につながると考えられる。このような働きかけを、各教科、道徳科、総合的な学習（探究）の時間、特別活動等において、全校的な取組として進めることが求められる。

（3）課題予防的生徒指導：課題未然防止教育

　課題未然防止教育は、すべての児童生徒を対象に「生徒指導の諸課題の未然防止をねらいとした、意図的・組織的・系統的な教育プログラム」として実施

される。具体的には、「いじめ防止教育、SOS の出し方教育を含む自殺予防教育、薬物乱用防止教育、情報モラル教育、非行防止教室等」（同書, p.20）が該当する。

　いじめ防止教育を例に考えると、すべての児童生徒が人権教育や市民性教育、法教育等を通じて、「他者を尊重し、人権を守る人」に育つように日常的に働きかける「いじめ防止につながる発達支持的生徒指導」を基盤に、「いじめ防止という課題に焦点化した未然防止教育」として、道徳科や学級・ホームルーム活動等において、「いじめ防止対策推進法」や自校のいじめ防止基本方針への理解を深め、「いじめをしない態度や能力」を身につけるための取組を行うことが考えられる。実施にあっては、「生徒指導部を中心に、SC 等の専門家等の協力も得ながら、年間指導計画に位置付け、実践すること」（同書, p.21）が求められる。

(4) 課題予防的生徒指導：課題早期発見対応

　課題早期発見対応とは、「課題の予兆行動が見られたり、問題行動のリスクが高まったりするなど、気になる一部の児童生徒を対象に、深刻な問題に発展しないように、初期の段階で諸課題を発見し、対応」する予防的な取組である。具体的には、「ある時期に成績が急落する、遅刻・早退・欠席が増える、身だしなみに変化が生じたりする児童生徒に対して、いじめや不登校、自殺などの深刻な事態に至らないように、早期に教育相談や家庭訪問などを行い、実態に応じて迅速に対応」することを指す。

　早期発見のためには、「いじめアンケートのような質問紙に基づくスクリーニングテストや、スクールカウンセラーやスクールソーシャルワーカーを交えたスクリーニング会議」によって気になる児童生徒を早期に見いだし、指導・援助につなげることが重要である。生徒指導の取組上の留意点として、悩みや不安を抱える児童生徒の早期発見・対応において、ICT を活用することの効果が指摘されているが、同時に「ICT により得られる情報はあくまで状況把握の端緒であり、それにより支援の画一化が生じたりしないよう留意」（同書, p.35）することが求められている。教職員がデジタル情報に過度に依存することなく、日々の健康観察における表情や声の変化、ノートの文字の筆圧の違い

やアンケートの回答を書いたり消したり逡巡した痕跡、といったアナログ情報から心の状態に気づく感度を保つことも忘れてはならないであろう。

なお、早期対応においては、「主に、学級・ホームルーム担任が生徒指導主事等と協力して、機動的に課題解決を行う機動的連携型支援チームで対応する」ことになるが、問題によっては、「教職員が協働して校内連携型支援チームを編成し、組織的なチーム支援によって早期に対応する」ことも必要になる。管理職と生徒指導主事とでケースのリスク評価を行い、どのような形態のチームで対応するのかを判断することが求められる。

(5) 困難課題対応的生徒指導

「いじめ、不登校、少年非行、児童虐待など特別な指導・援助を必要とする特定の児童生徒を対象に、校内の教職員（教員、SC、SSW 等）だけでなく、校外の教育委員会等（国立大学法人、学校法人などを含む）、警察、病院、児童相談所、NPO 等の関係機関との連携・協働による課題対応を行う」のが、困難課題対応的生徒指導である（同書, pp.21-22）。

困難な課題を抱えた児童生徒の背景には、「児童生徒の個人の性格や社会性、学習障害・注意欠陥多動性障害・自閉症などの発達障害といった個人的要因、児童虐待・家庭内暴力・家庭内の葛藤・経済的困難などの家庭的要因、また、友人間での人間関係に関する要因など、様々な要因」が絡んでいる（同書, p.22）。学校として、このような課題の背景を十分に理解したうえで、課題に応じたチーム編成を行い、「計画的・組織的・継続的な指導・援助を行う」ことが求められる。

生徒指導というと、課題にいち早く気づきすぐに対応する（「課題早期発見対応」）、あるいは、困難な課題に対して組織的に粘り強く取り組む（「困難課題対応的生徒指導」）ということがイメージされがちであるが、これからの生徒指導を考えたとき、いじめの重大事態や自殺の増加などの深刻な課題に対して、「起きてからどう対応するかという以上に、どうすれば起きないようになるのかという点に注力すること」（「課題未然防止教育」・「発達支持的生徒指導」）が何より大切であると思われる（同書, p.22）。

3　生徒指導実践の理論的基盤

演習課題

　生徒指導を効果的に進めるうえで、**教職員に求められる力はどのようなものか**、また実践を支える理論としてどのようなものがあるか、考えてみよう。

考え方の観点

　社会環境の急激な変化と学校の存在意義自体の揺らぎのなかで効果的な生徒指導を進めるには、生徒指導の原理や理論的基盤を理解したうえで、教職員の生徒指導実践力と学校内外の連携に基づく組織的生徒指導力の向上が求められる。

（1）生徒指導の原理

　生徒指導においては、児童生徒の人格を尊重し、子ども支援の視点に立って、将来を見通した自己実現と現在の学校生活の充実を支えることが求められる。

（2）生徒指導の基盤となる理論

　これからの生徒指導において、「ガイダンス」と「カウンセリング」、および「ソーシャルワーク」を理論的基盤とする総合的な知の体系化が求められる。

（3）生徒指導において求められる力と姿勢

　生徒指導を効果的に進めるうえで、個々の教職員の「わかる力」、「いかす力」、「つながる力」と、学校としての「めざし、まとめる力」が求められる。

（4）生徒指導を支える基盤

　生徒指導の基盤として、管理職のリーダーシップと教職員集団の同僚性、および学校と保護者、地域住民、関係機関等との連携・協働があげられる。

（1）生徒指導の原理

　2010 年に公刊された『生徒指導提要』（文部科学省，2010）において、生徒指導とは、「一人一人の児童生徒の人格を尊重し、個性の伸長を図りながら、社会的資質や行動力を高めることを目指して行われる教育活動のことです。すなわち生徒指導は、すべての児童生徒のそれぞれの人格のよりよき発達を目指すとともに、学校生活がすべての児童生徒にとって有意義で興味深く、充実した

1章　生徒指導とは　　*13*

ものになることを目指しています」（同書，p.1）と概念規定されている。つまり、生徒指導は、児童生徒一人ひとりをかけがえのない存在として尊重することを前提としたうえで、将来を見通した社会における自己実現を支えるとともに、現在の学校生活が有意義で充実したものになることを目指す働きかけといえる。

このような「生徒指導」についての基本的な考え方（原理）は、『生徒指導提要』（2022）においても、生徒指導を貫く理念として保持されている。それに加えて、日本も1994年に批准した国連「児童の権利に関する条約」（1989年）に即した子どもの権利擁護について理解し、子ども支援の視点に立った生徒指導を進めることの重要性が指摘されている。生徒指導実践において、この条約の四つの原則「第一に、児童生徒に対するいかなる差別もしないこと、第二に、児童生徒にとって最もよいことを第一に考えること、第三に、児童生徒の命や生存、発達が保障されること、第四に、児童生徒は自由に自分の意見を表明する権利を持っていること」（同書，pp.32-33）を教職員間で共通理解することが不可欠である。

（2）生徒指導の基盤となる理論

生徒指導実践を支える理論的基盤は、その成立の経緯から考えても、ガイダンス（guidance）とカウンセリング（counseling）である。

ガイダンスについて、「中学校学習指導要領解説 特別活動編」（文部科学省，2017，p.131）では、「生徒のよりよい適応や成長、人間関係の形成、進路等の選択等に関わる、主に集団の場面で行われる案内や説明であり、ガイダンスの機能とは、そのような案内や説明等を基に、生徒一人一人の可能性を最大限に発揮できるような働きかけ、すなわち、ガイダンスの目的を達成するための指導を意味するものである」と説明されている。さらに、具体的な教育活動として、①「生徒の学級・学校生活への適応やよりよい人間関係の形成」、②「学習活動や進路等における主体的な取組や選択及び自己の生き方などに関して、教師が生徒や学級の実態に応じて、計画的、組織的に行う情報提供や案内、説明」、③「学習や活動などを通して、課題等の解決・解消を図ることができるように

なること」の3点が例示されている。ガイダンスは、教員の説明だけに留まらず、児童生徒が人間関係形成力や課題解決力を身につけることを目指す働きかけといえる。

ガイダンスの実践にあたっては、①発達心理学（生徒の発達段階に応じた支援を行うための理論）、②教育社会学（学校環境や社会的背景が生徒の行動や選択に与える影響を考慮し、社会的文脈を理解するための理論）、③キャリア教育理論（自己理解や職業理解を促進するプログラムに基づき、将来の社会的自立に向けた支援を行うための理論）、④システム理論（家庭、学校、地域社会などのシステムが児童生徒の行動や選択にどう影響するかを理解するための理論）、⑤多文化教育理論（多様な背景を持つ児童生徒に対する理解を深め、インクルーシブな支援を行うための理論）、などが提供する知見を活かすことが重要である。

一方、カウンセリングについては、カウンセリング心理学の理論と方法が実践の基盤として考えられる。國分（1990）によれば、カウンセリングは「言語的および非言語的コミュニケーションを通して、（悩みや問題を抱えた）健常者の行動変容を試みる人間関係」である（國分, 1990）。対話によって生まれる本人の「気づき」と「選択」を通して持続的な行動変容を目指すという考え方は、児童生徒が「自己指導能力」を身につけるために、「最後は自分が決めた」という意識を持てるような働きかけを行うという生徒指導の考え方と重なり合うところが多い。

ジェルソー＆フリッツ（2001）は、カウンセリング心理学の特徴を次の5点にまとめている（フリッツ, 2001）。
①健康なパーソナリティ、あるいは「正常範囲」に近い問題やクライエントに主眼を置く。クライエントは日常生活上の問題を抱える人である。②重度の精神障害者に働きかける場合でも、彼らのもつ強さや資質、精神面での健やかさに焦点をあてる。③比較的短期間の介入を行う。④人と環境の相互作用に焦点をあてる。コンサルテーション（consultation）、アウトリーチ（outreach）、環境修正（environmental modification）といった活動に注目する。⑤個人の

1章　生徒指導とは　　*15*

教育やキャリア発達を重視し、教育環境や職場環境に焦点をあてる。

　以上のような特徴から、カウンセリング心理学における介入は多様性に富むものとなる。カウンセリングだけでなく、ガイダンス、トレーニング、コンサルテーション、アウトリーチ、心理教育など多様な手立てを用いて相談者のニーズに応えようとする。介入の目的や視点、方法という点において、生徒指導がカウンセリング心理学から得られる示唆は極めて大きいと考えられる。

　さらに、『生徒指導提要』（2022）では、「ガイダンスとカウンセリング」に加えて、「ソーシャルワーク」（social work）の視点が広範囲に取り入れられている。「ソーシャルワーク専門職のグローバル定義」によれば、ソーシャルワークとは、「社会変革と社会開発、社会的結束、および人々のエンパワメントと解放を促進する、実践に基づいた専門職であり学問である。社会正義、人権、集団的責任、および多様性尊重の諸原理は、ソーシャルワークの中核をなす。(中略) ソーシャルワークは、生活課題に取り組みウェルビーイングを高めるよう、人々やさまざまな構造に働きかける」ものである（日本ソーシャルワーカー連盟HP）。

　これからの生徒指導を包括的児童生徒支援という観点から効果的なものにしていくためには、「ガイダンス」、「カウンセリング」、「ソーシャルワーク」（「指導と相談と社会的支援」）を理論的基盤とする総合的な知の体系化が求められるのではないだろうか。

（3）生徒指導において求められる力と姿勢

　中央教育審議会（2012）の答申『教職生活の全体を通じた教員の資質能力の総合的な向上方策について』のなかで、これからの社会において教職員に求められる資質能力として、「教職生活全体を通じて自主的に学び続ける力」、「専門職としての高度な知識・技能」と並んで、「総合的な人間力」、すなわち、豊かな人間性や社会性、コミュニケーション力、同僚とチームで対応する力、地域や社会の多様な組織等と連携・協働する力があげられている。生徒指導に焦点化すれば、児童生徒の危機や困難な状況に対し、協働して柔軟な姿勢で課題

16　　I部　生徒指導・教育相談・学級経営

解決に取り組む力量が求められているといえる。そのためには、日々の生徒指導実践を振り返り、理論に基づいて課題解決を追求していく姿勢を、個人のみならず、教職員集団として保持することが必要となる。

加えて、児童生徒の問題行動や危機が、わかりにくさを伴って複雑化している現在、生徒指導を進めるうえで次の三つの実践力が求められる。

第一に、児童生徒自身や児童生徒が置かれている状況を理解する力、「わかる力」である。心理的・発達的な理論に基づいて、問題の見立てを行うときや方針を立てるときに働かせる力（アセスメント力）といえる。個々の児童生徒の個別的な理解とともに、家庭環境や社会的背景、学校状況への理解が求められる。

第二に、困難な状況においても解決志向で物事を前向きに捉え、指導の難しい児童生徒のなかにもリソース（資源、能力、よいところ）を見いだす柔軟な気づきやかかわる姿勢が必要とされる。具体的な指導場面や面談において発揮される「よさを引き出し、失敗をいかす力」（コミュニケーション力）といえる。

第三は、同僚や保護者、地域の人々、関係機関と「つながる力」（コーディネート力）である。児童生徒の問題が多様化、重層化していくなかで、校内の協働体制はもとより、校外の関係機関等との連携を図ることが強く求められる。

これら三つの力を発揮するために、日々の実践を振り返り、理論に基づいて課題解決を追求していく姿勢を、個人のみならず、教職員集団として保持することが望まれる。そのためには、管理職のトップリーダーシップの下、生徒指導主事等を中心に、学校目標に基づいて、生徒指導目標の具体化と取組の組織化を進める「めざし、まとめる力」（マネジメント力）が不可欠の前提となる（図3）。

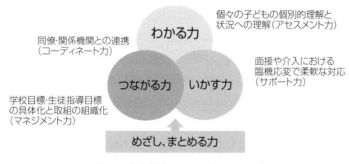

図3　生徒指導において求められる力

1章　生徒指導とは

(4) 生徒指導を支える基盤

『生徒指導提要』(2022) では、学校内における生徒指導の基盤として、生徒指導のマネジメントサイクルを支える管理職のリーダーシップと協働性の土台となる教職員集団の同僚性の重要性が指摘されている。

生徒指導を切れ目なく、効果的に進めるためには、まず「学校の環境、児童生徒の状況、保護者や地域の人々の願い等について、調査や聴取を実施」し、「各種審議会答申や世論の動向等」も見据えながら、「児童生徒がどのような態度や能力を身に付けるように働きかけるか」、「何を生徒指導の重点とするか」等の目標を立てる。これを基に、「生徒指導計画（P：Plan）を策定し、実施（D：Do）し、点検・評価（C：Check）を行い、次年度の改善（A：Action)」へとつなげていくというサイクルを推進していくことが求められる。

その際、学校長のリーダーシップのもと、① 生徒指導に関する明確なビジョンの提示、②モニタリングと確実な情報共有、③ 保護者の学校理解と教職員理解、が必要となる。とりわけ、生徒指導が効果を発揮するためには、家庭との連携が鍵となるため、学校から保護者へ、学校 HP や学級通信などを通じて、学校の生徒指導目標や児童生徒の実態及び協力して解決を目指す課題等について、積極的に情報発信していくことの重要性が指摘されている（同書, pp.30-31）。

また、教職員や専門スタッフ等の多職種で組織される学校がチームによる生徒指導を推進するためには、「職場の組織風土（雰囲気)」、つまり「職場の人間関係の有り様」が、その成否を左右する。生徒指導で困ったときに、同僚（教職員やスタッフ）に気軽に相談し、助言や助力を求めることができる「受容的・支持的・相互扶助的人間関係」に基づく「支え合い、学び合う同僚性」が職員室に築かれていることが生徒指導の基盤として不可欠である（同書, p.29）。

もう一つの生徒指導の基盤として、「生徒指導は、学校の中だけで完結するものではなく、家庭や地域及び関係機関等との連携・協働を緊密にし、児童生徒の健全育成という広い視野から地域全体で取り組む」ことがあげられている。具体的には、地域住民や保護者が学校運営に参画する「コミュニティ・スクール」（学校運営協議会制度：「地域とともにある学校づくり」）と、学校と地域

住民・関係機関等がパートナーとなって子どもたちの成長・発達を支援する「地域学校協働活動」（「学校を核とした地域づくり」）との一体的な取組を推進することが考えられる。学校の学びを現実社会と接続することで子どもたちが「社会を創る力」を身につけることと、大人と子どもが一体となって持続可能な地域社会を形成することを目指す取組といえる（文部科学省ＨＰ「コミュニティ・スクールと地域学校協働活動の一体的推進」）。今後、「社会に開かれた生徒指導」を推進していくうえで、重要な連携・協働のあり方といえるであろう。

（新井 肇）

〈引用・参考文献〉

文部科学省（2022）『生徒指導提要（改訂版）』

文部科学省（2024）『令和５年度児童生徒の問題行動・不登校等生徒指導上の諸課題に関する調査』

文部科学省（2010）『生徒指導提要』

國分康孝編著（1990）『カウンセリング辞典』誠信書房

ジェルソー,C.J.・フリッツ,B.R.（Gelso,C.J.&Fretz,B.R., Counseling Psychology（2nded.）,2001）／清水里美訳（2007）『カウンセリング心理学』ブレーン出版

日本ソーシャルワーカー連盟 HP　https://jfsw.org/definition/global_definition/　（2024.11.3 最終アクセス）

文部科学省 HP「コミュニティ・スクールと地域学校協働活動の一体的推進」https://manabi-mirai.mext.go.jp/upload/19.10.30kagoshimaforum_gyouseisetsumei.pdf（2024.11.3 最終アクセス）

〈参考・推薦図書〉

新井肇編著（2023）『「支える生徒指導」の始め方──「改訂・生徒指導提要」10の実践例』教育開発研究所

八並光俊・石隈利紀編著（2023）『Q&A 新生徒指導提要で読み解く これからの児童生徒の発達支持』ぎょうせい

2章　生徒指導の方法

1　児童生徒理解とは

演習課題

　生徒指導において、よく子どもに「寄り添う」とか「向き合う」といわれるが、子どもに「寄り添う」とか「向き合う」とはどういったことだろうか。考えてみよう。

考え方の観点

　子どもたちにはさまざまな事柄が起こる。愛するおばあちゃんが亡くなった。お父さんとお母さんが離婚することになった等、こんな状況の時、どんな言葉をかければいいのか？　ただただ子どものそばにいて、何の言葉もかけられずにいることがある。言葉はかけることはできないが、心をいっぱい使い、「大丈夫か？」「何か話せることがあればいってね！」と心のなかでつぶやく。言葉はかけてはいないが、そばにいてその子どもを思いやることが、子ども自身に通じることがある。

　立命館大学春日井敏之教授は、「私は、子どもに寄り添うとは、『子どもの生活、感情、願いを丸ごと受けとめようとする姿勢と関わり』と捉えています。子どもは、家庭や学校でどんな生活を抱えて生きているのでしょうか。子どもには、家庭や学校、保護者や教師の姿は、どうみえているのでしょうか。そのなかで、保護者や教師に対して、どうしてほしいと願っているのでしょうか。また、どんな気持ちで学校に通ったり休んだりしているのでしょうか。一緒にいて、みて、聴いて、感じて、考えてといった関わりを通して、子どもの生活、感情、願いなどが少しずつわかってくると、その子どもに合った支援やケアの方針もみえてくるのではないでしょうか。」と寄り添うことを説いている。子どもに「寄り添う」「向き合う」とは、かかわり続ける姿勢を意味する。例えば、子どもに話を聴くことは、子どもに考えを教え込むのではなく、「子どもが安心して自分と向き合う」ことを支援することである。同時に、教師にとっても、子どもの話を聴きながら、自分と子どものかかわり方を振り返り、教師の自分と向き合っていくプロセスでもある。

（1）児童生徒理解とは

　日頃から児童生徒の言葉・行動・表情に気を配ると同時に、友人関係や教職員との関係や、学業成績まで、幅広い事項について児童生徒の変化や成長に対するアンテナを高くしておく必要がある。

（2）児童生徒理解の実際

　児童生徒理解は決して容易なものではない。実態に即したさまざまな工夫と知恵が必要であり、当初からすべてを理解できるような簡単なものではなく、日常の実践の歩みのなかで理解しながら支援・指導、そして支援・指導しながら理解がなされることが望まれる。

（1）児童生徒理解とは

　生徒指導は、児童生徒理解に始まり児童生徒理解に終わるといわれている。その理解も形式的な理解ではなく、理解の根底に教員の真摯な姿勢や教育観が大きな要素を占めている。

　また、『生徒指導提要』（文部科学省 , 2022）では児童生徒理解について、「児童生徒理解は、児童生徒の日常に継続的に関わる教職員だからこそできることであり、毎日見ているという強みを生かして、『ちょっとした変化』『小さな成長』に気付くことも可能になります。そのためにも、日頃から児童生徒の言葉・行動・表情に気を配ると同時に、友人関係や教職員との関係や、学業成績まで、幅広い事項について児童生徒の変化や成長に対するアンテナを高くしておく必要があります。児童生徒本人や周りのクラスメイト、家庭、さらには、地域の児童館や子ども食堂等との情報共有が、（略）児童生徒が抱える課題の早期発見につながることが少なくありません。早期対応に向けては、気になる児童生徒について、できる限り早期に複数メンバーで情報を共有し、検討・分析するスクリーニング会議を実施することが求められます」と説明している。

　生徒指導は、児童生徒が自身を個性的存在として認め、自己に内在しているよさや可能性に自ら気づき、引き出し、伸ばすと同時に、社会生活で必要となる社会的資質・能力を身に付けることを支える働き（機能）である。児童生徒は、

独自の性格や特徴をもっており、それは発達段階や生活環境、さらには所属する集団ともかかわるため多様である。指導する教員は、対象となる児童生徒一人ひとりについて、心身のあらゆる側面をいろいろな角度から分析し、また理解しなければ上記の方向をめざす的確な指導が困難となる。そこで、一人ひとりの児童生徒を可能な限り、「よく知ろう」「わかろう」とすることから、生徒指導が始まるといえる。

(2) 児童生徒理解の実際

　児童生徒を理解するといっても、児童生徒一人ひとりの実態はさまざまであって、その理解は決して容易なものではない。したがって、そこでは、実態に即したさまざまな工夫と知恵が必要であり、当初からすべてを理解できるような簡単なものではなく、日常の実践の歩みのなかで理解しながら支援・指導、そして支援・指導しながら理解がなされることが望まれる。

　児童生徒理解における重要な問題として、児童生徒と教員の人間関係がある。学校では、教員の共通理解、チーム支援による足並みの揃った指導、指導体制の確立等、いずれも大切なことであるが、こうした実態のなかで児童生徒の気持ちや行動、児童生徒の置かれている環境などを理解しようと努めなければならない。

　一人ひとりの教員は個性的な存在であり、固有の人生観、世界観を持っているため、自分の教育観や生活体験に基づいて生徒を理解しようとすることは、大変難しく間違いも起きやすい。それは、教員の持っているパーソナリティが絶対的な基準ではないからである。

　そこで、教員は、日常生活のなかで起こるさまざまな事象から、児童生徒の姿を観察し、話し合い、一緒に活動することによって、児童生徒のパーソナリティの根底となっているものを掘り出していくことが大切である。したがって、教員が児童生徒を共感的に理解するためには、児童生徒の言動のなかから本来の姿を知り、意思疎通のできない言葉から、言葉と行動の影にある本当の姿を見失わないことが必要である。

図　児童生徒理解のためのツール

領域		項目		非常にあてはまる	少しあてはまる	どちらでもない	あまりあてはまらない	ほとんどあてはまらない	
身体面	身体の状態「身体の状態」とは、児童生徒が服装等の不衛生、怪我や病気などの状態。	Q 1	汚れ、臭い、やぶれ等があるなど、不衛生な衣服を着ている	1	2	3	4	5	/50
		Q 2	骨折、痣、火傷等の不自然な傷が頻繁に認められる	1	2	3	4	5	
		Q 3	髪、歯、爪などの身体の衛生が保たれていない	1	2	3	4	5	
		Q 4	体重や身長の伸びが悪いなど発育不良が見られる	1	2	3	4	5	
		Q 5	持続する疲労感、活動性低下が見られる	1	2	3	4	5	
		Q 6	緊張により身体を萎縮させる	1	2	3	4	5	
		Q 7	子どもに無表情・凍りついた凝視が見られる	1	2	3	4	5	
		Q 8	身体の不調を訴えるが、症状が変わりやすい	1	2	3	4	5	
		Q 9	不自然に子どもが保護者に密着している	1	2	3	4	5	
		Q 10	年齢不相応な性的な興味関心・言動がある	1	2	3	4	5	
	姿勢・運動・動作「姿勢・運動・動作」とは、児童生徒の日常生活の基本となる姿勢あるいは位置を変化させる動作、運動における困難の状態・程度。	Q 11	正しい姿勢で座れない	1	2	3	4	5	/50
		Q 12	日常生活の中でバランスをくずしやすい	1	2	3	4	5	
		Q 13	立ち上がったり、座ったりするときにバランスをくずしやすい	1	2	3	4	5	
		Q 14	片足立ちができない	1	2	3	4	5	
		Q 15	早く歩いたり、走ったりするとつまずきやすい	1	2	3	4	5	
		Q 16	移動中、人や物にぶつかりやすい	1	2	3	4	5	
		Q 17	走っていて急に止まれない	1	2	3	4	5	
		Q 18	傾斜やでこぼこ道など様々な状況に応じた体の使い方ができない	1	2	3	4	5	
		Q 19	給食の配膳のときに、食器に入っている食べ物をこぼしやすい	1	2	3	4	5	
		Q 20	道具を使った遊びが不得意である	1	2	3	4	5	

IN-Child Record は、子どもの QOL 向上の観点から、支援ニーズを検討するための教育的診断と継続的支援を行うためのツール　（結-EN より）

2 チーム学校と生徒指導体制

演習課題

　「チーム学校」「チーム支援」とよく言われるが、何故「チーム支援」が必要なのか考えてみよう。

考え方の観点

　「子供たちが今後、変化の激しい社会のなかで生きていくためには、時代の変化に対応して、子供たちに様々な力を身に付けさせることが求められており、これからもたゆまぬ教育水準の向上が必要である。そのためには、教育課程の改善のみならず、それを実現する学校の体制整備が不可欠である。」（中央教育審議会「チームとしての学校の在り方と今後の改善方策について（答申）」）とある。

　社会の急激な変化は、子どもや家庭、地域社会にも影響を与えており、学校が抱える課題は、いじめや不登校をはじめ生徒指導上の課題や特別支援教育など、より複雑化・困難化し、心理や福祉など教育以外の高い専門性が求められるような事案も増えてきており、教員だけで対応することが、質的な面でも量的な面でも難しくなってきている。

　また、子どもたちの問題行動の背景には、多くの場合、子どもたちの心の問題とともに、家庭、友人関係、地域、学校など子どもたちの置かれている環境の問題があり、子どもたちの問題と環境の問題は複雑に絡み合っている。

（1）チーム学校（チーム支援）とは

　学級・ホームルーム担任が一人で問題を抱え込まずに生徒指導主事等と協力して、機動的連携型支援チームで対応すること。

（2）機能する学校組織

　学校の組織は、学校が抱える課題に的確に対応し、子どもたちがいきいきと安心して安全に活動できる環境をつくること。

（1）チーム学校（チーム支援）とは

　『生徒指導提要』（文部科学省，2022）では、チーム支援を以下のようにうたっている。「深刻化、多様化、低年齢化する生徒指導の諸課題を解決するためには、

（略）学級・ホームルーム担任が一人で問題を抱え込まずに生徒指導主事等と協力して、機動的連携型支援チームで対応することが求められます。また、対応が難しい場合は、生徒指導主事（生徒指導主任・生徒指導部長等）や教育相談コー

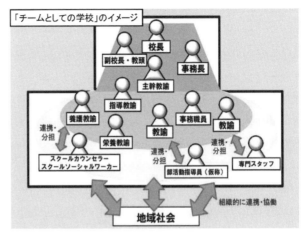

図1 「チームとしての学校」のイメージ

ディネーター、学年主任、養護教諭、スクールカウンセラー（SC）、スクールソーシャルワーカー（SSW）等校内の教職員が連携・協働した校内連携型支援チームによる組織的対応が重要となります」とある。学校が、より困難度を増している生徒指導上の課題に対応していくためには、教職員が心理や福祉などの専門家や関係機関、地域と連携し、チームとして課題解決に取り組むことが必要である（中央教育審議会「チームとしての学校の在り方と今後の改善方策について（答申）」）。

また、深刻な課題は、校外の関係機関等との連携・協働による地域の社会資源を活用した組織的対応が必要になる。

（2）機能する学校組織

学校の組織は、学校が抱える課題に的確に対応し、子どもたちがいきいきと安心して安全に活動できる環境をつくることにある。

学校の組織力とは、学校の教育目標の達成に向け、全教職員が個々の能力を発揮するとともに、自分の役割を自覚して、他の教職員に積極的に働きかけ、互いに省察し、課題を解決したり新たな活動を生み出したりしていく働きのことである。

学校の組織力を高める組織運営とは、全教職員が、教育活動上の課題及びその解決の方策に関する共通理解を図るとともに、同学年教職員間や同教科教職員間等で各方策の実践を交流しながら児童生徒のためにより効果のあるものにしていき、計画的・継続的に日常の教育活動を推進していくことである。学校の組織力が高まった教職員の具体的な姿を次のように捉えることができる。

★各教職員が教育活動上の課題、方策、評価、目指す生徒の姿を共有している。
　【共通理解】
★各教職員が互いの実践を交流しあい、他の教職員へ援助や助言を行っている。
　【相互作用】
★各教職員が他の教師からの援助や助言をもとに、自分自身の実践を振り返り改善
　している。【自己省察】　　　　　　　　　　　　　　　（福岡県教育センター）

　学校組織力を高めるには、教職員の資質能力の向上に加えて、学校の運営組織体制や指導体制の改善・充実を図ることが重要である。

　そのためには、第一に教員の子どもと向き合う時間の確保が重要である。文部科学省やOECD等の調査によると、我が国の教員は、授業に関する業務が大半を占めている欧米の教員と比較すると、授業に加え生徒指導、保護者対応、部活動などさまざまな業務を行っていることが明らかとなっており、勤務時間も、国際的に見て相当長いという結果が出ていることから、働き方改革を進めていくことが喫緊の課題である。

　次に、組織の活性化と組織マネジメントである。学校において特色ある教育活動を展開するためには、組織体である学校の機能が十分発揮されるよう、人的な経営能力が必要となる。経営の観点から組織が十分に機能するためには、組織マネジメントの導入が不可欠である。組織マネジメントを視点とした学校経営は学校の教育力を高め、児童生徒一人ひとりの能力、適性を最大限に伸ばすことにある。教職員がそれぞれの立場で連携・協力し、意欲と責任感をもって教育活動に全力を尽くすよう、組織マネジメントの機能を充実させることが

必要である。

3　生徒指導体制

演習課題

　学校における生徒指導を語るとき、必ず生徒指導体制について述べられる。生徒指導体制が不十分な場合、どんなことが起きるのか？　考えてみよう。

考え方の観点

　生徒指導体制とは、生徒指導の目的（児童生徒が社会のなかで自分らしく生きることができる存在へと、自発的・主体的に成長や発達する過程を支える）を達成するため、校内分掌の組織、学級担任や学年集団の連携、学校全体の協力体制、組織内のリーダーシップやマネジメントの状況、教職員の役割分担、保護者やPTAとの関係性、さらには関係機関等との連携など、学校の生徒指導の全体的な仕組みや機能を表すことである。

（1）生徒指導体制づくりに当たって留意する点

　児童生徒理解に基づく対応について、児童生徒の問題行動のみに目が向き過ぎることにより、その背後にある児童生徒の個人の性格や社会性などの問題を見失うことがある。

（2）生徒指導体制の確立に向けて

　生徒指導体制の基本的な考え方は、一人ひとりの生徒に対して、組織的な生徒指導を展開していくためには、校内の生徒指導体制をより早期に確立することが必要である。

（3）生徒指導主事の役割

　「させる指導」から、必要に応じた指導や援助をおこなう「支える指導」への転換が求められている。その「支える指導」を学校のなかに、教職員一人ひとりの意識のなかに浸透させる役割は重要である。

（4）教職員研修

　児童生徒理解の理論や方法に基づき、子どもの状態や課題を的確に理解し、指導計画を立てた上での適切な支援を実行できることが求められる。

（5）生徒指導体制の見直し

　児童生徒の健全な成長・発達をはぐくむ（発達支持的生徒指導）学校全体の指導体制づくりが一層重要になっている。

2章　生徒指導の方法　　27

(1) 生徒指導体制づくりに当たって留意する点

① 児童生徒理解に基づく対応について、児童生徒の問題行動のみに目が向き過ぎることにより、その背後にある児童生徒の個人の性格や社会性などの個人的問題、児童虐待・家庭内暴力・家庭内の不和・経済的困難など家庭の問題、LD（学習障害）・ADHD（注意欠陥多動性障害）・ASD（自閉症スペクトラム）・アスペルガー症候群などの発達障害、非行少年グループや暴走族等との付き合い、非合法集団との付き合いなどの対人関係上の問題を見失うことがある。児童生徒理解が不十分な場合は、問題行動の真の解決に結び付かず、事態が深刻かつ長期にわたることになるので、スクールカウンセラー、スクールソーシャルワーカーやスクールロイヤー等の専門家による支援・助言を得つつ、十分な体制を構築しておくことが重要である。

② 関係機関や家庭・地域との日ごろからの連携づくりについては、今後の生徒指導体制において、教育機関（教育委員会・教育センター・教育支援センター・大学等）、福祉機関（児童相談所・市町村児童福祉課・家庭児童相談室・子ども家庭支援センター）、警察関係（警察署・少年サポートセンター）、司法・矯正・保護機関（家庭裁判所・少年鑑別所・保護司）、医療・保健機関（病院・精神保健福祉センター・保健所・保健センター）、あるいはNPO団体や地域住民との連携に配慮しなければならない。

(2) 生徒指導体制の確立に向けて

生徒指導体制の基本的な考え方として、一人ひとりの生徒に対して、組織的な生徒指導を展開していくためには、校内の生徒指導体制をより早期に確立することが必要である。

生徒指導主事をコーディネーターとするマネジメントが必要であり、生徒指導の方針・基準に一貫性をもたせることが大切である。

また、教職員の共通理解とは、学校教育目標としての「どのような生徒を育てるのか」の共通理解を図り、生徒を取り巻く社会状況などの変化を踏まえて

児童生徒を支援（指導・援助・支え）することである。

子どもの発達段階への配慮

　生徒指導に当たっては、児童生徒の発達段階や個々の子どもたちの成長に合わせた支援が大切である。

個別の配慮が必要な児童生徒について

　児童生徒の個別の事情や、特別な背景等に対する考慮も必要であり、その場合には、児童生徒またはその家庭に対する特別な配慮が必要である。

個々の児童生徒及び教職員の人権に対する配慮

　「自分の大切さとともに他の人の大切さを認める」という人権感覚を育成することを通じて、生徒指導上の諸問題の未然防止に努めることが重要である。

実効性のある組織・運営を行う

- 全教職員でしっかりと協議し、学校としての指導方針を明確にする。
- 教職員それぞれの役割分担を明確にする。
- すべての生徒の健全な成長を促進する。
- 問題行動の発生時に迅速かつ毅然とした対応を行う。
- 生徒指導体制の不断の見直しと適切な評価・改善を行う。

（3）生徒指導主事の役割

　生徒指導部の役割として、特に、生徒指導主事を主担当とする生徒指導部（生徒指導委員会等、学校によって名称は異なる）は、学校の生徒指導を組織的、体系的な取組として進めるための中核的な組織となる。生徒指導部は、生徒指導主事と各学年の生徒指導担当に加えて、教育相談コーディネーターや養護教諭等から構成され、SCやSSWが生徒指導部のメンバーとして位置付けられている（文部科学省 , 2022）。

　また、定例の部会等には管理職も参加することが望まれ、校長や副校長、教頭といった管理職の指導の下に、生徒指導主事を中心とするマネジメント体制を構築し、生徒指導部会を開催し、学校全体の生徒指導を推進する。

　「生徒指導主事は、校長の監督を受け、生徒指導に関する事項をつかさどり、

当該事項について連絡調整及び指導、助言に当たる」(『学校教育法施行規則』第70条第4項) 生徒指導主事には、担当する生徒指導部内の業務を処理していくだけでなく、学校経営のスタッフの一人として、その学校の生徒指導全般にわたる業務の企画・立案・処理が職務として課されている。

そして、最も大切なことは、世の中の流れが大きく変わろうとしている今日、教員の教育・生徒指導に対する意識改革が求められている。「させる指導」から、必要に応じた指導や援助をおこなう「支える指導」への転換が求められている。その「支える指導」を、学校のなかに、教職員一人ひとりの意識のなかに浸透させる役割は重要である。

① 生徒指導主事(主任)が児童生徒の実態把握のキーパーソン

- 児童生徒の状況を把握する(校内外からの情報収集)。
- 情報を集約し、分析する——多方面から情報収集することは、より正確な実態把握につながり、定例会等以外にも、普段から積極的にコミュニケーションを取り、情報交換できる雰囲気をつくる。

② 生徒指導主事(主任)が問題行動等への対応のコーディネーター

- 報告・連絡・相談する——管理職への報告が後回しにならないよう日頃から報告・連絡・相談する機会をつくる。常に管理職と話をすることで、管理職が持っている情報や考えを担任等へ繰り返し伝達することができ、全教職員で共通理解を図ることができる。また、指導・対応方針が明確だと、教職員間での指導・対応にブレが生じにくくなる。誰が・いつ・何を・どうすればよいかを明確にした丁寧な説明を心がける。
- 指導・対応方針に基づき取り組む——指導・対応方針を全教職員に説明する(何を・いつ・どうすればよいかの具体を説明)、指導・対応後の情報収集と集約する(「効果があった取組」「課題が残った取組」に整理)

③ 校務分掌上の生徒指導の組織の中心として位置付けられ、学校における生徒指導を組織的、計画的に運営していく責任者として重要な役割である。

④ 生徒指導を計画的・継続的に運営するため、校務の連絡調整を図る。

⑤ 生徒指導に関する専門的事項の担当者となるとともに、生徒指導部の構

30　I部　生徒指導・教育相談・学級経営

成員や学級担任・ホームルーム担任その他の関係組織の教員に対して支援及び指導、助言を行う。

⑥　必要に応じて、生徒や家庭、関係機関等に働きかけ、問題解決に当たる。

(4) 教職員研修

「生徒指導の本質は、すべての児童生徒の自己指導能力を開発することである。それは児童生徒が基本的な生活習慣を確立し、規範意識に基づいた行動様式を獲得するとともに、対人関係を築き、問題や対立が生じてもそれを解決し、向社会性の豊かな人間へと成長できるように促すことである」と文部科学省の「生徒指導に関する教員研修の在り方について（報告書）」に書かれている。教員への求められる力量は、学級担任・教科担当教員として、学級での生徒指導や教科における生徒指導を毎日の学級で実践できる力量である。これらの実践のためには、児童生徒理解の理論や方法に基づき、子どもの状態や課題を的確に理解し、指導計画を立てた上での適切な支援を実行できることが求められる。

「生徒指導に関する教員研修の在り方について（報告書）」（生徒指導に関する教員研修の在り方研究会）では、次のように述べている。

①　生徒指導に関して教職員に求められる力量

　1）　生徒指導を進めるための基盤能力

　　　生徒指導の本質は、すべての児童生徒の自己指導能力を開発することである。

　　　それは児童生徒が基本的な生活習慣を確立し、規範意識に基づいた行動様式を獲得するとともに、対人関係を築き、問題や対立が生じてもそれを解決し、向社会性の豊かな人間へと成長できるように支援する発達支持的生徒指導のことである。（略）その一方で今日の社会は子どもの成長にマイナスの影響を与える要素が数多くある。不登校やいじめ、問題行動などの克服が課題となる児童生徒もいる。このような今日的な状況や児童生徒の実態を踏まえた予防的な取組や問題解決的な関わりも必要不可欠である。

2）一般教員に求められる基礎的な力量

　日常的に児童生徒と接することが多い学級担任や教科担当教員は、最も生徒指導を進めやすい立場にいる。つまり、学級担任・教科担当教員の日々の実践の積み重ねが、校内に生徒指導を定着できるか否かのポイントになる。

　また、『生徒指導提要』（文部科学省，2022）では、「生徒指導に関する研修の方向性」として次のようにうたっている。

　「生徒指導を効果的に進めるには、単に問題の原因探しをするだけでなく、問題の構造や 本質を冷静に探究・吟味し、必要があれば、意見や取組での対立にも考慮し、バランスのとれた具体的な解決策を見いだそうとする姿勢が不可欠です。（略）児童生徒の行動をみるときの自分自身の視座（視点や認識の枠組み）に気付くことが、教職員一人一人に求められます。あらゆる段階の研修において、『学び続ける教員』として、自己を理解し、自らの実践や体験を批判的に問い直す姿勢を持ち続けるようにすることが大切です。（略）教職員一人一人の生徒指導上の力量形成を図ることが重要であることは言うまでもありませんが、組織学習においては、学校の継続的改善に力点が置かれます。個人の職能開発だけでなく、学校が継続的に自らの組織を改善していくためには、学校が『学習する組織』へと変容していくことが求められます」とある。すなわち、今、学校において特に求められる研修とは、

- 児童生徒の行動をみるときの自分自身の視座（視点や認識の枠組みに気づき、「学び続ける教員」であること）
- 学校が継続的に自らの組織を改善し、学校が「学習する組織」へと変容していくこと

（5）生徒指導体制の見直し

　生徒指導上の大きな問題が起こるとき、まず問われるのは学校の生徒指導体制である。もちろん、生徒指導体制がしっかりしていても問題が発生する場合

はあるが、生徒指導体制のどこかに欠陥があれば、問題状況の発生や拡大の危険は増していく。また、今までは学校ではこうやってきて生徒指導がうまくいったという成功神話も、今日の激変する時代において通用しにくくなっている。家庭が変わり子どもが現代社会のなかで揺れ動く中、問題行動等の発生を予防し、児童生徒の健全な成長・発達をはぐくむ（発達支持的生徒指導）学校全体の指導体制づくりが一層重要になっている。

　従来の生徒指導は、「させる」指導になっていた。学校が荒れていた頃は、暴力、喫煙やエスケープ等の問題行動などで逸脱する子どもへの厳しい働きかけが求められた。これからは、子どもたち自身のより良くなろうとする力を「支える」指導でなければならない。「させる指導」から、必要に応じた指導や援助をおこなう「支える指導」への転換が求められる。

　学校現場は日々増え続ける問題の解決に追われている。「チーム学校」として取り組めているか。担任一人で抱え込まずに分担すれば、結果的に子どもとのかかわりが濃密になる。またカウンセラーのように学校外の専門家と一緒に考えることで、子どもを理解する視点や支援方法の選択肢が増える。

（桶谷 守）

〈引用・参考文献〉
中央教育審議会答申（2015）「チームとしての学校の在り方と今後の改善方策について」
文部科学省（2022）『生徒指導提要』

COLUMN

生徒指導雑感「じゃんけん」

　これからの教育に大切なものは何か？　と聞かれれば、多くの人は多様性への教育と答える。多様性（ダイバーシティ）とは、人種や性別、宗教、価値観など、さまざまな属性を持った人々が共存している状態をいう。また、個人の違いを認め合い、尊重し合うことも意味する。

　学校において多様な考えや価値観を大切にすることは、とても大事なことである。一部の考えや少数派の価値の基づいた意見を聞きそれらを取り入れ話し合うことは、大切なこととわかりつつもタイムパフォーマンスが悪いとのことで、多くは物事を決めるときには、議論や意見交換をせずに、「じゃんけん」で決めていることが多い。私たちは何かを決めるのにほぼ無意識で「じゃんけん」を使っている。ここで問題なのは物事を決めるプロセスが完全に省略されているということである。日本であれば、後腐れなく「じゃんけん」で決めようということになるが、外国では、お互いが納得するまで議論をたたかわせる。

　いままでの日本の習慣からすると実にめんどうくさい。しかし、考えてみれば、さまざまな意見や思いがある中で、どの意見や思いが大切なのかを考え、自己決定することが大切である。自分の意思と相手の意思のどちらを尊重すべきなのか、ここは妥協すべきどうか、これらのことを外国人は小さいころから学び、さまざまな事柄を自己決定し、自分の思いを述べ議論することを学んできている。

　じゃんけんは楽ちんで楽しくて便利であるが、弊害としてものごとを決める本質が無視されている。遊びの順番や残ったお菓子は誰が貰うかなどは、楽しく「じゃんけん」で決めればよい、自分の生活に関する重要な事柄は、自分のなかでしっかり考え、自己決定し、同調圧力に耐えながら話し合いや議論をすることが重要である。何よりも子どもたちが上記のような考え方できる環境、すなわち教員の意識改革とその体制整備が求められる。

（桶谷 守）

3章　生徒指導の課題とあり方

1　問題行動の理解とその対応

演習課題

　文部科学省の「児童生徒の問題行動・不登校等生徒指導上の諸課題に関する調査」の項目に、暴力行為、いじめ、長期欠席（不登校）、出席停止、中途退学、自殺などがある。問題行動の起きる理由や意味は、「注目を得るため」「嫌なことから逃げるため」のほか、「その行動自体が心地いい」ということが言われているが、本当にそれらだけだろうか？子どもたちの問題行動はどうして起きるのか？　もう一度原点に返り考えてみよう。

考え方の観点

　今、子どもたちの抱える課題として、「人に暴力をふるう」「嫌がらせやいじめをする」、また、「学校を休む」「リストカット、オーバードーズ、自殺企図」が多く報告されている。その問題行動は、「注目を得る」「嫌なことから逃げる」「その行動自体が心地いい」だけではなく、子どもたちが意識しているか否かは別にして、その行動を通して周りの大人に「何とかしてほしい」「助けてほしい」という助けを求めるサインではないかと考えている。子ども自身がどうしてそうなるのかわからず、「人を殴ったり、傷つけたり」、また、学校を欠席したり、自らを傷つけたりと、「自分はどうしたいいのか」「心の叫びを聞いてほしい」と願っているように思う。子どもたちは、人を殴ってはいけないこと、人をいじめてはいけないこと、学校を休まない方がいいこと、自らを傷つけてはいけないことはすべて知っている。知っているがそのような行為をすることで、「自分のことをわかってほしい」「今、この状況を助けてほしい」とサインを送っているものと考え、子どもに寄り添いながら対応をしていくことが、重要である。

　しかし、この時その行動が子ども発するサインだからといって、人を殴ったり、いじめをしたりすることを容認することではない。

（1）児童生徒を取り巻く社会状況
　児童生徒を取り巻く環境は、少子化、核家族化、デジタル化、グローバル化、価値観の多様化など、昨今の社会的背景によって大きく変化してきている。近年は子どもの不登校や自殺、虐待、さらには子どもの貧困についても増加傾向にある。
（2）問題行動を捉える視点
　問題行動は児童生徒による、大人や社会、教員や学校に対する「問題提起行動」でもある。
※「困った（行動をする）子は（課題を抱えて）困っている子」という視点に立つことが重要である。

（1）児童生徒を取り巻く社会の状況

　今日的な社会のなかで、さまざまな現象からわかることは、価値観の多様化と功利主義の先鋭化、規範意識の低下や利己主義の蔓延、若者の勤労意欲の低下、倫理観や使命感の喪失（政治、行政、企業、教育の不祥事）、正義、安全への信頼が崩れ、国民全体のモラルの低下などが問題視されている。

　具体的には、「図書館などで周りの他者を気にせず大きな声で話し続ける人」「コンビニの前に座込みたむろする若者」、「立っているお年寄りに席を譲らない人」、「SNSに平気で人を中傷する、勝手に画像等を載せる」、「注意すると睨み返す人」、など自立意識や自覚の足りない大人が増加している。これらのことを子どもたちはしっかり見ている。それらが発するメッセージを敏感に感じ取っている。大人たちがしないことを子どもたちがするのではなく、大人がすることを子どもがするのである。これらは社会や大人が子どもたちに示すヒドゥンカリキュラム（隠された教育）である。

　結果として、地道な努力への敬意や基本的なマナーなどが蔑ろにされ、公的・奉仕的な仕事や役割に対する健全な感謝の意は大きく低下し、個人の摩擦を拡大させ、社会への不満ばかりが増大している。家庭教育では、親の価値観やライフスタイルが多様化し、子どもに対する過保護や過干渉（子どもの意向や希望の過度な尊重）、親子のふれあいの欠如による家庭内の孤立、核家族化に伴い、教育の原点である家庭における教育機能が低下してきている。

　地域では、近隣の人間関係が希薄化し、友達や異年齢集団のなかでの豊かな

遊びや切磋琢磨する機会が減少するとともに、近隣の大人たちも他人の子ども
と積極的にかかわることを憚る状況がある。

　家庭・地域の教育機能の衰退は、学校教育が過度に期待される状況となり、
本来であれば、家庭で教育されるべき「約束を守る」「他人に迷惑をかけない」
「他人を思いやる」といったわが子に対するしつけの部分まで、学校教育に求
める親が増加した。このように子どもを取り巻く教育環境の課題は拡大してい
る。おのずと教師に過度の負担をかけている。

（2）問題行動を捉える視点

　現代の学校教育において、児童生徒の問題行動は、教育環境からみても大変
大きな課題である。問題行動は一面的に「規則違反」や「反抗」として捉えら
れがちだが、その背景には児童生徒自身の成長過程や環境的要因が複雑に絡み
合っている。

①　生徒指導における基本的視点

　『生徒指導提要』では、生徒指導の目的を「児童生徒が自己の課題を自覚し、
社会的に望ましい行動を身に付け、自己実現を図っていく過程を支援するこ
と」と定義している。したがって、問題行動を単に否定的に捉えるのではな
く、児童生徒の成長を支援する機会として積極的に捉える必要がある。

②　児童生徒の育ちの背景における視点

1）　生徒理解を基盤とする指導

　『生徒指導提要』において、生徒指導の第一歩は「児童生徒理解」とされ
ている。児童生徒の問題行動の背景には、家庭環境、友人関係、教師との関
係、自己の心理的な葛藤などが存在し、一面的な解釈では適切な指導・支援
ができない。教員は、児童生徒一人ひとりの個別的な状況を理解し、その背
景にある要因に目を向け、その要因から指導・支援の方法を探ることが求め
られる。例えば、ある生徒が授業中に集中できず、大声をあげて授業の邪魔
をしたり、立ち歩いて他の生徒に話しかけるといった行動を取った場合、そ
れは学習に対する意欲、動機の欠如や家庭でのストレス、あるいは発達上の

特性が関係している可能性がある。このような背景を無視し、「ただの怠慢」として叱るだけでは、生徒の本質的な問題に目を向けることにならず、改善に結びつかない。どうして授業に集中できないのか、なぜ立ち歩くのかをよく見極め、指導・支援の方法の改善が重要である。

2) 集団指導と個別指導の両方のバランス

学校教育における生徒指導は、集団指導と個別指導の両方が必要である。集団指導は、生徒が集団生活を送る中で基本的なルールや価値観を共有し、社会的スキルを身に付ける機会を提供する。一方、個別指導は、生徒一人ひとりの個性や背景に応じた支援を行い、彼らの個別の課題に対処するために必要である。

③ 問題行動を捉える多角的な視点

1) 発達段階の視点

『生徒指導提要』では、生徒の問題行動をその発達段階に応じて理解することの重要性を強調している。思春期には、自我が強く形成され、自己のアイデンティティを確立する過程で反抗的な態度や自己主張が強まることがある。こうした行動は、一見すると問題行動に見えるかもしれないが、実際には成長の一部であり、健全な自己形成のためのプロセスとも捉えられる。例えば、中学生や高校生が教師や親に対して反抗的な態度を示すことは、自分の価値観や意見を主張し、周囲との距離を取るための試行錯誤と考えられる。この場合、教師はその背後にある「自己の確立」というプロセスを理解し、ダメな言動を認めるのではなく、その子どものニーズや不安、葛藤を理解し、適切な指導を行うことが求められる。

2) 環境的要因の視点

『生徒指導提要』では、問題行動の背景には学校内外の環境要因が深く影響していることが指摘されている。家庭環境の変化、友人関係のトラブル、SNS による影響など、現代の児童生徒を取り巻く環境は複雑化しており、こうした外部要因が問題行動を引き起こすことが多々ある。学校は、単に校内での行動だけを評価するのではなく、児童生徒の置かれた社会的、家庭的

な状況を理解し、それに応じた対応を取ることが求められる。例えば、SNSにおける友人とのトラブルや家庭での経済的な問題や親の離婚などが児童生徒の精神的な負担となり、それが行動に表れるケースでは、学校と家庭が十分に連携して児童生徒をサポートする体制が必要である。

3）　関係性の視点

　生徒指導において重要なのは、児童生徒と教師、または児童生徒同士の関係性である。『生徒指導提要』は、問題行動を関係性のなかで捉えることの重要性を強調している。多くの場合、生徒が問題行動を起こす背景には、教師や同級生との関係に問題があることがある。教師は、児童生徒との信頼関係を粘り強く構築し、感情的なニーズに寄り添うことで、児童生徒が教員は自分の理解者であることがわかれば、問題行動の発生を未然に防ぐことが可能となる。日常的なコミュニケーションや定期的な面談を通じて、生徒が安心して学校生活を送れる環境を整えることが大切である。

④　問題行動への対応

1）　問題行動の早期発見

　学校教育において、問題行動の早期発見と早期対応は、生徒の健全な成長を促進し、学級や学校全体の学習環境を維持するために重要である。問題行動がエスカレートする前に、早期の発見によって、問題行動が深刻化する前に適切な対応を取ることが可能になり、問題の解決が容易になる。

2）　学校全体での協力体制

　問題行動への対応には、学校全体の協力が必要で、チームで支援することが求められている。アプローチは、個々の教師だけでなく、学校全体での協力が不可欠で、全教職員が生徒の状況を共有し、共通の方針で対応することで、一貫性のある指導が可能となる。

　また、問題行動に対する罰則的な対応だけでは根本的な解決にはならず、むしろ生徒の内面に寄り添い、問題行動の背景にある感情や思考にアプローチするカウンセリング的な手法が効果的である。生徒が自分の感情や行動の理由を言語化し、自己理解を深めることで、自己コントロール力が向上し、

問題行動の再発が防止されることになる。

3）　家庭との連携

　家庭環境が生徒の問題行動に大きく影響することを踏まえ、学校と家庭の連携が重要である。教師は、保護者との定期的なコミュニケーションを通じて、生徒の家庭での状況や感情の変化を共有し、共に生徒を支える姿勢を持つことが求められる。

⑤　教員が注意すべきポイント

一人ひとりの背景に配慮

　生徒一人ひとりの家庭環境、性格、学習スタイル、社会的な背景は異なり、画一的な対応では効果的な指導が難しい。

信頼関係の構築

　教員が生徒に寄り添い、真剣に話を聞き、彼らの意見や感情を尊重する。

公平な対応の重要性

　教員が特定の生徒に対して特別扱いをしたり、偏見を持った対応を取ると、他の生徒からの信頼を失い、クラスのなかに不満や対立が生じる。

一貫性のある指導

　同じ行動に対して異なる基準を適用したり、状況によって対応が変わると、生徒は混乱し、教師の指導に対して信頼を失う。

2　発達の課題と生徒指導

> **演習課題**
>
> 　児童生徒を指導・支援するためには、その子の環境、成育の背景、発達の課題等を理解し、その支援を進めるとあるが、発達課題の何を理解することが大切なのか考えてみよう。

> **考え方の観点**
>
> 　発達障害の理解とは、子どもや成人における発達過程において、典型的な発達とは異なる特徴や困難を抱える人々のニーズや特性を深く認識し、支援するための知識と実践を伴うことを指している。発達障害は、脳の発達に起因する多様な特性を持つ一群の状

40　I部　生徒指導・教育相談・学級経営

態であり、早期の発見と適切な支援がその人の生活の質を大きく向上させる。

（1）発達障害理解と支援
　個々に違う児童生徒の「特性理解」や児童生徒の「努力を認める」「長所を伸ばす」等の支援が必要である。
（2）「個別支援」と「集団指導」
　「発達障害と生徒指導」には、発達障害やその傾向のある児童生徒がいる学級では、学級担任や教科担任は「個別支援」と「集団指導」の二つの視点での対応が求められる。
（3）個々の児童生徒の特性に応じた指導
　教育関係者が確実な根拠もなく安易に障害名を挙げ、判断することは避けなければならない。心理や医療の専門家の助言を得て、児童生徒の特性を十分理解して指導・支援を行う必要がある。

（1）発達障害理解と支援

①　個々に違う特性を理解する

　障害による行動は、本人の努力不足でも保護者のしつけが原因でもない。また、障害が重複していることが少なくない。現れる行動は、本人の性質や環境によって強化・統合されるので個々に違いがある。

②　努力を認める

　結果や成果でなく、頑張っている姿を評価する。また、「元あったように片付けられた」、「5分間座っていられた」、「叩く前に、やめてと言えた」のように、小さな「できた」をすぐに褒めることが大切である。「そのくらい当たり前」という考えや、他の子どもとの比較は避け、本人の変化を評価する。

③　長所を伸ばす

　つい、できないことに注目しがちだが、その子どもなりの得意分野や長所がある。今できることを認められ、さらに新しくできるようになったことを認められるような経験を積み重ねることが大切である。互いが認め合うような安心できる環境において、安定した生活を送ることにより、自己評価も高まる。

3章　生徒指導の課題とあり方　*41*

④　周囲への声かけにも配慮をする

　教師が抱く、子どもに対する肯定的な見方や、否定的な見方は、必ず学級全体に伝わる。子どもに対する見方を見直し、どの子どももクラスの一員と認める声かけや視線・態度を意識する。

(2)「個別支援」と「集団指導」

　現場の先生方から発達の課題を抱える児童生徒への指導、対応が難しいという声をよく聞くようになった。個別の支援と学級等の集団指導をどうすればいいのか？　またそのバランスはどう考えればいいのかという点である。国立教育政策研究所生徒指導・進路指導研究センター発行のリーフレット「発達障害と生徒指導」には、発達障害やその傾向のある児童生徒がいる学級では、学級担任や教科担任は次の二つの視点での対応が求められると示している。

① 「個別支援（個別指導）」に基づく対応

　「つまずきやすい」児童生徒に対して、個に即した助言や支援を行う、取り出し授業や補習授業を行う等。

② 「集団指導」に基づく対応

　「つまずきやすい」児童生徒だけでなく、すべての児童生徒が互いの特性等を理解し合い、助け合って共に伸びていこうとする集団づくりを進める、わかりやすい授業づくりを進める等。

　一斉授業において、個別の支援や配慮を必要とする児童生徒の存在を念頭に置きながら、その児童生徒も含めての「わかる・できる」授業づくりが大切である。また、集団指導を基本としながら、集団指導と個別支援の両面からのアプローチが必要である。この集団指導を有効なものにするためには、構成する児童生徒全員の力が発揮できる学級づくりを進めていくとともに、教材研究をはじめ、授業改善や授業の工夫に向けての取組みが求められている。さらには支援の必要な児童生徒に寄り添い、その子どもの困っている場面をつかみ、学年の教師をはじめ多くの教職員で具体的に児童生徒の困難事例を共有し、取り組みを進めていくことが重要である。

┌───┐
│   一人ひとりの教育的ニーズに応じた支援   │
│ ☆ 言葉の説明だけではなく、絵、文字、写真、カード等の視覚的な支援 │
│   ☆ 指示やルールを簡潔に、明確に示す   │
│   ☆ 本人のいいところをたくさんほめる   │
│   ☆ 集団とのかかわりの中で支援をする   │
│   （強い叱責や強制は逆効果、注意を促すことをこころがける）   │
└───┘

┌──────────────────────────┐ ┌──────────────────────────┐
│ 一人ひとりを大切にする学級づくり │ │   誰もが分かりやすい授業づくり   │
│ 学級の子どもたち一人ひとりに活 │ │ 支援を必要とする子どもへの配慮 │
│ 躍の場があり、よさが認められ、自 │ │ は、全ての子どもに分かりやすい配慮 │
│ 己肯定感を高める学級づくり   │ │   │
└──────────────────────────┘ └──────────────────────────┘

（福島県教育委員会）

(3) 個々の児童生徒の特性に応じた指導

　学校現場でも障害名や診断名が教員間の話題になることが多くなってきている。発達障害に関する知識や情報が広がることはとても重要なことであるが、診断は医療関係者が行うべきものであり、教育関係者が確実な根拠もなく安易に障害名を挙げ、判断することは避けなければならない。児童生徒の言動をすべて特定の障害にあてはめてとらえてしまうようなことに陥りかねない危険性がそこにはある。

3　学校不適応と生徒指導

> **演習課題**
> 「学校に適応する」とは、どんなことなのか？　考えてみよう。

> **考え方の観点**
> 　学級適応を「教師や級友たちとの関わりから築かれる学校や学級への充感や満足感」としている。学級適応感とは、学校や学級における子どもたちと周囲の環境が適切な関

係で維持され、子どもが主観的に感じる満足感である。このことから、学級適応感をあげるための支援の方法を考えていくことが重要である。

> （1）学校不適応とは
> 　学校不適応は、個人的要因、家庭環境、学校環境、社会的要因などさまざまな要因が複雑に絡みあっている。
> （2）不適応と生徒指導（具体的な方法）
> 　学校不適応と生徒指導は、教育現場での生徒の適応や成長を支えるための重要な課題である。生徒指導を通じて、個々のニーズに応じた支援を行い、健全な学校環境を作ることが求められる。

（1）学校不適応とは

　学校不適応は、子どもが学校環境に適応できず、学業や社会的な活動において困難を感じる状態を指す。これには、学業成績の低下、友人関係のトラブル、心理的なストレスや不安などが含まれる。

主な原因：

1　**個人的要因**：学習障害、発達障害、注意欠陥多動性障害（ADHD）、情緒的問題など、個々の特性が影響する場合。

2　**家庭環境**：家庭内の問題（親の離婚、経済的問題、虐待など）が学校生活に悪影響を及ぼすことがある。

3　**学校環境**：教師との関係、クラスメートとのトラブル、学習がわからない、学校の文化や風土が影響する場合がある。

4　**社会的要因**：社会的孤立やいじめなど、外部からの影響が子どもの適応に影響を与えることがある。

（2）不適応と生徒指導（具体的な方法）

生徒指導の個別面談：生徒一人ひとりと対話し、問題や困難を理解し、解決策を共に考える。信頼関係を築くことが重要である。

カウンセリング：学校毎に配置されているカウンセラーと一緒に、心理的支

援を行い、生徒が安心して話せる環境を提供する。

集団指導：グループワーク等を通じて、社会的スキルやコミュニケーション能力を育成する。仲間との関係性を構築する機会を作る。

特別支援プログラム：学習障害や発達障害をもつ生徒に対して、特別支援教育や個別の教育計画（IEP）を用意し、適切なサポートを行う。

予防教育：いじめや不適応の予防を目的とした教育プログラムを導入し、ポジティブな学校文化を育む取り組みを行う。

　学校不適応と生徒指導は、教育現場での生徒の適応や成長を支えるための重要な課題である。生徒指導を通じて、個々のニーズに応じた支援を行い、健全な学校環境を作ることが求められる。特に、学校と家庭、地域社会が連携して支援することが、学校不適応の解消や予防につながる。

（桶谷 守）

4　生徒指導と保護者、家庭との連携

演習課題

「保護者対応」における留意点について考えよう。

考え方の観点

　『生徒指導提要』（2022, p.108）には、学校教育を円滑に進めるために、学校は家庭とのパートナーシップを築くことが不可欠であり、保護者が学校の教育活動に積極的に参加することによって、生徒指導は効果的なものになるといっても過言でない、と示されている。しかしながら、昨今、保護者の対応に苦慮する事例が増えている。それらの保護者の背後には、「価値観の多様化」、「ゆとりのなさ」、「自分本位の考え方」、「我が子偏重のものの見方」等が見られる。

　一方で、学校・教職員（とりわけ担任、担当者等）の初期対応の拙さや丁寧さに欠ける対応が問題で、こじれるケースもあり、こうしたことで学校不信や事態の悪化を招かないように留意すべきである。子どもたちの健やかな成長のためには、学校と家庭の協力関係が重要であり、教職員には、保護者からの要望や苦情に適切に対応し、信頼に繋げる力量が求められる。

---
(1) 保護者対応における留意点「さ・し・す・せ・そ」
(2) 保護者とのこじれた関係改善に向けての留意点
---

(1) 保護者対応における留意点「さ・し・す・せ・そ」

『さ』

最初の対応が肝心

　　保護者を"労う"気持ち、保護者のこれまでの子育てへの"敬意や尊敬"、保護者と一緒に児童生徒の"共育（きょういく）"をすすめる気持ちが大切である。

　　保護者の話には「受容」「傾聴」「共感」を心掛けて最後までしっかりと聴く。

　　保護者の思い・願い・要望・苦情・要求の趣旨を掴む。

些細なことの方が長引く対応となるケースが多いことも念頭におく

『し』

慎重（しっかりと準備、情報収集）

　　児童生徒はもちろん保護者や家庭状況等の情報を他教職員から入手する。

　　保護者からの想定質問及びその回答を準備する。

　　「謝罪は要らない」、「指導は要らない」の保護者からの訴えには、なぜその言があるのかを考える（そのままの放置は改善しないことが多い）。

心理的事実は最初に謝罪、事実確認ができていない内容の謝罪は気をつける

　　保護者を心配、不安にさせた心理的事実には謝罪が必要であるが、保護者の憶測や客観的な事実が確認できない場合の謝罪や曖昧な回答・約束はしない。

失敗を活かす（情報共有して同じ失敗をしない）

　　以前の対応の拙さや失敗については、当該教職員にとどまらず組織として確認をすることで再発防止に努める（校種間の引き継ぎや連携も重要）。

『す』

スピード感・素早い対応

対応方法については素早い判断、決断、実行が求められる。

報告はその日の内に行う（翌日以降は報告が言い訳になる）。

隙を作らない

前言（前回の保護者との話し合いの内容等）を覚えていない、管理職をはじめ他教職員と情報共有できていない、教職員として当然知っておかなければならない内容（例えばいじめの定義等）を聞かれて、答えられない等は学校不信につながる。

推測で話さない

推測等（事実確認できていない内容等）の発言は避ける。

『せ』

誠意を持って

ややこしい（ややこしくなりそうな)、こじれた（こじれそうな）場合等は、電話よりも、直接顔を見て話をすることが大切。

保護者も勇気を出して申し入れをしていることをまず理解する。

苦情等に対して面倒、嫌だと思うと、態度に表れ不信感を招く。

「学校のできること、できないこと」の見極めを行い、できないことはその理由を丁寧に説明する。

正確な記録

適切な判断のために、時系列で発言内容や確認事項等を正確に記録する。

「言った」、「言わなかった」等の情報の混乱を避けるために、保護者との対応の最後に記録を再確認することが有効である（本日の話し合いの内容をまとめると……でよろしかったでしょうか？　等の確認を行う）。

先手をうつ

保護者の要望や知りたい内容（例えば学校や学級の教育方針、指導方針、お願い、学校評価を含めたアンケート結果）等を学校 HP や通信や懇談会・保護者会等を活用して適宜伝える（情報発信の大切さ）。

家庭まで足を運ぶこと（家庭訪問）が信頼関係の第一歩であり、とりわけ、問題行動を繰り返す児童生徒の保護者には、「問題行動やトラブルが起こっ

た際の報告や連絡（保護者にとって悪い、嬉しくない知らせ）」だけでなく、「学校生活のなかで頑張ったことや他者から褒められたこと等の報告・連絡（保護者にとって良い、嬉しい知らせ）」が大切である。

『そ』

組織的対応・相談

前述のように速やかに管理職に一報を入れなかったこと（管理職が当該事案を知らなかったこと）で重篤化するケースが多い。また相談しやすい（気軽に何でも話せる）雰囲気（学校の雰囲気）の醸成、同僚性の形成が必要である。

教職員によって対応が異なると不信感に繋がるので、学校全体が一致した対応を行う（学年会、生徒指導委員会、いじめ対策委員会、運営委員会、職員会議等での情報共有）。

SC や SSW をはじめ専門家や関係機関との連携を図る。

（嶋﨑 2008 , pp.189-192 を参照に作成）

(2) 保護者とのこじれた関係改善に向けての留意点

学校にもち込まれた苦情が一見不合理なものであったとしても、よく聴けば保護者の純粋な期待や願いであったり、学校への励ましであったりすることも多い。苦情等が寄せられることは、学校にとって、保護者との信頼関係を築く絶好のチャンスでもある（ピンチはチャンスと考える）。

① 誤解や思い込みの解消

過去に、児童生徒への対応のなかで言葉の不足や初期対応のまずさ等で誤解が起きていることや、児童生徒自身が教職員や学校から見放されていると思い込んでしまっている場合がある。また、保護者においては、PTA 組織や運営に関する不満等から学校不信に結びついている場合もある。いずれも、家庭訪問を重ねる等の"顔の見える関係"を大切にし、お互いの気持ちや考えを理解し合える努力を重ねることが大切である。最初は会話さえ拒否されたり、目を合わせて話してもらえなかったり、なかなかコミュニケーション

を図ることが難しいことも十分に予想されるが、関係修復を教職員側から図ることが重要である。それは前述のように日常における児童生徒の頑張りやよい点を保護者に伝えることや連絡から始まる。

② **個別指導の徹底**

児童生徒を伸ばしていこうとする教職員の熱意・情熱や努力が、児童生徒との人間関係を深化させる場合も多い。その取組が児童生徒の心や態度に変化、成長をもたらし、保護者の意識を変化させ、不信感の解消につながることも多い。

個別のノート学習や交換ノートをはじめ、手厚い学習支援等の個別指導は有効である。

5　校内外連携

演習課題

「グループ」と「チーム」の違いについて考えよう。また、「チーム学校」に代表される校内連携や学校と関係機関とのケース会議（事例検討会・ケースカンファレンス）における留意点についても考えよう。

考え方の観点

「グループ」も「チーム」も複数人の集まり、仲間、集団の意味で使われることが多いが、「チーム」は、そのチームを構成するメンバー全員が共通の目的や目標を持ち、その達成に向けて相互信頼を大切にしながら協働する集まりである。現代社会は著しい科学技術の進歩と情報化、グローバル化のもと激しく変動する社会であり、複雑かつ重層的な困難課題が生じていて、学校はこれまで以上に効果的に教育力・組織力を高めることが重要であり、「チーム学校」を中心にした校内連携や「関係機関」を中心した校外連携が大変重要である。

（1）チーム学校とは・チーム学校が機能するための大切な視点

（2）関係機関との関係者会議（ケース会議）における留意点

3章　生徒指導の課題とあり方　*49*

（1）チーム学校とは・チーム学校が機能するための大切な視点

　中央教育審議会「チームとしての学校の在り方と今後の改善方策について（答申）」(2015)において、「チーム学校」とは、「校長のリーダーシップの下、カリキュラム、日々の教育活動、学校の資源が一体的にマネジメントされ、教職員や学校内の多様な人材が、それぞれの専門性を生かして能力を発揮し、子供たちに必要な資質・能力を確実に身に付けさせることができる学校」と定義されている。『生徒指導提要』(2022, pp.70-72)では、「チーム学校」を実現していくために、①専門性に基づく教職員と専門スタッフとの連携、協働のチーム体制の充実、②校長のリーダーシップと学校のマネジメント機能の強化、③教職員一人ひとりが力を発揮できる環境の整備、④教職員間の同僚性の形成を挙げている。また知識や経験、価値観や仕事や文化の違う者同士が関係性を築いていくのはそれほど簡単ではないと示し、専門性に由来するそれぞれに特有の文化やものの見方を互いに理解し、考え方や感じ方の溝を埋めることの必要性を示すとともに、学校の関係者等には、①一人で抱え込まない、②どんなことでも問題を全体に投げかける、③管理職を中心に、ミドルリーダーが機能するネットワークをつくる、④同僚間での継続的な振り返り（リフレクション）を大切にする姿勢を求めている。すなわち、児童生徒を支える関係者が、児童生徒を真ん中に据えて協力・協働しあう「パートナー」として強固な関係を築くことが大切であり、そのためには関係者相互が専門性の理解を深めること、相互に尊重しあうこと、そして児童生徒の問題・課題については、目標を一致させ、「地域ぐるみ、社会総がかり」で対応の認識を共有することが大切である。

（2）関係機関との関係者会議（ケース会議）における留意点

　児童生徒の支援に向けた学校と関係機関との関係者会議（ケース会議）では、まず、会議開催の段取りや進行そして今後の指導や支援についての共通理解が必要であり、関係機関連携の窓口・コーディネーターの配置が必須である。

　次に、ケース会議を単なる情報提供（現況報告）や意見交換で終わることなく、対象児童生徒の的確なアセスメントやプランニングにつなげるためにも、連携

の窓口・コーディネーターを中心に「重なり合う連携」を目指したい。「連携とは重なり合うこと」とは、いろいろな場面でよく耳にする言葉であるが、必要な時だけの関係ではなく、日頃から顔の見える、そして、会話のキャッチボールができる関係でなくてはならない。児童生徒を中心にすえ、共通目標（指導・援助指針）を明確にするとともに、お互いが忌憚のない意見を出し合い、建設的な話し合いのもと、共通理解を深めなければならない。そして、連携を具体的に進めながら、軌道修正を図り工夫を重ね、強化していくことが、重なりあうことになるといえる。「学校でできること、できないこと」を、学校全体で共通理解して関係機関に伝え（学校が"まる抱え"しない）、対応のすべてを関係機関に委ねるのではなく、関係機関の指導や支援を側面から支持・援助する（関係機関に"まる投げ"しない）ことが大切である。そのためには、相互の役割の明確化を図り、具体的な行動指針の設定や分担を決めることで、指導や支援の違いを確認するとともに共通理解を図る。また、相互に基礎知識の獲得に努め、狭い役割分担を超えた、互いに補い合う信頼関係の構築に努めなければならない。そして、児童生徒を支える関係者が、児童生徒を中心に協力・協働しあう「パートナー」として強固な関係を基盤にして、「地域ぐるみ、社会総がかり」で児童生徒の成長や発達を支えていくことが重要となる。

（池田　忠）

〈引用・参考文献〉

河合隼雄（1970）『カウンセリングの実際問題』誠信書房
国立教育政策研究所『生徒指導リーフ』生徒指導・進路指導研究センター
文部科学省（2010）『生徒指導提要』
文部科学省（2021）『障害のある子供の教育支援の手引』
文部科学省（2021）「『令和の日本型学校教育』の構築を目指して（答申）」
文部科学省（2022）『生徒指導提要改訂版』
文部省（1981）『生徒指導の手引（改訂版）』
京都市教育委員会（2011）『生徒指導部長の実践知』
嶋﨑政男（2008）『学校崩壊と理不尽クレーム』集英社新書
中央教育審議会（2015）「チームとしての学校の在り方と今後の改善方策について（答申）」

4章　教育相談の意義と目的

1　学校における教育相談の意義と役割

演習課題

「生徒指導」と「教育相談」はどのような関係にあるのだろうか。

考え方の観点

　生徒指導担当の先生には、厳しくどこか近寄りがたいイメージがある一方で、教育相談担当の先生には、優しく近づきやすいイメージをもつことが多い。では、生徒指導と教育相談は反対の方向から児童生徒を指導したり支援したりする独立した別のものなのだろうか。一人ひとりの児童生徒の教育上のさまざまな課題を考えたとき、両者が必要であることは容易に理解できるが、生徒指導と教育相談は、どのような位置関係にあり、重なる部分と異なる部分は何であろうか。生徒指導と教育相談が効果的に機能していると児童生徒にどのような影響を与えるのであろうか。例えば暴力や窃盗、薬物乱用のような反社会的行動には生徒指導の機能だけで対応できるのであろうか。また、不登校やひきこもりのような非社会的行動には教育相談の機能だけで対応できるのであろうか。

（1）生徒指導と教育相談

　「生徒指導は、一人一人の児童生徒の人格を尊重し、個性の伸長を図りながら、社会的資質や行動力を高めることを目指して行われる教育活動のことである。」（文部科学省『中学校学習指導要領（平成29年告示）解説　特別活動編』, 2017）

　「教育相談は、生徒指導から独立した教育活動ではなく、生徒指導の一環として位置付けられるものであり、その中心的役割を担うもの」（文部科学省『生徒指導提要』, 2022, p.16）である。

（2）生徒指導と教育相談の関係

　生徒指導は、主に集団の場面で指導や援助を行う。教育相談は、児童生徒一人ひとり

が抱える課題に個別に対応した指導や援助を行う。

（1）生徒指導と教育相談

生徒指導について、『中学校学習指導要領解説（平成 29 年告示）特別活動編』（文部科学省, 2017, p.38）では、「生徒指導の推進に当たっては、生徒が規範意識を高め、集団や社会の形成者としての自覚と責任感をもって自律的に行動できるよう、学校として計画的・組織的に指導することが必要である」とされている。「生徒指導は、一人一人の児童生徒の人格を尊重し、個性の伸長を図りながら、社会的資質や行動力を高めることを目指して行われる教育活動のことである」（同書, p.38）と説明されており、『生徒指導提要』は、生徒指導を「生徒指導とは、児童生徒が、社会の中で自分らしく生きることができる存在へと、自発的・主体的に成長や発達する過程を支える教育活動のことである。なお、生徒指導上の課題に対応するために、必要に応じて指導や援助を行う」（文部科学省, 2022, p.12）と定義し、生徒指導の目的を「生徒指導は、児童生徒一人一人の個性の発見とよさや可能性の伸長と社会的資質・能力の発達を支えると同時に、自己の幸福追求と社会に受け入れられる自己実現を支えることを目的とする」（同書, p.13）としている。

世界が社会経済的に急激な変化を経験するなかで、学校や家庭環境でも大きな変化が起きてきた。教職員はそのような大きな変化に対応している。『生徒指導提要』（文部科学省, 2022, p.16）によれば、児童生徒の発達上の多様性や「長期の不登校児童生徒への対応、障害のある児童生徒等、特別な配慮や支援が必要な児童生徒への対応、児童虐待や家庭の貧困、家族内の葛藤、保護者に精神疾患などがある児童生徒への対応、性同一性障害や性的指向・性自認に係る児童生徒への対応などが求められ」ており、「生徒指導における教育相談は、現代の児童生徒の個別性・多様性・複雑性に対応する生徒指導の中心的な教育活動」となっている。「教育相談は、生徒指導から独立した教育活動ではなく、生徒指導の一環として位置付けられるものであり、その中心的役割を担うもの」（同書, p.16）である。また、『中学校学習指導要領解説（平成 29 年告示）

4章 教育相談の意義と目的 *53*

特別活動編』（文部科学省, 2017, p.65）では、「集団場面の学習成果が個別に生かされて生徒一人一人のものとなるためには、個別指導の中心的なものである教育相談が十分に行われることが必要であり、生徒の家庭との密接な連絡の下に行われることによってその効果も一層高まることになる」とされている。

（2）生徒指導と教育相談の関係

　多くの学校では、生徒指導と教育相談をその対象と児童生徒との関係性の違いに注目して対立的な構造で捉えている現状が未だある。教育相談は、非社会的な問題を対象にし、児童生徒と支持的な関係のなかで個別に対応すると考えられている。専門的な知見や資格をもつスクールカウンセラーや専門的な研修を受けてきた教職員が主に対応するとも考えられていることも多い。また、生徒指導は、反社会的な問題を対象にし、児童生徒に対し指示的な関係のなかで指導を行うと考えられている。不適切な行動に対する反省や規範意識の醸成を通して秩序ある集団形成を目的とすることが多く、生徒指導担当の教職員を中心に全教職員が同じ規準で指導を行うことが望ましいとされる。

　『生徒指導提要』（文部科学省, 2022, p.16）は、生徒指導と教育相談の違いについて、主に個に焦点を当てるのか集団に焦点を当てるのか、関わる方法に注目し、「教育相談とは、一人一人の児童生徒の教育上の諸課題について、本人又は保護者などにその望ましい在り方について助言をするものと理解されてきました。教育相談には、個別相談やグループ相談などがありますが、児童生徒の個別性を重視しているため、主に個に焦点を当てて、面接やエクササイズ（演習）を通して個の内面の変容を図ることを目指しています。それに対して、生徒指導は主に集団に焦点を当て、学校行事や体験活動などにおいて、集団としての成果や発展を目指し、集団に支えられた個の変容を図ります」と説明している。

2 教育相談（カウンセリング）とは

演習課題

教育相談とは日常生活で行われる「相談」とどこが違うのだろうか。

考え方の観点

　教育相談はどのような機会に行われるのだろうか。また、教育相談の目的は何だろうか。さらに、その目的を実現させるためには、教育相談にどのような機能があることを念頭に置くことが重要だろうか。教育相談を行う上で重要な態度は何だろうか。

（1）生徒指導の一環としての教育相談

　生徒指導と教育相談が一体となって、未然防止から再発防止までを一貫して扱う。

（2）アセスメントとは

　児童生徒理解を深めるためのアセスメントの考え方としては、BPS モデル（Bio-Psycho-Social Model）が広く使われている。

（3）カウンセリングとは

　カウンセリングとは、主に「クライエントとの一対一の面接のこと」（内田 , 2022 p.34）である。

（4）学校教育相談

　「教師が、児童生徒最優先の姿勢に徹し、児童生徒の健全な成長・発達を目指し、的確に指導・支援すること」（日本学校教育相談学会 , 2006, p.17）である。

（5）教育相談の場面

　教育相談はあらゆる教育活動を通して行われる。児童生徒との定例的な面談や特定の事象後生じた時の呼び出しの時だけに限らない。

（6）学校教育相談の三つの機能

　開発的教育相談、予防的教育相談、問題解決的教育相談である（日本学校教育相談学会 , 2006, pp.21-23）。

（7）教育相談の基本的な考え・姿勢

　自己存在感の感受、共感的な人間関係の育成、自己決定の場の提供、安全・安心な風土の醸成が重要な要素である（文部科学省『生徒指導提要』2022, pp.14-15）。

（1）生徒指導の一環としての教育相談

『生徒指導提要』（2022, p.17）によれば、教育相談は、どちらかといえば問題発生、解決後の個別対応に重点が置かれていたが、不登校、いじめや暴力行為等の問題行動、子どもの貧困、児童虐待等については、生徒指導と教育相談が一体となって、「事案が発生してからのみではなく、未然防止、早期発見、早期支援・対応、さらには、事案が発生した時点から事案の改善・回復、再発防止まで一貫した支援」（文部科学省「教育相談等に関する調査研究協力者会議 児童生徒の教育相談の充実について～学校の教育力を高める組織的な教育相談体制づくり～（報告）」, 2017）に重点をおいたチーム支援体制をつくることが求められている。

（2）アセスメントとは

援助の対象となる児童生徒理解を深めるために児童生徒の課題やその背景をアセスメントすることが欠かせない。アセスメントは教職員が単独に当該児童生徒を援助するときにも実態の把握や援助の方向性の確認、支援の効果の検証などに役立つが、学校内外でチームとして援助を行う際には共通理解を深めたり資源を活用したりするうえで欠かせないものである。

アセスメントの考え方としては、BPS モデル（Bio-Psycho-Social Model）が広く使われている。児童生徒が抱えている課題を生物的要因、心理学的要因、社会的要因の三つの観点から検討するもので、『生徒指導提要』（2022, p.91）に挙げられている例では、不登校の児童生徒の場合、「生物学的要因（発達特性、病気等）」、「心理学的要因（認知、感情、信念、ストレス、パーソナリティ等）」および「社会的要因（家庭や学校の環境や人間関係等）」から、実態を把握すると同時に、児童生徒自身のよさ、長所、可能性等の自助資源と、課題解決に役立つ人や機関・団体等の支援資源を探」ることができる。

（3）カウンセリングとは

カウンセリングとは、主に「クライエントとの一対一の面接のこと」（内田, 2022, p.34）で、「生活や対人関係について悩んで相談にやってきた人」（前掲書,

p.34）をクライエントと呼ぶ。

　カウンセリングという言葉が一般的になったのは20世紀半ばである。友久（2005）によると、西洋においては牧師などが人々の信仰上の悩みだけでなく、家庭や日常生活での悩みを聞いたり相談したりしてきた。この牧師との相談がカウンセリングの源流とされるのは、牧師は単に人の悩みを表面的に解決するだけではなく、その人の内面に深く立ち入り、自己を深く見つめ直させることにより、その人本来の自己を見つけ出す手助けをするからである。近代に入り、社会の構造が複雑化するに従い、人々の悩みも多岐にわたり、その相談内容も多様化し、単なる素質や経験だけでは対応できないようになると一定の知識や技術が要求されるようになり、今日一般に使われるカウンセリングという概念ができあがり、発展した。カウンセリングという用語がはじめて使用されたのは、1908年、アメリカのボストンにあった職業指導においてであり、青年の職業選択を援助するという意味であった。その後、カウンセリングという用語は、学生相談という意味で使用されるようになった。カウンセリングという用語が、一般的に使われるようになったのは、ロジャーズ（Rogers, C）の著書『カウンセリングと心理療法（Counseling and Psychotherapy）』（1942）の出版による。相談を意味していたカウンセリングという言葉に治療（Therapy）の意味が加わった。この時、ロジャーズ（Rogers, C）が提唱したカウンセラーの中核三条件（一致・受容・共感的理解）は有名で、広く心理療法全体に大きな影響を与えた。

（4）学校教育相談

　日本学校教育相談学会（2006, p.17）は、学校教育相談を「教師が、児童生徒最優先の姿勢に徹し、児童生徒の健全な成長・発達を目指し、的確に指導・支援すること」と定義している。「児童生徒最優先の姿勢」を構成するものとして「人権意識の徹底」「児童生徒理解のいっそうの深化」「手法の的確な活用」「組織と連携を重視する姿勢」があるとしている。

（5）教育相談の場面

　教育相談はあらゆる教育活動を通して行われる。児童生徒との定例的な面談や特定の事象後生じた時の呼び出しの時だけではない。

　学級・ホームルームは、学校における基本的な生活集団でもあり、学習集団でもある。学級・ホームルームを単位にして実施される多岐にわたる教育活動はすべて教育相談の場面である。そのなかには、年度当初の出会いから各種の学校行事、日常の清掃活動、給食などが含まれる。また、教科の指導場面や教科で実施される各種テストの分析、道徳や総合的な学習（探究）の時間での教育活動、進路指導、生徒会や児童会での活動、部活動なども教育相談の場面になる。

（6）教育相談の三つの機能（日本学校教育相談学会，2006, pp.21-23　一部を改変）

　教育相談では以下の三つの機能が重視される。

①　開発的教育相談

　開発的教育相談は、児童生徒が個性を伸ばし、社会性を身につけ、自己実現が図れるように指導・支援する機能である。児童生徒は成長過程で、誰もが発達上の課題や問題解決の課題に遭遇する。この課題解決を指導・支援する機能は問題解決的教育相談の機能である。

　開発的教育相談はすべての児童生徒を対象に、あらゆる教育活動を通して行われる。この機能が、結果として問題行動が生じることを防ぐ集団をつくるものとして、近年特に重視されている。

②　予防的教育相談

　予防的教育相談は、例えば、問題をもつ可能性の高い児童生徒や異装、断続的欠席など問題を示しはじめた児童生徒を対象とし、早期発見・早期対応を図ることである。

　問題行動が慢性化してからの支援は、解決がいっそう難しくなる。早期発見のためのチェックリストの開発、定期面談の創意工夫、早期発見、早期対応の支援体制の確立など、その働きがいっそう強く求められている機能である。

③　問題解決的教育相談

問題解決的教育相談は、これまで「治療的教育相談」として、あるいは教育相談のもっともわかりやすい活動として行われてきた。いじめ、不登校、非行など適応上の問題や、発達面、心理面の問題などが明らかになった児童生徒に対する指導・支援をいう。

　この機能で特に留意したいのは、表面的に問題が消えた時が終結だと考えるのではなく、学校という諸条件のなかでも、可能な限りより根本的解決につながる指導・支援を継続することである。そのためには、専門機関と連携した取り組みが重要となる。

(7) 教育相談の基本的な考え・姿勢（文部科学省，2022, pp.14-15　一部を改変）

　児童生徒の理解を深めようと児童生徒に接するとき、学校教育相談の基本的な考え・姿勢を保持することが重要である。どのように保持できるか考慮するにあたって、『生徒指導提要』（文部科学省，2022, pp.14-15）が以下のように説明している生徒指導の実践上の四つの視点が役に立つ。

①　自己存在感の感受

　児童生徒の教育活動の大半は、集団一斉型か小集団型で展開される。そのため、集団に個が埋没してしまう危険性がある。そうならないようにするには、学校生活のあらゆる場面で、「自分も一人の人間として大切にされている」という自己存在感を、児童生徒が実感することが大切である。また、ありのままの自分を肯定的に捉える自己肯定感や、他者のために役立った、認められたという自己有用感を育むことも極めて重要である。

②　共感的な人間関係の育成

　学級経営・ホームルーム経営（以下「学級・ホームルーム経営」という。）の焦点は、教職員と児童生徒、児童生徒同士の選択できない出会いから始まる生活集団を、どのようにして認め合い・励まし合い・支え合える学習集団に変えていくのかということに置かれる。失敗を恐れない、間違いやできないことを笑わない、むしろ、なぜそう思ったのか、どうすればできるようになるのかを皆で考える支持的で創造的な学級・ホームルームづくりが生徒指

導の土台となる。そのためには、自他の個性を尊重し、相手の立場に立って考え、行動できる相互扶助的で共感的な人間関係をいかに早期に創りあげるかが重要となる。

③　自己決定の場の提供

児童生徒が自己指導能力を獲得するには、授業場面で自らの意見を述べる、観察・実験・調べ学習等を通じて自己の仮説を検証してレポートする等、自ら考え、選択し、決定する、あるいは発表する、制作する等の体験が何より重要である。児童生徒の自己決定の場を広げていくために、学習指導要領が示す「主体的・対話的で深い学び」の実現に向けた授業改善を進めていくことが求められる。

④　安全・安心な風土の醸成

児童生徒一人ひとりが、個性的な存在として尊重され、学級・ホームルームで安全かつ安心して教育を受けられるように配慮する必要がある。他者の人格や人権をおとしめる言動、いじめ、暴力行為などは、決して許されるものではない。お互いの個性や多様性を認め合い、安心して授業や学校生活が送れるような風土を、教職員の支援の下で、児童生徒自らがつくり上げるようにすることが大切である。そのためには、教職員による児童生徒への配慮に欠けた言動、暴言や体罰等が許されないことは言うまでもない。

これら四つの視点を活かすために、次のような事柄を意識することが重要である。

①自己存在感の感受の視点については、個別の指導を重視する教育相談では、主に児童生徒と教職員の二者の出会いのなかで援助が行われることを考えると、相互に人としての尊厳を重んじる二人の間の関係性を扱う中でお互いの存在を感知することが重要であるということである。その過程で児童生徒は自らの自己存在感を感受し、自己を大切に扱い、自己に正直になれると考えられる。

②共感的な人間関係の育成の視点からは、相手の立場に立って考え、行動できる相互扶助的で共感的な人間関係を創り上げることが、教育相談の対象とな

る児童生徒の行動変容の基盤になると考えられる。相手の立場をイメージできるように相手の話を聞いたり、わからないことは相手に質問できたりする人間関係をもてるようになると、周りの児童生徒の思いや考えが理解できるまで待てる姿勢を身につけることができ、お互いに優しく接することができるようになると思われる。

③自己決定の場の提供の視点を大切にすることによって、授業場面だけではなく、あらゆる機会に自己決定の機会を保障することを通して、自己肯定感、自己有用感、自己表現力を高めることができる。教育相談場面では、まずはかかわる教職員との二者関係のなかでそのような機会をもちたい。

④安全・安心な風土の醸成の視点からは、自己表現を行ったり、自己変容を進めたりするためには、安全・安心な風土は欠かせないと考えられる。教育相談では、安全・安心な風土のなかで児童生徒をエンパワーしたい。

3 教育相談の理論

演習課題

教育相談は生徒指導のなかにどのように位置付けられるのだろうか。

考え方の観点

教育相談を生徒指導のなかに位置付けるためには、生徒指導の構造を整理した上で、その構造のどこに教育相談活動が活かされるのか考えたい。

「生徒指導の重層的支援構造」（文部科学省『生徒指導提要』, 2022, p.19）のなかに教育相談の活動を明確に位置付けることが重要である。

生徒指導のなかに教育相談を位置付けて教育活動を進めるために、以下のような姿勢が求められる（文部科学省『生徒指導提要』, 2022, p.80）。

「① 指導や援助の在り方を教職員の価値観や信念から考えるのではなく、児童生徒理解（アセスメント）に基づいて考えること。

② 児童生徒の状態が変われば指導・援助方法も変わることから、あらゆる場面に通用する指導や援助の方法は存在しないことを理解し、柔軟な働きかけを目指すこと。

③ どの段階でどのような指導・援助が必要かという時間的視点を持つこと。」

そのうえで、教育相談活動を『生徒指導提要』（文部科学省 , 2022, pp.82-85）が示す「発達支持的教育相談」「課題予防的教育相談：課題未然防止教育」「課題予防的教育相談：課題早期発見対応」「困難課題対応的教育相談」の理論的枠組みのなかで捉えることで、「生徒指導の重層的支援構造」（同書 , 2022, p.19）のなかに教育相談の活動を明確に位置付けることが重要である。

4 カウンセリングの方法

> **演習課題**
> **学校におけるカウンセリングはどのような機会に行われるのだろうか。**
>
> - - -
>
> **考え方の観点**
> 　学校におけるカウンセリングが行われる機会を考えると、カウンセリングを円滑に実施するためにどのようなことに配慮できるのか考えたい。

　開発的教育相談においては、主に学級・クラス担任が教育相談週間などの機会にすべての児童生徒と個別の面接を行う定期的な教育相談の機会がある。そうした機会は年間行事計画に組み込まれていて、年に数回短時間ではあるが主に学級・クラス担任がすべての児童生徒と個別に出会い、学校生活の適応状態や児童生徒の個人的な悩みを聴く機会になる。また、定期的な教育相談以外にも、休み時間や清掃時間、放課後に接する時間を使って児童生徒の話を聴くのも貴重なカウンセリングの機会である。

　予防的教育相談としてもこうした機会を活用できるが、早めに児童生徒の置

かれている状況を知るために、時間と場所を決めて面接する「呼び出し」によるカウンセリングの機会を設けることもある。

　いずれにしても、これまでの担任と児童生徒との信頼関係（ラポール）が築かれていることがカウンセリングの実施の前提条件となる。そのためには児童生徒一人ひとりに関心をもち、普段から声をかけて、特別な時だけ話すという関係にならないように留意したい。また、普段から児童生徒の友人関係や学業に向かう積極性などを観察しておくことが重要である。

5　教育相談に活かせる手法

> **演習課題**
> 　学校の授業のなかで活かせる教育相談の手法にはどのようなものがあるだろうか。
>
> **考え方の観点**
> 　学校の授業のなかで活かせる教育相談の手法を実施する時に、一致、受容、共感的理解が基盤となる。それらを基盤にしてどのような手法が用いられているのか考えたい。

　教育相談で活かせる手法は数多くある。いかなる手法を用いるにしても、教育相談では、児童生徒の話を傾聴する態度が基盤として必要である。そのために、傾聴の基本的な姿勢として、教職員はロジャーズ（Rogers C.）のカウンセラーの中核三条件として知られる態度を身につけようとすることが重要である。それら三条件は、教職員の態度としては、一致（誠実な態度で児童生徒に向き合い、教職員が自分の感情や考えに正直であること）、無条件の積極的関心（良い／悪いの評価や判断なく児童生徒を価値ある存在と見做しその人そのものへの関心をもつこと）、共感的理解（目の前の児童生徒の視点に立ち、児童生徒が体験している現実に児童生徒が感じているままについていこうとし、理解しようとすること）と理解できる。教職員は、児童生徒を指導・評価する立場で役割を果たすことが多いので、実際にはこれらの条件を高いレベルで身

につけるのは大変困難なことである。

　ただ、開発的教育相談の一環として授業のなかで次のような手法（内田, 2016, p.21）を取り入れることは、教えることに重点を置くことができるので、教職員の立場でも比較的円滑にできる方法である。

- **グループ・エンカウンター**　グループ体験を通して、他者に出会う活動である。グループでの活動で、人間関係作り、相互理解、問題解決への協力関係等の育成を目指し、集団の持つプラスの力を引き出す方法
- **ソーシャルスキルトレーニング**　相手を理解する、自分の意思を伝える、人間関係を円滑にするための社会的技能（ソーシャルスキル）をトレーニングにより身につける方法
- **ストレスマネジメント教育**　ストレスのメカニズムやその対処方法（コーピング）を知識として理解するとともに、具体的なリラクゼーションなどの実習
- **ピア・サポート**　児童生徒「同士」（ピア）が、社会的スキルを育て、お互いに協力し、支え合えるような関係を作るための方法
- **ライフスキルトレーニング**　喫煙や薬物、性等の課題について、自分の体や心、命を守り、健康に生きるための社会的なスキルを獲得するための方法

（小泉隆平）

〈引用・参考文献〉

内田利広（2016）「教育相談の基礎」　本間友巳・内田利広編著『はじめて学ぶ生徒指導・教育相談』　金子書房

内田利広（2022）「スクールカウンセラーの歴史」　内田利広・内田純子『スクールカウンセラーという仕事』　青弓社

友久久雄（2005）「カウンセリングとは」　友久久雄編著『学校カウンセリング入門　改訂版』　ミネルヴァ書房

日本学校教育相談学会（2006）『学校教育相談学ハンドブック』ほんの森出版

文部科学省（2017）『中学校学習指導要領（平成29年告示）解説　特別活動編』

文部科学省（2022）『生徒指導提要（改訂版）』

COLUMN

教育相談における傾聴

　教職員と児童生徒の関係性のなかで援助を行う教育相談において、児童生徒と一対一で話をする時は児童生徒の話を傾聴することが大切である。傾聴することで、児童生徒理解が深まり、児童生徒も教職員から大切にされていると感じ、教職員と信頼関係が深まる。それによって問題解決に向かって児童生徒を援助しやすい関係が促進される。

　教職員が傾聴を行うために、まずは目の前にいる児童生徒が自分の心の内側を見つめるゆっくりとした時間をとれるようにしなければならない。急がずゆっくりと「いま、ここで」何が感じられているのかを児童生徒自身がじっくりと感じ取り、それをコトバで表現していこうとするプロセスを大切にしたい。その時、援助する教職員は、目の前にいる児童生徒が心の内側で何を感じているのか一緒に感じ取りたい。同時に、援助する側の教職員の方でも児童生徒を前にして自分自身の心の内側で何が感じられているのか、感じ取りたい。

　生徒指導は、児童生徒理解に始まり、児童生徒理解に終わるといわれる。児童生徒と援助する教職員がこのような関係性のなかでかかわっていく時に、児童生徒は心の内側で感じることを紡ぎ出すようにコトバにできる。援助する教職員も生きたコトバを使って児童生徒に指導にあたれる。そのようにして児童生徒の自己理解や教職員の児童生徒理解が深まり、教育相談の基盤である児童生徒との関係性も深まる。

（小泉隆平）

5章　教育相談の課題とあり方

1　教育相談における連携とは

> **［演習課題］**
>
> **教育相談において「チームとしての学校」は問題解決にどのように機能するのだろうか。**
>
> ---
>
> **［考え方の観点］**
>
> 　児童生徒の学校不適応の背景に身体的な疾患、家庭の貧困、虐待体験、校内の友人関係などが関係することもある。そのような場合、児童生徒と教職員との個別の面談だけで問題が解決するであろうか。そうでないとすれば学校内外で連携して解決にあたる連携先にはどこが考えられるであろうか。
>
> ---
>
> （1）教師間連携
>
> 　「深刻化、多様化、低年齢化する生徒指導の諸課題」（文部科学省『生徒指導提要』, 2022, p.27）に対応するためには、学級・クラス担任だけで指導に当たるのではなく、学校のさまざまな役割をもつ教職員と連携する必要がある。
>
> （2）管理職との連携
>
> 　学級・クラス担任をはじめ、教職員は生徒指導上の問題にかかわる意識や取組の方向性を共有しようとする管理職に適切に情報共有や相談をすることが大切である。
>
> （3）保健室との連携
>
> 　安心できる雰囲気のなかで養護教諭が身体のことで話を聞いてくれたり、さまざまな身体の症状に応じてケアしてくれたりするなかで、児童生徒は教室や授業とは違う姿を見せることがある。
>
> （4）スクールカウンセラー（SC）との連携
>
> 　児童生徒の生徒指導上の問題についての専門家（教育の専門家である教職員と心理の

専門家である SC）同士のコンサルテーションの機会をもつことによって、SC と一緒に
アセスメントを行い、教職員が自信をもって問題に対応することができるようになる。
（5）保護者との連携
　生徒指導や教育相談がかかわる児童生徒の指導・援助には家庭との連携が欠かせない。
児童生徒の成長・発達を育むことを共同の目標に協力するには、保護者と教職員がお互
いの存在を尊重し、お互いに協働できる関係をもつことに意義があるとの深い認識や理
解をもつことが大切である。
（6）外部専門機関との連携
　関係機関との連携が必要と判断された場合、機関連携をすることによって児童生徒が
抱える問題が早期に解決したり、解決の方向性が定まったりする。

（1）教師間連携

　「深刻化、多様化、低年齢化する生徒指導の諸課題」（文部科学省『生徒指導提要』,
2022 , p.27）に対応するためには、学級・クラス担任だけで指導に当たるのでは
なく、学校のさまざまな役割をもつ教職員と連携する必要がある。また、「対
応が難しい場合は、生徒指導主事や教育相談コーディネーター、学年主任、養
護教諭、SC、SSW 等校内の教職員が連携・協働した校内連携型支援チームに
よる組織的対応が重要となります。さらに、深刻な課題は、校外の関係機関等
との連携・協働に基づくネットワーク型支援チームによる地域の社会資源を活
用した組織的対応が必要になります。課題早期発見対応や困難課題対応的生徒
指導においては、チームによる指導・援助に基づく組織的対応によって、早期
の課題解決を図り、再発防止を徹底することが重要です。また、発達支持的生
徒指導や課題未然防止教育においても、チームを編成して学校全体で取組を進
めることが求められます。」（同書 , 2022, p.27）

（2）管理職との連携

　中央教育審議会「チームとしての学校の在り方と今後の改善方策について（答
申）」（2015, p.18）では、「校長は、専門性や文化が異なる職員を束ねて成果を出
していくために、学校の長として、子供や地域の実態等を踏まえ、当該学校の

『チームとしての学校』の在り方について、学校の教育ビジョン等の中で明確に示し、教職員と意識や取組の方向性の共有を図ることが必要である」と指摘されている。学級・クラス担任をはじめ、教職員は生徒指導上の問題にかかわる意識や取組の方向性を共有しようとする管理職に適切に情報共有や相談をすることが大切である。一方、管理職は学校がチームとして機能するよう校内連携や外部連携について適切な指示を出す必要がある。管理職との連携が円滑にできるよう、管理職は普段から教職員が話しかけやすく相談しやすい雰囲気を保ち、教職員の尊厳を重んじながらその考えや思いを傾聴する姿勢をもっているか自己点検する必要があるのは言うまでもない。

(3) 保健室との連携

児童生徒にとって保健室は身体や心のケアをしてくれる養護教諭が常駐している貴重な場所である。安心できる雰囲気のなかで養護教諭が身体のことで話を聞いてくれたり、さまざまな身体の症状に応じてケアしてくれたりするなかで、児童生徒は教室や授業とは違う姿を見せることがある。養護教諭が保健室に来室した児童生徒の心身の問題に対応するなかで、児童生徒に対して毅然とした指示を出すこともある。指示を受けた児童生徒が他の場面とは異なり、その指示に素直に従うことも多い。学級・クラス担任等は、保健室がもっている独特の機能を認め、養護教諭と連携することが多い。連携をより効果的に進めるためには、学級・クラス担任が養護教諭から情報を得て児童生徒の指導や援助に活かすときに、学級・クラス担任等の側からもその指導や援助のプロセスや結果を養護教諭に伝えることも忘れたくない。

(4) スクールカウンセラー (SC) との連携

SC は心理学に関する高度な知識及び臨床経験を有する専門職である。また児童生徒にとっては、学級・クラス担任や教科担当として普段接する教職員にはない外部性をもっているので、悩みや不安を安心して相談できる存在であることが多い。また、教職員にとっては、児童生徒やその保護者と間で第三者と

して仲介者の役割を果たしてくれる存在である。「SC が支援の対象とするのは児童生徒や保護者、教職員とされている。カウンセリングや情報収集・見立て（アセスメント）、助言・援助（コンサルテーション）が SC の行う業務の代表であるが、その他にも保護者や職員等を対象にした研修・講話、いじめや不登校などの問題の未然防止を行う予防的対応、重大な事件や事故、トラブル等の緊急時における危機対応・危機管理も含まれる」（小溝遥香・松尾直博・工藤 浩二, 2020, pp. 171-178)

　教職員は、個別の児童生徒、保護者のカウンセリングを SC に依頼するだけではなく、児童生徒の生徒指導上の問題についての専門家（教育の専門家である教職員と心理の専門家である SC）同士のコンサルテーションの機会をもつことによって、SC と一緒にアセスメントを行うことで、自信をもって問題に対応することができる。また、問題についての新たな知見や気づきをもったり、問題に向き合ったりする力を得る機会にもなる。さらに、他の生徒指導の問題に新たに得た知見や気づきを活かすことができるようになる。

（5）保護者との連携

　『生徒指導提要』（文部科学省, 2022, p.232）には、不登校支援での保護者との連携について、「児童生徒は学校や家庭、地域等において様々な人間関係の中で生活しています。家族との衝突が学校での反抗的な態度につながったり、家庭でのトラブルがもとになり気持ちが沈んでしまったりと、心身の不調の背景に家庭の要因が関係していることも少なくありません。その意味からも、不登校の予兆の早期発見・対応において教職員と保護者との信頼関係に基づく情報共有が不可欠と言えます」と説明されている。

　不登校に限らず、生徒指導や教育相談がかかわる児童生徒の指導・援助には家庭との連携が欠かせない。児童生徒の成長・発達を育むことを学校と家庭が共同の目標として協力するには、保護者と教職員がお互いの存在を尊重し、お互いに協働できる関係をもつことに意義があるとの深い認識や理解をもつことが大切である。そのためには、具体的には保護者に出会う機会に教職員の側か

ら挨拶に加えて一言ねぎらいなどの言葉かけを保護者に行うなどの小さな工夫の蓄積が必要である。情報のやり取りの方法が変化する時代にあって、保護者とのコミュニケーションのあり方をテーマにした教職員研修も求められている。

(6) 外部専門機関との連携

　中央教育審議会「チームとしての学校の在り方と今後の改善方策について（答申）」（2015, pp.1-2）では「子供を取り巻く状況の変化や複雑化・困難化した課題に向き合うため、教職員に加え、多様な背景を有する人材が各々の専門性に応じて、学校運営に参画することにより、学校の教育力・組織力を、より効果的に高めていくことがこれからの時代には不可欠である」と指摘されている。学校が関係機関との連携をせずに問題を抱え込むことは問題の複雑化、長期化を招くことになり、そうした事態は避けなければならない。関係機関との連携をすることによって児童生徒が抱える問題が早期に解決したり、解決の方向性が定まったりすることが多い。一方、外部機関と連携した後も、児童生徒が抱える問題について学校が連携機関と情報共有を継続し、主体的に問題解決に当たろうとする姿勢も大切である。

2　スクールカウンセラー制度の現状と課題

> 演習課題
>
> 　スクールカウンセラー（SC）はどのような働きをするのだろうか。
>
> 考え方の観点
>
> 　スクールカウンセラー（SC）の活用方法とその活用の課題を整理したい。

　SC の職務について、教育相談等に関する調査研究協力者会議は、「児童生徒の教育相談の充実について——学校の教育力を高める組織的な教育相談体制づ

くり――（報告）」（2007, p.6）で、「SC は、心理に関する高度な専門的知見を有する者として、不登校、いじめや暴力行為等問題行動、子供の貧困、児童虐待等の未然防止、早期発見及び支援・対応等や学習面や行動面で何らかの困難を示す児童生徒、障害のある児童生徒・保護者への支援に係る助言・援助等のため、これらを学校として認知した場合や災害等が発生した場合等において、様々な技法を駆使して児童生徒、その保護者、教職員に対して、カウンセリング、情報収集・見立て（アセスメント）や助言・援助（コンサルテーション）を行うとともに、全ての児童生徒が安心した学校生活を送ることができる環境づくり等を行うことが求められる。さらに、SC は個々の児童生徒のみならず学校全体を視野に入れ、心理学的側面から学校アセスメントを行い、個から集団・組織にいたる様々なニーズを把握し、学校コミュニティを支援する視点を持つ必要がある」としている。

　こうした SC の活動には、次のような課題がある。一つは、スクールカウンセラーの活用の仕方には、学校の教職員や校内組織のあり方により大きな差が生じることである。教職員がスクールカウンセラーの役割を詳しく知らなかったり、組織的な活用方法が決まっていなかったりすることがある。また、SC は多くが非常勤で1校当たり勤務時間数が週4～8時間程度に限定されていることが多いので、十分な相談体制を作りにくいことがある。今後は、SC の常勤化など児童生徒や保護者が SC に相談しやすい安定した体制づくりが求められている。

3　学校における教育相談の課題

> **演習課題**
> 学校で教育相談を進める上で注意すべき事柄は何だろうか。
>
> **考え方の観点**
> 学校における教育相談の課題を乗り越えるためにどのような工夫ができるか考える。

（1）学校における教育相談と生徒指導の対立

　生徒指導と教育相談に位置付けを適切に行ってチームとして児童生徒の支援にあたる姿勢が弱いと教育相談と生徒指導の対立が起きやすい。一方、適切なアセスメントを共有して児童生徒支援にあたるとき、教育相談と生徒指導の対立が生じにくい。

（2）問題行動への対処

　問題行動に対処する上で、教育相談がもっている心理的アセスメント機能、校内チーム内のコミュニケーションを円滑にする機能、外部専門機関との連携が児童生徒支援を円滑にする。

（3）教育相談に関する校内体制の充実

　「チームとしての学校」が機能するよう、さまざまな教育活動のなかに教育相談活動を含めながら児童生徒支援を行うことが期待されている。

（1）学校における教育相談と生徒指導の対立

　『生徒指導提要』（文部科学省, 2022, p.88）には、学校における教育相談と生徒指導の対立について、「時として、生徒指導の視点から、『教育相談は、話を聞くばかりで子供を甘やかしているのではないか』、教育相談の視点からは、『生徒指導は、きまりを押しつけるばかりで、子供の心を無視しているのではないか』というような対立的な意見が示されることもあります。また、学級・ホームルーム担任として、集団に重点を置く規範的・指導的態度と個に重点を置く受容的・相談的態度とのバランスをとるのが難しいという声が聞かれることもあります」と記されている。生徒指導と教育相談に位置付けを適切に行ってチームとして児童生徒の支援にあたる姿勢が弱いと教育相談と生徒指導の対立が起きやすい。一方、適切なアセスメントを共有して児童生徒支援にあたるとき、教育相談と生徒指導の対立が生じにくい。

（2）問題行動への対処

　教育相談を通して、悩みや問題を抱えた児童生徒は主体的に前に進んでいくよう助けられる。教育相談は、主体的・能動的な自己決定を支える生徒指導と

重なり合って、多角的な児童生徒支援を行う機能を果たす。

『生徒指導提要』（文部科学省, 2022, p.80）には教育相談にかかわる校内体制の充実について以下のような記載がある。「教育相談の目的は、児童生徒が将来において社会的な自己実現ができるような資質・能力・態度を形成するように働きかけることであり、この点において生徒指導と教育相談は共通しています。ただ、生徒指導は集団や社会の一員として求められる資質や能力を身に付けるように働きかけるという発想が強く、教育相談は個人の資質や能力の伸長を援助するという発想が強い傾向があります。／この発想の違いから、時には、毅然とした指導を重視すべきなのか、受容的な援助を重視すべきなのかという指導・援助の方法を巡る意見の違いが顕在化することもあります。しかし、教育相談は、生徒指導の一環として位置付けられ、重要な役割を担うものであることを踏まえて、生徒指導と教育相談を一体化させて、全教職員が一致して取組を進めることが必要です。そのため、教職員には、以下のような姿勢が求められます。／①　指導や援助の在り方を教職員の価値観や信念から考えるのではなく、児童生徒理解（アセスメント）に基づいて考えること。／②　児童生徒の状態が変われば指導・援助方法も変わることから、あらゆる場面に通用する指導や援助の方法は存在しないことを理解し、柔軟な働きかけを目指すこと。／③　どの段階でどのような指導・援助が必要かという時間的視点を持つこと。」

問題行動に対処する上で、教育相談がもっている心理的アセスメント機能、校内チーム間のコミュニケーションを円滑にする機能、外部専門機関との連携が児童生徒支援を円滑にする。

特に心理的なアセスメントは、児童生徒理解を深めるのに欠かせない。チームとしての学校が、共通理解のもとに問題行動に対処するには、問題行動に関係する児童生徒一人ひとりに対して適切な指導・援助計画を立てて実践することが必要である。そのために、学習面、心理・社会面、進路面、家庭面など多様な観点からのアセスメントを行うことが求められる。教育相談が基盤としている各種心理学理論が児童生徒理解において有効な知見を提供する。

（3）教育相談に関する校内体制の充実

　中央教育審議会「チームとしての学校の在り方と今後の改善方策について（答申）」（2015, p.12）では、チーム学校とは、「校長のリーダーシップの下、カリキュラム、日々の教育活動、学校の資源が一体的にマネジメントされ、教職員や学校内の多様な人材が、それぞれの専門性を生かして能力を発揮し、子供たちに必要な資質・能力を確実に身に付けさせることができる学校」と定義されている。

　教育相談においても、この「チームとしての学校」が機能するよう、さまざまな教育活動のなかに教育相談活動を含めながら児童生徒支援を行うことが期待されている。そのためにはスクールカウンセラーやスクールソーシャルワーカーとの円滑な連携や教職員の教育相談にかかわる研修機会の提供、それを勤務時間内に充分余裕をもって行える体制を整備することが求められている。

（小泉隆平）

〈引用・参考文献〉

小溝遥香・松尾直博・工藤 浩二（2020）「スクールカウンセラーと教員の連携・協働に関する研究動向と展望── 役割から見るニーズや期待と課題──」『東京学芸大学教育実践研究 第 16 集』

教育相談等に関する調査研究協力者会議（2017）「児童生徒の教育相談の充実について──学校の教育力を高める組織的な教育相談体制づくり──（報告）」

文部科学省（2015）中央教育審議会「チームとしての学校の在り方と今後の改善方策について（答申）」

文部科学省（2022）『生徒指導提要』

6章　学級経営意義と目的

1　学級経営とは

> **演習課題**
>
> 　学級経営とはどのような活動なのだろうか。学校ではなぜ学級単位で多くの教育活動が行われるのだろうか。学級と学級経営について考えてみよう。

> **考え方の観点**
>
> 　小学校に入学すると、「私は1年○組だ」とその時点から学級の枠組みが学校生活そのものとなる。担任の先生、学級の仲間がその時点で決まり、少なくとも一年間は一緒に過ごし、学び、話をし、活動することになる。学級という枠組みは学校教育でなぜ必要なのだろうか。また、本当に必要なのだろうか。このことを考えてみることは、学級についての理解を深めるとともに、子どもたちの成長に役立つ環境を提供するために役立つことになる。
>
> 　多くの子どもたちがクラス替えの度に一喜一憂していたのではないかと思う。学級は学習習得の中心的な場としてだけでなく、情緒的関係が育まれる場でもある。例えば、あの子がいるから学校に行きたい、あの子と一緒のクラスだから学校が楽しいという子どもがいる反面その逆もありうる。担任の先生が誰になるかも子どもたちが最も気になることである。
>
> 　この機会に、自分自身が経験した学級での成長を考えてみよう。「私はこの時の学級でどのようなことを学んだのか」、「この学年のこの学級ではこのような思い出が残っており、自分自身の生き方にどのように影響を与えていたのか」について考えてみよう。
>
> （1）学級の成り立ち
> 　学級の枠組みはどこで規定されているのか。学級はいつから始まったのか。
> （2）学級の特質

学級とは学び成長する上でどのような役割を担うのか。
（3）学級経営の実際
学級はどのように構成されているのか。

（1）学級の成り立ち

　小出（1996）によると、「学級」という近代語は 16 世紀から 17 世紀にかけてフランスにおいて確立された制度で、日本でも明治における学制発布以来、学校では例外なく「学級」を基本単位とし、一人の担任教師が配置されていたと示されている。ただし、学制以前の明治の教育制度は等級制として知られており年齢に関係なく試験により上級になるという制度であった。また、等級制は教授組織単位として構想され、個別的編成（個別教授の集合化）では生徒集団が成立しにくく一斉教授方式が普及するのは困難だった（佐藤, 1970）。

　この制度は教師の負担や指導の効率性及び教育効果の観点から、同一年齢の児童によって編成される学級の枠組に変遷していった。特に、教育効果の観点からは、一斉教授法が経済上やむを得なく行われているのではなく、生徒相互が刺激し合い切磋琢磨されること、小学校教育の目的である身体の発育、徳性を養い、能力の鍛錬に加え気質を育てるには、相互に助け合って長短を補足し合う必要があり、なるべく学力・知力・年齢が均質な生徒で編成し、互いに競争させることで教育成果が上がると説いている（能勢, 1886）。このような理由と経緯により、明治中期以降「学級」は教育活動及び学校生活の基本的な枠組みとして制度化され実質化されてきている。

（2）学級の特質

　学級には主に三つの特質がみられる。①学級という枠組に児童生徒が所属していること、②そこに生まれた集団が発達することにより、相互作用として個々の児童生徒が発達する関係が見られること、③期間が限定的で概ね 1 年～ 2 年であることである。ただし、小規模な学校では教員は入れ替わるが義務教育期間中は単学級が継続することもある。ここで述べた相互作用とは図 1 に示した

学級の集団化と学習習得の関係となる二つの過程である（小出,1996）。学級の枠組で学習活動が行われ学習習得が図られるとともに、その過程で学級内の集団づくりが進む。他方、望ましい集団づくりが進むと学習が促進されるという状況が生まれる。

このような状況こそ、『生徒指導提要』（文部科学省,2022）で示されている、集団に支えられて個が育ち、個の成長が集団を発展させるという相互作用であり児童生徒の力を最大限に伸ばし、社会で自立するために必要な力を身に付けることができるという指導原理である。学級経営は生徒指導の機能が発揮される場であり生徒指導そのものとして捉えて何ら問題ない。

さらに、学級担任は、この集団と個人の発達の関係を学級経営及び生徒指導の基本として心得ておく必要がある。集団を優先させて個人を蔑ろにしてはいけないこと、その逆も然り、学級集団のなかで個々の児童生徒をどのように活かすのか、そのための集団作りをどのように進めるのか、両方をセットで考えなければならない。

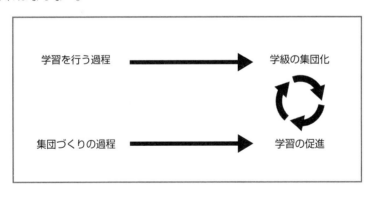

図1　学級の集団化による学習と集団の発達の関係

(3) 学級経営の実際

公立小中学校の学級編成は「公立義務教育諸学校の学級編成及び教職員定数の標準に関する法律」により、都道府県教育委員会が定める「学級編成基準」

に基づいて編成されている。このように、基本的な枠組みは決まっており、そのうえで教室環境、ルール、学級で行われる常時活動を進めるためのルーティン、教室環境、係・当番などが決められる。進級時のクラス替えを考慮すると学年単位で統一されるとともに学校全体でも発達段階、発達状況に合わせ、ある程度統一されることが児童生徒も適応しやすいと考えられる。その際、児童生徒の様子を最優先させて考え、教員や学校のやりやすいようにすることが優先されてはならない。ただし、教員の負担軽減は重要なことであり、この点も含めた上で複眼的な視点で学級経営を検討する必要がある。

　学級の特質が集団づくりと個の育成との相互作用にあることを述べたが、それを実現させるために実際的に担任教員が行うことの一つとして環境整備がある。これは、単に教室の物的環境を整えるだけでなく事務的作業をスムーズに行える環境整備、保護者との連携を図るための学級便りの発行や保護者会の開催など、そのための方略を検討しておく必要もある。
　学級経営の実際として図2にまとめた。担任教員は集団づくりと個の育成を図るための相互作用を学級のなかで作り上げること、そのためにハード面ソフト面での環境整備が必要となる。

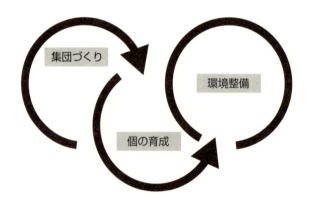

図2　学級経営の実際

2　学級担任としての心構え

演習課題

　学級経営を行う担任教員はどのような役割を担うのだろうか。そのためにはどのようなことを知っておく必要があるのだろうか。また、どのようなことができると良いのだろうか。ここでは、学級担任として備えておくべき心構えについて具体的に考えてみよう。

考え方の観点

　担任教員として学級経営を担うとき、事前に何を準備しておく必要があるのだろうか。自分自身をどのような状態にしておく必要があるのだろうか。このことを考えるには、担任の先生が朝教室に行って子どもが帰るまでにどのようなことをしているのかを考えてみることである。

　朝、教室で「おはようございます」と声をかけ、朝の学級活動（ホームルーム）から一日が始まる。子どもたちの出席状況を確かめ、健康状態を把握しつつ、今日一日の流れを伝えて確認をする。提出物の回収を行いながら授業に向けてモチベーションを高めるような声をかけたりする。それから、授業が始まり午前の授業が終わると給食・昼食の時間となる。配膳の準備、食事、片付け指導、昼休み、掃除など先生の指導援助のもとに行われる活動は膨大かつ多様なものとなっている。このような学校生活及び教育活動が一日一日、さらに一年間しっかり行われることにより、子どもたちの生きる力が育まれる。

　このように、同一年齢により均質化した集団となるように想定された学級の中で、子どもたちの興味深く有意義で充実した学校生活を実現するために行われるものが学級経営となる。担任教員として、子どもたちの教育活動一つひとつに対して、どのように構想して進めていくか、そのためにどのような準備をしたら良いのか考えてみよう。

（1）児童生徒理解
　学級経営を行う基盤となる児童生徒理解とその方法
（2）思いやりと規範意識の醸成と支持的学級風土
　学級の枠組みで培われる思いやりと規範意識、目指される支持的学級
（3）学級環境づくり

6章　学級経営意義と目的　　*79*

(4) 学級経営における生徒指導の四つの層に対する取組

(5) 合理的配慮と学級経営

(6) 学級経営のデザインとロジックモデルによる学級経営の展開

(7) 働き方の改善と学級経営

（1）児童生徒理解

　学級経営を進めるにあたり、計画作成時のみならず実践中においても児童生徒理解を深めながら進めることが必要となる。児童生徒が何を考え、どのような気持ちでいるのか、こちらの言葉や話をどのように理解してどのように反応するのかについて知らなければならない。それこそ教員になったばかりでは事前に理解しておくことは難しいかもしれないが、実はベテランの教員も同様である。学校種、学年である程度の発達的特徴は共有できるかもしれないが、個人差や発達状況の違い、ましては感情面などは一人ひとりへの理解が求められる。その意味では、容易に児童生徒理解が深まると考えることは危険である。むしろ、どこまで行ってもなかなか到達できないものとして、常に理解に努める姿勢が大切である。最も大切なことは児童生徒理解を深めようとする姿勢そのものである。

　次に、児童生徒理解のための方法として、生物・心理・社会モデル（以下、BPSモデル）に則った理解をすることを薦める。BPSモデルは『生徒指導提要』（文部科学省, 2022）でも紹介されているアセスメント方法で、児童生徒の課題を生物的要因、心理的要因、社会的要因の三つの観点から検討する方法である。具体的には学習面、心理面、行動社会面（友人関係を含む）、進路面、健康面などで苦戦していることやできていることを教員が知っておくことが大切である。

（2）思いやりと規範意識の醸成と支持的学級風土

　学級経営を進める上でルールを作ることや学級活動でルーティンが確立することは大切である。この二つのことは集団の場面で必要な指導や援助となるガイダンスの趣旨をよく理解したうえで実施される必要がある。学校生活への適

応やよりよい人間形成、学習活動に資するものであるかを考えることである。

　ルールやマナー、集団生活のルーティンは学級という集団を機能させるための基本的なものである。児童生徒が将来自立した社会生活を営むうえで学校教育において充分鍛えておく必要があるものである。このような集団を維持し機能させるための規範意識は、近年、進化心理学などによりその起源が明らかになってきている。人間の道徳性の起源は、狩猟社会において協働して狩りをし獲物を分け合いながら生きる中で思いやりの心が発生したとされている。さらに稲作社会になると土地を守るために集団で結束するためのルールからなる規範意識が芽生えたとされ、この二つの人間の特性が集団生活の基盤である。学級における集団づくりとその維持に必要なものとして、思いやる心の育成と規範意識の確立が基本となる。さらに留意する点として、この二つのことは児童生徒が主体的かつ自律的なものであることが大切である。教員や他人の目が気になるからなどということではなく、自らそのように感じる、大切だと思うようになることである。山根（1990）は、デュルケムが道徳性の三要素を示し、人間が規則に対して受容的であるが、規則の意味を知り理解し所属する社会集団への愛着が重要な要件であることを説いていることを紹介している。その集団に愛着を感じることにより、ルールの意味を理解し自ら進んで守る、主体的かつ自律的な規範意識を学級に対して感じることになる。すなわち、児童生徒が自分の学級を好きになることが学級における規範意識の向上にとって、最も教員が留意しなければならないこととなる。

（3）学級環境づくり

　学級の環境づくりとして、①教室環境の整備、②文化的環境、③社会行動の整備が挙げられる。机・椅子の位置、高さ、鞄などの荷物置場、ICT 機器の保管庫、机椅子の間隔や配置など、学習しやすく、コミュニケーションを取りやすい環境整備が求められる。ここでも、ガイダンスの趣旨が生かされることが肝要である。視力の悪い子や聞こえの問題、ワーキングメモリ、注意集中の課題などにも対応できることが望ましい。

①**教室環境**
　　机・イス・窓・照明・冷暖房・黒板・ICT機器・掃除道具・給食配膳機器等
②**文化的環境**
　　教室の掲示とその計画・学級文庫
③**社会行動**
　　学級内係・当番・班編成・座席配置と計画

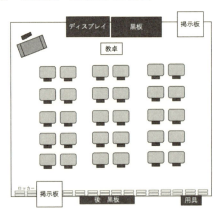

図3　教室環境の一例

(4) 学級経営における生徒指導の四つの層に対する取組

　『生徒指導提要』では児童生徒を四つの層（発達支持的生徒指導、2種類の課題予防的生徒指導、困難課題的生徒指導）に分類することで適切なサポートが実施されるための指標を示している。苦戦している児童生徒がどの層に入るのかできるだけ早期に適切な判断が求められる。学級経営においては、その第一番目の発見ゲートとしての役割があることを認識しておく。良好な学級経営が行われたとしても、現在の学校ではいじめや不登校などだけでなく発達課題を乗り越えることに苦戦している子どもたちが少なからず存在する。学級経営はそのためのセーフティーネットを張り巡らせておかなければならず、担任一人だけでなく学年主任や生徒指導、コーディネーター、養護教諭などと協力し合うチー

ム援助としてのサポートやアセスメントなどの連携体制が必要となっている。

(5) 合理的配慮と学級経営

　障害の状態により参加が制限されたり壁となって消極的な活動を強いられたりする児童生徒に対して特別な配慮が必要となる。学級経営としても重要な問題であり、対象の児童生徒が学級のなかで参加が制限されずに積極的な気持ちを失わないような、具体的支援と支持的風土を作り出すことが求められる。個々の具体的な支援については特別支援教育コーディネーターなどと相談しながら個別の指導計画などにより対応されていると思われるが、学級のなかでのコミュニケーションなどの対人的な問題や係活動や当番などを含めた対応を準備しておく必要がある。近年では外国にルーツを持つ児童生徒やヤングケアラーとして家庭を支える児童生徒など学校内外で苦慮している場合もあり、学級が本人にとって居場所となるための配慮ある用意と対応が求められている。

(6) 学級経営のデザインとロジックモデルによる学級経営の展開

　学級経営を進めるにあたり、これまで多くの場合、学級経営案（学級経営計画）により確認されてきた。その内容の一例として、①学級目標、②学級の実態、③本年度の努力点、④学級組織（班・委員・係・当番）、⑤学習指導、⑥生徒指導、⑦教室の経営、⑧学級の事務、⑨家庭連携、⑩評価項目などが示されている。しかしながら、学級経営案が実際的に学級経営を進め評価することに機能しているかは不明である。一方、近年、学級経営を実際的に進めながら評価するものとしてロジックモデルが注目されている。このモデルは学級経営を進めるためのデザインを考えながら評価までを一体化する学級経営のプログラム評価となるものである。プログラム評価とは「学校、病院、政府機関、企業、コミュニティなどの社会環境において『生活の質の向上』『個人・組織の効率性の追求』などを目的として実施される人為的なプログラムが、本来想定した目的をどの程度実現しているかを検証し、その結果を関係者に報告する一連の活動」とされている。モデルの一例を示す（図4）。

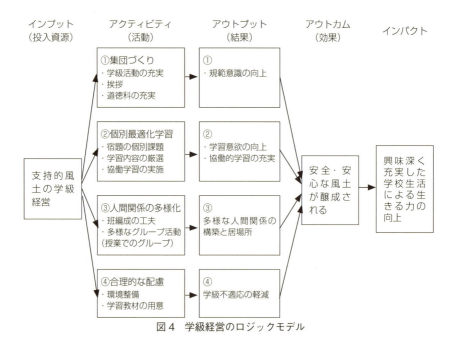

図4　学級経営のロジックモデル

(7) 働き方の改善と学級経営

　学校教育を担う教員は今、激務から働き方の改善が求められている。国や自治体による待遇の改善などさまざまな改善が必要であるが、教員自身でも教育効果と比較させながら負担軽減が必要となっている。
　　　　　　　　　　　　　　　　　　　　　　　　　　　　（池田誠喜）

〈引用・参考文献〉

Durkheim, E.（1974）*Leduction morale*, Presses University de France, Paris.
麻生誠・山村健訳（1980）『道徳教育論Ⅰ』明治図書
小出敏夫（1996）『教師の学級づくり』誠信書房
佐藤秀夫（1970）「明治期における『学級』の成立過程」『教育』No.249 1970年6月号
能勢栄演述（1886）「一教場ニ入ルベキ生徒ノ数」『教育報知』第47号1 東京教育社, p.11
山根耕平（1990）「道徳性の発達と教育」佐野安仁・荒木紀幸編『道徳教育の視点』晃洋書房 pp.30-60

COLUMN

学級経営とアセスメントツール

　学級経営を進める上で、さまざまなアセスメントツールが活用されている。例えば、承認得点と被侵害得点の個人得点をプロットして学級の状況を把握することができるＱ－Ｕ（図書文化社）や学習と対人関係に対する適応感に加え生活満足感からなる学校適応感を測定するアセス（栗原慎二他, 2010, ほんの森出版）など、いずれも児童生徒の自己報告方式で調査されるものが主流である。近頃は、GIGAスクール構想が進展し、これまで調査用紙を配布して記載していたが、タブレットなどの個人端末での入力が可能となり、調査時間やコストが大幅に短縮・簡略化されている。学級経営をすすめるにおいて、児童生徒側からの報告で教員自身の学級経営状態を確かめ検討することは、学級経営の視野を広げることになるとともに、児童生徒一人ひとりからなる学級について、個人と集団の相互作用の状態を確かめることにもなる。

　さらに、新型コロナ感染症対応下、デジタルツールをさらに活用し、児童生徒のその日の感情状態を簡単に報告させたり、体調などのストレス反応による健康状態を把握できたりするアプリケーションの開発が進んできている。商品化され実際に活用している一例としては、朝登校時にタブレットのアプリを通して自分の感情状態を晴・曇・雨などのマークで報告、帰りにも一日の充実度などを報告させている。日々、これらの情報を瞬時に整理して集計し可視化できるものとなっている。デジタルツールによる児童生徒理解に寄与するツールの開発は、働き方改革の流れにも沿って進められているものではあるが、その分析や分析後の活用方法の検討など、精度とコストの改善はまだまだ十分とは言えない状況にある。

（池田誠喜）

COLUMN

そうじの手引き

COLUMN

机の運び方

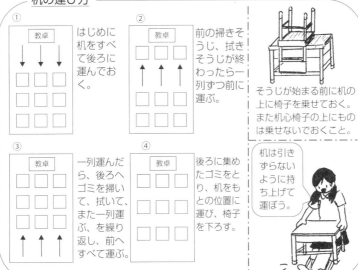

① はじめに机をすべて後ろに運んでおく。

② 前の掃きそうじ、拭きそうじが終わったら一列ずつ前に運ぶ。

そうじが始まる前に机の上に椅子を乗せておく。また机心椅子の上にものは乗せないでおくこと。

③ 一列運んだら、後ろへゴミを掃いて、拭いて、また一列運ぶ、を繰り返し、前へすべて運ぶ。

④ 後ろに集めたゴミをとり、机をもとの位置に運び、椅子を下ろす。

机は引きずらないように持ち上げて運ぼう。

黒板そうじの方法

① 横向きに黒板消しで黒板を消す。

② 縦向きに黒板消しで黒板を消す。

③ もう一度、横向きに黒板消しで黒板を消す

④ 最後に黒板のサンを小ほうきとちりとりできれいにする。

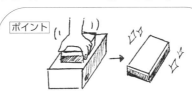

ポイント

黒板を消すたびにまめに黒板消しを黒板消しクリーナーできれいにしよう。決して、黒板消しを叩いてきれいにしようとしないこと。

6章 学級経営意義と目的

COLUMN

雑巾の洗い方・絞り方

ごしごしとしっかりと擦り洗いをする。

雑巾は縦絞りでしっかりと絞る。横絞りやボールのように絞るのは水分が多く残るので注意。

拭き方

床は一定方向に真っ直ぐ拭き残しがないように拭く。

机や棚は真っ直ぐ拭き、折り返して拭き残しがないように拭く（横拭き後、縦拭きをするとよりよい）。

拭きそうじのポイント

上拭き用と下拭き用を間違えないように使う。

黒板や窓拭きには、から拭きも大切。

時には濡れ雑巾と乾いた雑巾を併用しよう。

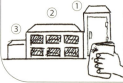

棚は高いところから低いところへと順に拭いていく。

汚れたら小まめ洗い、またバケツの水も汚くなったらかえる。

最後に

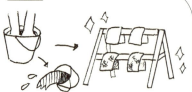

雑巾をきれいに洗い、干す。（上拭きと下拭きを混同しない）。またバケツも軽くすすいできれいにしておく。

注意

雑巾を投げたり、バケツの水を窓から捨てたりは決してしないこと。

COLUMN

(池田 忠)

7章　「いじめ」問題への対応

1　いじめ防止対策推進法における定義

演習課題

　Aさんが算数の問題を考えていたら、隣の席の算数が得意なBさんが答えを教えてあげた。Aさんは、あと一息で正解にたどり着くところだったため、泣き出した。これはいじめにあたるだろうか？　その理由も含めて考えてみよう。

考え方の観点

　これは、いじめ防止対策推進法（以下、いじめ防止法と表記）におけるいじめの定義の理解を確認するために文部科学省が示している事例である（文部科学省, 2016-3-18 通知 別添資料）。これがいじめにあたるかどうかだけではなく、そう判断した理由も考えることで、自分がイメージしている「いじめ」の要件が明らかになり、それをいじめ防止法第2条の定義と比較することで、いじめの定義を正しく認識し、その意義を理解することにつながる。

(1) 法律におけるいじめの定義

　　法律上のいじめの定義では「心身の苦痛」がポイント

(2) 社会通念としてのいじめ

　　法律上の定義と社会通念とのギャップに留意することが重要

(3) 決していじめを見逃さない姿勢

　　法律が最も広い定義を採用した理由は「いじめを見逃さない」こと

（1）法律におけるいじめの定義

　いじめ防止法では、いじめの定義について、第2条で、「『いじめ』とは、児童等に対して、当該児童等が在籍する学校に在籍している等当該児童等と一定

90　　I部　生徒指導・教育相談・学級経営

の人的関係にある他の児童等が行う心理的又は物理的な影響を与える行為（インターネットを通じて行われるものを含む。）であって、当該行為の対象となった児童等が心身の苦痛を感じているものをいう」と示されている。この条文を踏まえて、文部科学省は、演習課題の事例について、「ＡさんとＢさんは一定の人的関係」にあり、「Ｂさんが答えを教えた行為は心理的又は物理的な影響を与える行為」であり、「Ａさんは泣き出しており苦痛を感じたと認められる」ので、いじめとして認知し組織的に対応する必要があると述べている。

（2）社会通念としてのいじめ

　しかしながら、筆者が授業や研修でこの事例をあげると、「いじめではない」という意見が８割〜９割を占めた。そして、その理由には、「Ｂさんの行為はＡさんを困らせようという悪意によるものではないから」等があげられていた。いじめは「相手に危害を加える意図」に基づく行為であり、"攻撃的意図"がない行為はいじめとはいえないととらえているわけである。

　文部科学省は、毎年、全国の学校を対象に「児童生徒の問題行動・不登校等生徒指導上の諸課題に関する調査」を実施しているが、いじめに関する調査項目が加えられた1985年度に関する調査では、いじめの要件として、"苦痛"以外に、「自分より弱い者に対して一方的に」という"力の不均衡"と、「身体的・心理的な攻撃を継続的に加え」という"反復的要素"があげられていた。ちなみに、学術的定義でも、"苦痛"だけではなく"力の不均衡""反復的要素"あるいは"攻撃的意図"を要件とする考え方が主流である。しかし、文部科学省の2006年度に関する調査からは"力の不均衡""反復的要素"は除かれ"苦痛"のみが要件となった。いじめ防止法の定義は、この定義を採用したものである。

　このような法律上の定義は、社会通念と必ずしも合致しているわけではない。ピーター・Ｋ・スミス（2016）は、シンプルな線描画を用いた調査を紹介している。図1がその一例で、これがいじめかどうかを質問すると、14歳の子どもでいじめだと答えた割合は「左の図…15.0％、右の図…97.5％」、成人の場合は「左の図…7.5％、右の図…92.5％」となった。左右の図は体の大きさが違うだけで

あり、この調査から、社会通念では、いじめとは"力の不均衡"を伴うものと考えられていることが明らかになるわけである（スミス , 2016, pp.37-40）。

Helen と Jo は嫌い合い
けんかを始めている。

Mary は自分よりも小さい Linda と
けんかを始めている。

図1　いじめの認識を調べる線描画（ピーター・K・スミス，2016）

(3) 決していじめを見逃さない姿勢

にもかかわらずいじめ防止法が最も広い定義を採用したのは、いじめを決して見逃さないという願いからであり、教師は社会通念で判断すると対応を誤る危険性があるので、法律の定義を適切に踏まえ、「取り越し苦労で終わればそれでよし」の姿勢で、児童生徒のささいな変化を軽く扱わないことが重要である。

2　いじめの早期発見・早期対応

> **演習課題**
> 　いじめの早期発見は、迅速な対処の前提として重要であるが、いじめの兆候の把握は簡単にはいかない場合もある。教師がいじめに気づかない、あるいはいじめを見逃してしまう場合、その理由は何だろうか？　考えてみよう。
>
> **考え方の観点**
> 　いじめは早期発見が重要だということには誰も異存はないだろうが、自明のことだとして思考停止に陥らないために、逆に「早期発見の難しさ」を考えてみたい。その際、児童生徒側の理由、教師側の理由、児童生徒と教師の関係における理由等に分けて考察すると、いじめ問題への理解がさらに深まるだろう。

（1）児童生徒側の問題によるいじめ把握の難しさ

（2）教師側の問題によるいじめ把握の難しさ

（3）児童生徒と教師の関係における問題によるいじめ把握の難しさ

（1）児童生徒側の問題によるいじめ把握の難しさ

児童生徒は、いじめ被害を受けていても、必ずしも教師に相談するわけではない。「先生に迷惑をかけたくない」という遠慮、「いじめの対象になっていることを認めたくない」というプライド、「チクることでさらにいじめがひどくなる」という不安、「先生に言っても解決は望めない」という不信等によって、児童生徒はいじめられていても教師に援助要請を行わないことがある。特に、思春期・青年期の児童生徒は"自立"という課題に直面しているので、問題の解決への大人の介入を拒む傾向がある。したがって、相談やアンケートの記述がないことが、決して「いじめがない」ことを表しているわけではないと認識する必要がある。さらに、教師の態度について、「児童生徒の変化や危険信号を見逃さないようアンテナを高く保つ」と表現されることがあるが、児童生徒はSOSを発信しないこともあるので、受動的な「アンテナイメージ」だけではなく、能動的に問題を探る「ソナー（音波探知機）イメージ」で早期発見に努める必要がある。

（2）教師側の問題によるいじめ把握の難しさ

何らかのサインや兆候があったとしても、「単なる悪ふざけ」「些細なトラブル」となおざりにする姿勢、また、多忙を理由に「いちいち対応できない」と取り合わない姿勢では、教師のいじめ把握は望むべくもない。また、児童生徒が教師に見せる顔と児童生徒間で見せる顔は異なるものであり、教師の前での様子だけで判断するのも危険である。学校は、さまざまな情報の収集と共有や、時間的・物理的死角への対応を考える必要がある。

（3）児童生徒と教師の関係における問題によるいじめ把握の難しさ

学級の荒れや問題行動に担任が対応できないと、いじめを受けた児童生徒は

「先生には問題の解決を期待できない」と考えるであろうし、周囲の児童生徒
も、学級集団の健全性への信頼を失い自分がスケープゴートになることに怯え、
傍観者として息を潜めて身を縮めて過ごすしかない。児童生徒と教師の信頼関
係がない中では、いじめ把握は難しい。「SOS の出し方教育」は重要だが、前
提となる信頼関係が成立していない中では、その効果は期待できない。高橋・
小沼（2018）は、「学校や教師集団、学級担任が『信頼』を獲得することは、い
じめの予防につながる大きなポイント」であり、そのためには子どもたちの語
りに耳を傾けることや、教師集団がチームとして対応することが必要であると
指摘している（高橋・小沼 , 2018, p.107）。

3　いじめに対する組織的対応

演習課題

　「チーム学校」という考え方が表しているように、他の教育課題同様、いじめに対する
組織的対応は重要であるが、にもかかわらず、特定の教師が問題を抱え込んで組織的な
対応が行われないことがあるのはなぜだろうか？　考えてみよう。

考え方の観点

　いじめ防止法には「学校全体でいじめの防止及び早期発見に取り組む」と示されてい
る。いじめには組織的対応が重要だということには誰も異存はないだろうが、前節同様に、
自明のことだとして思考停止に陥らないために、逆に「組織的対応の難しさ」を考えて
みたい。

（1）いじめ防止対策についての教師の無理解
（2）教職員間の同僚性・協働性の不十分さ

（1）いじめ防止対策についての教師の無理解

　いじめ防止法では、複数の教職員、心理・福祉等に関する専門的な知識を有
する者その他の関係者により構成される「学校いじめ対策組織」（いじめ防止対
策推進法第 22 条）を置くことが定められている。そして、国の「いじめの防止

等のための基本的な方針」（以下、国基本方針と表記）には、教職員がいじめを発見し、または相談を受けた場合には、速やかに学校いじめ対策組織に報告し、学校は組織的に対応しなければならないとされており、特定の教職員がいじめに係る情報を抱え込み、学校いじめ対策組織に報告を行わないことは、いじめ防止対策の規定に反することになる。

いじめ重大事態の調査報告書では、学校の対応の問題点として、法律等を踏まえた組織的対応がなされていない点がしばしば指摘されており、学校には、職員研修等を通じて、いじめ防止対策の周知を図ることが求められる。

(2) 教職員間の同僚性・協働性の不十分さ

学校における教職員間の同僚性・協働性の不十分さが組織的対応の阻害要因となっていることがある。

「この程度なら自分一人で対応できる」という過剰な自信や、「他の先生の手を煩わせたくない」という無用な気遣いは、結果的に抱え込みにつながる。いじめは被害を受けた児童生徒の尊厳を踏みにじる重大な人権侵害であることを認識し、組織的に対応することを躊躇しない姿勢が求められる。

そのためには、いじめ対応だけではなく学校が直面するあらゆる教育課題について、日頃から教職員がスクラムを組んで取り組む雰囲気を醸成していくことが大切である。職員室の各教員の机の上を整理し、お互いに"顔が見える"空間にすることから始めて、学校を荒れから立て直していった例もある。

集団の相互作用のシナジー（相乗効果）によって、一人では思いつかなかったアイデアが出たり、自分だけでは抜けられなかったところから踏み出せたりすることがあり（中野, 2001, pp.156-157）、教職員は「知恵も力も関係のなかから生じる」という同僚性・協働性への信頼を深めることが重要である。

また、スクールカウンセラーやスクールソーシャルワーカー等とも積極的に連携を図る必要がある。外部との連携について、以前は「教育の専門でもない者に何がわかるのか」という拒絶（抱え込み）の姿勢が一部に見られたが、近年は逆に「専門家にすべてお任せする」という一任（丸投げ）の姿勢が散見さ

れる。しかし、連携とは、学校ができることとできないことを見極め、できない部分を専門機関等に援助してもらうことであり、教育の専門職としての矜持と責任を放棄することがないように留意したい。

4 「重大事態」への対応

> **演習課題**
>
> いじめが起きていることに教師が気づいているにもかかわらず、いじめが止むことなく重大事態になることがあるのはどうしてだろうか？ 考えてみよう。
>
> ··
>
> **考え方の観点**
>
> いじめの発生に教師が気づいていないといじめは深刻化する危険性があるが、教師が気づいていた場合でも、適切な対応を怠るといじめが深刻化し、場合によっては重大事態に至るケースが見られる。教師は、いじめ防止法や国基本方針等を踏まえ、「いじめの解消」「重大事態化の防止」のための要点を理解しておくことが重要である。
>
> ··
>
> （1）法律等におけるいじめ重大事態の理解
>
> （2）いじめの解消についての理解
>
> （3）被害児童生徒の支援と加害児童生徒の指導

（1）法律等におけるいじめ重大事態の理解

いじめの重大事態とは、「生命・心身・財産重大事態」（いじめにより児童生徒の生命・心身・財産に重大な被害が生じた疑いがあるとき）と「不登校重大事態」（いじめにより児童生徒が相当の期間［年間 30 日を目安］学校を欠席することを余儀なくされている疑いがあるとき）である（いじめ防止法第 28 条）。

文部科学省による「令和 5 年度児童生徒の問題行動・不登校等生徒指導上の諸課題に関する調査」によると、重大事態の発生件数は 1306 件で、そのうち、「いじめとして認知していた」が 816 件（「いじめの解消に向けて取組中だった」が 759 件、「いじめは解消したと判断していた」が 57 件）となっている。つまり、いじめ重大事態の 62％は、学校が事前にいじめを把握していたにもかか

96　I部　生徒指導・教育相談・学級経営

わらず、いじめは解消されず重大事態に至っているのである。

これらの事例が学校の不作為や不適切な対応によるものであるかどうかは個々に検証しなければわからないが、62%という数字を見る限り、学校にはいじめの発見・対応の在り方を省みることが求められるだろう。

(2) いじめの解消についての理解

学校がいじめを認知していながら重大事態化を防ぐことができなかったということは、教師が介入したにもかかわらずいじめが解消していなかったことを意味する。教員は、「早く解決したい」「二度と起こしたくない」という思いから、関係修復を急ぎ、加害者と被害者を対面させ謝罪や握手などの和解の場を設定することがある。しかし、反省も赦しも十分ではない中での形式的な和解の場の設定は、問題解決にはつながらないどころか、加害者のさらなる内省を妨げるとともに、「相手も先生も、ことの重大さをわかっていない」という被害者の不信感を生み出す危険性があり、謝罪や和解を急ぐと問題の解決につながらないどころか事態を悪化させることに留意する必要がある。

国基本方針にも、いじめは「謝罪をもって解消とすることはできない」と示されている。そして、いじめの解消の要件として、「いじめに係る行為が止んでいる状態が相当の期間（少なくとも3か月）継続していること」と「被害児童生徒が心身の苦痛を感じていないこと」があげられている。したがって、指導によって行為が一旦止んだと判断してもすぐに「解決済」とするのではなく、一定の期間は被害者と加害者を注意深く観察しいじめが継続・再発していないかを確かめること、被害者が本当に苦痛を感じていないかどうかを確認すること、加害者が被害者の傷つきを認識し十分に反省しているかどうかを確認することが、いじめの解消と関係修復の前提となる。

学校は、国基本方針に示された「いじめ解消の判断の二つの要件」を踏まえ、「早く解決する」よりも「じっくりと取り組む」姿勢、「蓋をする」のではなく「直面する」姿勢で、関係修復に向けて指導にあたることが求められる。

（3）被害児童生徒の支援と加害児童生徒の指導

　いじめの重大事態化を防ぐためには、被害児童生徒に対する支援と、加害児童生徒に対する指導を適切に行う必要がある。

　文部科学省は、2022 年に改訂した『生徒指導提要』で、被害児童生徒の支援については、いじめを把握したら「何よりも被害者保護を最優先し」、「二次的な問題（不登校・自傷行為・仕返し行動など）の発生を未然に防ぐため、いじめられている児童生徒の心情を理解し、一緒に解決を志向するとともに、傷ついた心のケアを行うことが不可欠」であると述べている。そして、その際には、

- •「誰も助けてくれない」という無力感を取り払うこと
- • いじめに立ち向かう支援者として「必ず守る」という決意を伝えること
- • 大人の思い込みで子どもの心情を勝手に受け止めないこと
- •「辛さや願いを語る」ことができる安心感のある関係をつくること

に留意すべきであると指摘している。

　また、加害児童生徒の指導について、『生徒指導提要』は、加害児童生徒が「罪障感を抱き、被害者との関係修復に向けて自分ができることを考えるようになることを目指し」、「いじめは絶対に認められないという毅然とした態度をとりながらも、加害者の成長支援という視点に立って、いじめる児童生徒が内面に抱える不安や不満、ストレスなどを受け止めるように心がけることも大切」であると指摘している。

　いじめに限らず、児童生徒の問題行動については、ダメなことはダメと示したうえで、正邪善悪の価値判断だけで断罪するのではなく、その背景にどんな状況があるのかを把握し、「生きづらさ」に寄りそう中でこそ、その児童生徒の真の意味での変容・成長が生じることを忘れてはならない。

5　いじめにおける保護者対応

> **演習課題**
>
> 　いじめが発生して、教師が加害児童生徒の保護者、被害児童生徒の保護者と対応する際に、どのような難しい問題に直面することがあるだろうか？　考えてみよう。

考え方の観点

　教師がいじめ問題にかかわる際に、学校が保護者対応にとまどったり困ったりするケースが見られる。加害児童生徒の保護者、被害児童生徒の保護者のそれぞれの対応における難しさの理由を考えることは、いじめについての保護者との連携を深めていく方向性を明らかにすることにつながる。

- -

（1）いじめ加害者の保護者への対応

（2）いじめ被害者の保護者への対応

（3）共生社会を担うロールモデルとしての大人の連携

（1）いじめ加害者の保護者への対応

　加害児童生徒の保護者が、「子どもはいじめを行っていない」、あるいは「子どものやったことはそれほど重大な問題ではない」と、学校の指導に難色を示す場合がある。

　学校の事実認定が曖昧であると、加害児童生徒はいじめ行為を否定し、保護者も我が子をかばって学校に抗議するような事態を招きかねない。したがって、いじめを認知した際は、まずは「いつ、だれが、どのような態様でいじめを行ったか」という事実関係をできるだけ具体的かつ詳細に把握することが重要である。

　また、保護者がいじめを認めた場合でも、「子ども同士のちょっとしたトラブルなのに学校は大袈裟にしすぎではないか」と、指導に難色を示す場合もある。先に述べたように、いじめ防止法の定義と社会通念とはギャップがあるので、教師は保護者に法律上の定義について説明する必要がある。さらに、保護者は「いじめを認めると学校から厳しい処分を受けるのではないか」と不安を感じていることも考えられる。したがって、指導は単なる懲罰ではなく、加害児童生徒の成長支援を図り、可能であれば関係修復をめざすものであることを保護者に伝えることも必要である。

（2）いじめ被害者の保護者への対応

　被害児童生徒の保護者は、我が子が尊厳を踏みにじられるようないじめ被害を受けたことに、当然のことながら、動揺や憤り、学校不信、今後への不安等を感じるものである。したがって、教師は、保護者のこのような切実な心情に寄り添い、保護者に対する支援も行う必要がある。

　保護者は、加害児童生徒に対する強い処罰願望を示す場合がある。その要求が過剰なもので学校としては認めがたい内容であることもあるだろうが、たとえ「要求を受け入れること」は困難ではあっても「気持ちを受けとめること」はできるはずであり、そのような姿勢で対応することが重要である。

（3）共生社会を担うロールモデルとしての大人の連携

　国基本方針に示されているように、いじめ問題は「心豊かで安全・安心な社会をいかにしてつくるか」という国民的課題であり、「社会総がかりでいじめの問題に対峙する」必要がある。大人には、自分の大切さとともに他の人の大切さを認めることができる人権意識を子どもたちに育んでいく責任がある。だからこそ、学校は、教師と保護者の信頼関係、保護者同士の相互理解を深めることに努め、教師や保護者が「共生的な社会の一員」をめざす子どもたちのロールモデルになりうるように、知恵と経験で困難を乗り越えてスクラムを組む大人の姿を示していきたい。それこそが大人にできる最も大切ないじめ防止対策である。

（阿形恒秀）

〈引用・参考文献〉

阿形恒秀（2018）『我が子のいじめに親としてどうかかわる──親子で考える「共に生きる意味」──』ジアース教育新社

高橋知己・小沼豊（2018）『いじめから子どもを守る学校づくり』図書文化社

中野民夫（2001）『ワークショップ』岩波書店

ピーター・K・スミス著、森田洋司・山下一夫総監修（2016）『学校におけるいじめ　国際的に見たその特徴と取組への戦略』学事出版

文部科学省（2022）『生徒指導提要（改訂版）』

COLUMN

いじめへの対応における関係修復の視点

　犯罪に対する刑事司法には二つの視点がある。一つは、「応報的正義」で、加害者の行いに応じた報いとして懲罰を与えることで犯罪の抑止を図る視点である。もう一つは「関係修復的正義」で、被害者の救済とともに、加害者を処罰等で排除するのではなく社会的に包摂することで自立させ、加害者の真の再生を図り、コミュニティの関係修復をめざす視点である。

　国のいじめ防止対策は、いじめ防止法の「警察との連携」（第23条）や出席停止制度の適切な運用（同第26条）等の条文を見る限り、「応報的正義」の視点に立っているように見える。しかし、国の「いじめの防止等のための基本的な方針」に、加害児童生徒に対しては成長支援の観点から対応する必要があると示されているように、「関係修復的正義」の視点も見られる。

　「自他の敬愛と協力を重んずる態度を養う」ために学校生活における「望ましい人間関係の形成」を図ることをめざす学校教育の理念は、どちらかといえば「関係修復的正義」の考え方と親和性があると考えられる。しかしながら、いじめが社会問題化し、学校現場に「あってはならない」「人間として絶対に許されない」等の言葉に象徴されるいじめ防止への社会的圧力が高まる中で、ややもすれば教師は「関係修復」の視点を見失いがちである。その結果、管理・監視・禁止の発想に偏り集団育成の課題がないがしろにされることがある。また、加害者の反省も被害者の赦しもない中での形式的な和解の場を設定し、加害者の内省を阻害し、被害者の不信感を生み出すケースも見られる。

　いじめ防止対策は、学校に対する責任追及を避ける「保身の動機」からではなく、共生的な社会の一員としての市民性を育む「発達への願い」からなされるべきものであることを忘れてはならないと思う。

（阿形恒秀）

8章 「不登校」への対応

1 不登校の現状と課題

演習課題

　小・中・高等学校の不登校児童生徒は増え続けている。不登校の歴史的な経緯と背景を理解し、増え続ける不登校児童生徒と長期欠席児童生徒の現状と課題について考えてみる。

考え方の観点

　文部科学省（2024）によると、2023年度の国・公・私立の小中学校の不登校児童生徒数は346,482人、高等学校の不登校生徒は68,770人で、前年度から小中学校では15.9%増加、高等学校では13.5%の増加となっている。

　ここでは、不登校の歴史的流れと不登校（長期欠席）児童生徒の現状について理解し、自分の意見をまとめてみる。

（1）不登校の定義について

　不登校とは何だろうか。自分の意見をまとめてみる。そのうえで、不登校の歴史的な経緯と背景を理解し不登校についての考えてみる。

（2）不登校の現状について

　増え続ける不登校の現状について、自分の意見をまとめてみる。さらに不登校の不利益とは何か考えてみる。

（3）長期欠席の子どもたちの現状と教育機会確保法等の国の支援について

　不登校・長期欠席の子どもたちが望んでいることを理解し、支援の適切なあり方を考えたい。さらに、不登校に対する教育機会確保法等について理解する。

102 　I部　生徒指導・教育相談・学級経営

(1) 不登校の定義について

不登校（non school attendance）（school refusal）の用語について、イギリスにおけるブロードウィン Broadwin,I.T., (1932) は、怠学のなかに神経症的症状を示す子がいることを指摘し、アメリカのジョンソン Johnson,A.M., (1941) らは、子どもの情緒障害の一形態に、大きな不安があり学校を欠席する臨床群があることを指摘し「学校恐怖症（school-phobia）」と名づけた。その後、クライン Klein,E., (1945) によって、「学校ぎらい（reluctance to go to school）」と名づけられ、ウォレン Warren,W., (1948) は、非行退学群のなかから神経症的な登校拒否群を取り出し、「登校拒否（refusal to go to school）」と名称した。さらに、ハーゾフ Hersov,L.A., (1960) が不登校（non attendance at school）を用いた。わが国においては、佐藤修策 (1959) が「神経症的登校拒否行動の研究」と題する論文で、登校拒否のケース研究、治療理念、症状の心理機制などを紹介し、その後、1968 年に「登校拒否」を出版し、1960 年代から現代にかけて多くの論文が発表されている (相馬誠一 , 2007)。

文部省は、1983 年の「生徒指導研究資料集第 12 集」において「学校ぎらい」を「登校拒否」とし、1986 年から「学校ぎらい」を学年別・性別・態様別・きっかけ別に分類した上で、学校での措置や指導について調査するようになった。

これが一般的に「登校拒否」の全国調査として定着した。1993 年文部省は、学校不適応対策調査研究協力者会議を召集し登校拒否問題の認識の転換を求め、「登校拒否（不登校）」の用語を初めて用い、登校拒否問題への対応の基本的視点として、「登校拒否はどの子どもにも起こりうるものである、という視点に立って登校拒否をとらえていくことが必要である」とした。

このような経過を踏まえて、文部科学省の不登校の定義は、1998 年度以降、不登校とは、「何らかの心理的、情緒的、身体的、あるいは社会的要因・背景により、児童生徒が登校しないあるいはしたくてもできない状況にあること（ただし、「病気」や「経済的な理由」によるものを除く）」とした。

なお、不登校については、従来、学校基本調査において、30 日以上欠席した児童生徒について、その理由区分として、「病気」、「経済的理由」、「学校ぎ

らい」、「その他」として調査していたところ、近年、「不登校」という名称が一般的に使用されるようになったことに鑑み、1998年度の調査から「学校ぎらい」を「不登校」に名称変更した。

　また、文部科学省は、2017年に「義務教育の段階における普通教育に相当する教育の機会の確保等に関する基本方針」で「不登校は、取り巻く環境によっては、どの児童生徒にも起こり得るものとして捉え、不登校というだけで問題行動であると受け取られないよう配慮し、児童生徒に最善の利益を最優先に支援を行うことが重要である」と基本的な考え方を明らかにした。

(2) 不登校の現状について

　文部科学省調査（2024）によると、不登校児童生徒の現状は2023年度の国・公・私立の小中学校の不登校児童生徒数は346,482人（前年度299,048人）、高等学校の不登校生徒は68,770人（前年度60,575人）で、前年度から小中学校では15.9%増加、高等学校では13.5%の増加になっている。文部科学省が年間30日以上の不登校を集計するようになった1991年度の66,817人と比較すると5倍以上の増加であった。

　また、「不登校・経済的理由・病気・その他」を含めた小中学校の長期欠席者は、493,440人（前年度460,648人）で、前年度より7.1%の増加、高等学校の長期欠席者は、104,814人（前年度122,771人）で前年度より14.6%の減少であった。この間、児童生徒数は約300万人も減っているにもかかわらず、不登校・長期欠席児童生徒数は増え続け59万人を超えている。

　表1は文部科学省調査（2024）を基に「不登校・長期欠席児童生徒数」を筆者がまとめたものであるが、不登校児童生徒の現状を考えるときに、不登校児童生徒数だけ捉えていくことは誤りである。例えば、「病気」で休んだ児童生徒も、「その他」で休んだ児童生徒も「不登校状態」であり、学校教育を受ける権利と義務があることを忘れてはならない。

表1　不登校・長期欠席児童生徒数

	不登校・長期欠席計	病気	経済的理由	不登校数	欠席90日以上	出席10日以下	出席0	その他
小学校	218,238	57,905	17	130,370	57,611	9,957	3,351	29,946
計の割合		26.5%	0.01	59.7	26.4	4.6	1.5	13.7
中学校	275,202	47,933	17	216,112	132,781	26,311	7,380	11,140
計の割合		17.4%	0.01	78.5	48.2	9.6	2.7	4.0

（文科省 , 2024 資料で相馬作成）

（3）長期欠席の子どもたちの現状と教育機会確保法等の国の支援について

　不登校児童生徒への支援については、文部科学省（2024）によれば、「学校内外の機関等で相談・指導を受けた児童生徒」は 269,043 人で全体の 77.7% であった（複数回答あり）。逆に、「相談・指導を受けていない児童生徒」は 134,368 人で 38.8% であった。また、高等学校で「学校内外の機関等で相談・指導を受けた生徒」は、42,060 人で全体の 61.1% で、逆に「相談・指導を受けていない生徒」は 29,319 人で全体の 42.6% であった。ここで、学校内外の機関等で相談・指導を受けている児童生徒は「不登校」だけでなく、「起立性調節障害」や「うつ病」等の「病気」として診断を受けている児童生徒や、「保護者の教育に関する考え方」、「保護者が無理解や無関心」等で「その他」に分類されている場合も含まれている。

　多くの教育相談機関やスペシャルサポートルーム（校内教育支援センター）や教育支援センター（適応指導教室）、学びの多様化学校（不登校特例校）やフリースクール等には、「病気」として診断された児童生徒や「その他」に分類された児童生徒も多く集まっている現状がある。つまり、「病気 =105,838 人」「経済的理由 =34 人」「不登校 =346,482 人」「その他 =41,086 人」に分類された長期欠席児童生徒も「不登校状態」とみるべきである。つまり「長期欠席児童生徒」は、「不登校状態の児童生徒」であり、総数は 493,440 人であり、その対策が急務になっているのである。

また、不登校状態が前年度から続いている児童生徒は、小学校では 46.1％、中学校では 58.0％で不登校状態の長期化が顕著であった。児童生徒千人当たりの不登校児童生徒は 37.2 人（前年度 31.7 人）で史上最高であった。ここで、注目するべきことは、不登校は「学校に行かない・行けない」状態像である。一時期、不登校をしたが、その後の生活は充実し、心理的に安定しているならば、不登校は大きな教育問題や社会問題にする必要性はない。また、不登校を経験しても、その後の人生が社会的に自立し充実しているならば、不登校問題は「成長の一過程」の問題であり、「一時期の混乱」として捉えることができる。

さらに、2019 年文部科学省の「不登校児童生徒への支援の在り方について（通知）」では、「不登校の時期が休養や自分を見つめ直す等の積極的な意味を持つことがある一方で、学業の遅れや進路選択上の不利益や社会的自立へのリスクが存在することに留意すること」とあるが、確かに不登校をしたことにより、自分を見つめなおすことができたという子どももいる。

しかし、日常的にカウンセリング活動をしている筆者のような立場の者からみると、不登校に積極的な意味を見出すことは少なく、むしろ不登校をしたことにより、学業の遅れや進路選択上の不利益、社会的自立へのリスクがあまりにも大きく存在することに警鐘を鳴らしたいと考えている。また、不登校を経験した児童生徒がようやく学校に再登校をしたとしても、その後のケアがなく、再度不登校になったり、毎年のように特定の学校や学級から不登校の相談に来ている場合もある。さらに、「不登校の子はフリースクールや教育支援センターに行けばいい」と暴言を吐き、不登校の子に対しての学校からの支援もほとんど見られず、担任が学期に一回程度、電話をかけてくるだけのような学校もある。

国としても、不登校・長期欠席の児童生徒の支援の充実のために、「義務教育の段階における普通教育に相当する教育の機会の確保等に関する法律」（平成 28 年法律第 105 号）（以下、教育機会確保法）を成立した。そのうえで、文部科学省（2017）は平成 29 年 3 月 31 日に「義務教育の段階における普通教育に相当する教育の機会確保等に関する基本方針」を定めた。第 3 条基本理念の 2 には、「不登校児童生徒が行う多様な学習活動の実情を踏まえ、個々の不登校

児童生徒の状況に応じた必要な支援が行われるようにすること」と述べ、さらに、3には「不登校児童生徒が安心して教育を十分に受けられるよう、学校における環境の整備が図られるようにすること」と基本理念をまとめている。

2 不登校の子どもたちへの対応

演習課題

　小・中・高等学校の不登校児童生徒は増え続けている。不登校児童生徒に求められる支援とは何かについて考えてみる。また、援助者として、保護者として、できる支援と役割について考えてみる。

考え方の観点

　ここでは、「不登校・経済的理由・病気・その他」を含めた小中学校の長期欠席者は、493,440人で前年度より7.1%の増加、高等学校の長期欠席者は、104,814人で前年度より14.6%の減少であったことに注目する。

　こうして増え続ける不登校（長期欠席）の現状について正しく理解をして、不登校（長期欠席）の課題は何かを明らかにする。また、不登校児童生徒への支援について、支援者としてのかかわり方、保護者としてのかかわり方の理解を深め、地域にある関係機関との連携を深めていくためには、何が必要か、具体的な実践ができるためには何が必要かも考えてみる。

（1）不登校の子どもたちへのかかわり

　支援者として、保護者として、不登校（長期欠席）の子どもたちは何を求めているかを理解し、どのようにかかわればよいかを理解する。

（2）支援の充実と関係機関との連携

　より積極的な支援ができるように、不登校（長期欠席）の子どもたちを支援する地域の関係機関について知り、地域にある関係機関との連携を深めていくためには何が必要かを理解し、連携の仕方について考えてみる。

8章　「不登校」への対応　　*107*

(1) 不登校の子どもたちへのかかわり

① 不登校のきっかけは

　表2は文部科学省調査（2021）で、中学2年生（中1時に不登校）に「不登校のきっかけにあてはまるもの」を聞いた調査である。複数回答であるが、25%を超えているものとして「友人との関係（いやがらせやいじめ）」「友人との関係（いじめ以外）」「先生との関係」「勉強が分からない」「身体の不調」「生活リズムの乱れ」であった。また、文部科学省調査（2024）は、学校からの調査であるが、「不登校の要因」として、「いじめを除く友人関係をめぐる問題」13.3%、「学業の不振」15.2%、「入学、転編入学、進級時の不適応」4.0%であった。「学校に係る状況」が全体の32.2%になっている。

表2　中学2年生（中1時に不登校）による「不登校のきっかけ」

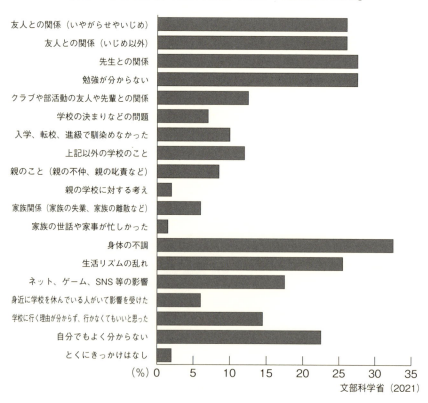

文部科学省（2021）

② 不登校の子どもたちは何を求めているか

不登校をした子が、何を求めているのかを、不登校生徒に関する追跡調査（2014）から考えていきたい。調査は、2006年に中学3年生であった生徒41,043人を対象とし、協力依頼の応諾を得た者に調査用紙を配布し（2,651人。回収1,604人）を実施した。小中学校の頃、不登校で学校へ行けなかったことを振り返り、その時期についての総合的な評価をしたものである。不登校に対して「行けばよかった」が38.9%。「しかたがなかった」が31.7%、「行かなくてよかった」が11.8%であり、「なんとも思わない」が17.5%であった。不登校を経験した者が20歳の時点で「行けばよかった」と答えていた人が4割近くいることに注目したい（表3）。

表3　不登校に対する振り返り調査

項目	人数	比率
1　行けばよかったと思っている、後悔している	606	38.9%
2　しかたがなかった	494	31.7%
3　行かなくてよかった	183	11.8%
4　なんとも思わない	273	17.5%
合計（有効回答数）	1556	100.0%

③ 不登校の子どもたちの進路

また、不登校児の子どもたちの進路状況については、「高等学校等に進学した」が87.2%、「進学しなかった」のが12.2%で、不登校経験者の進学面での不利益が読み取れる。また、不登校をした多くの人は不本意な進路選択を余儀なくされ、「希望とは少し違っていた」486名（30.9%）、「希望とはかなり違っていた」165名（10.5%）、「希望とは全く違っていた」220名（14.0%）、5割以上が希望と違っていたと答えていた。このように、不登校をした子どもたちが希望を失って、充実した人生を歩みにくくなってしまうことが最大の不利益であり、不登校問題の本質がここにあると考える。

さらに、不登校は何が問題かを考えていきたい。不登校は「学校に行かない・行けない」状態像である。一時期、不登校をしたが、その後の生活は充実し心理的に安定しているならば、不登校は大きな教育問題や社会問題にする必要性はない。確かに、不登校の相談活動をしている立場から考えてみても、「不登校はどの子にも起こりえる」の視点以降は、学校からの働きかけが少なくなったのか、児童生徒や保護者も「学校に、なんとしてでも登校せねばならない」と脅迫的な混乱した状態の相談ケースは少なくなってきた。それと同時に、不登校児童生徒は「自宅にいればいい…」「フリースクールに預ければいい」といった風潮が一部にみられる。例え不登校であっても学力の保障と社会性を身につけることはその後の人生で不可欠であると考える。

（2）支援の充実と関係機関との連携

① 不登校の子どもたちも「勉強したい」

不登校の子どもたち802名に直接聞いた調査（相馬，2013）でも、「学校に行けるものなら行きたい」に「とてもそう思う」「少しそう思う」と答えた児童生徒が65.1%。「勉強のことが気になる」に「とてもそう思う」「少しそう思う」78.4%。「進路のことが気になる」に「とてもそう思う」、「少しそう思う」77.3%。「学校のことについてはそっとしておいてほしい」に「とてもそう思う」、「少しそう思う」は73.1%であった。まさに「学校に行けるものなら行きたい」が「そっとしておいてもほしい」といったアンビバレント（両価性）の傾向であった。

我が国でも、スクールカウンセラー事業が本格実施され、不登校の子に対しての成果をあげているが、現状では週1回程度の非常勤で中学校を中心に配置されている程度である。C. キャンベル（2000）によれば、アメリカ合衆国を例にすれば、公立学校の生徒数約250名に一人のスクールカウンセラーが学校教育に従事する専門教育者として、全ての小学校・中学校・高等学校に常勤配置されている。さらに、アメリカ合衆国では、「誰も置き去りにしない教育法案」で、不登校問題を社会保障の視点から見直し、学びの保障と

して児童生徒への対応もしている。

こうしたことを考えれば、各自治体も不登校対策の中核的機能を充実したスクーリング・サポート・ネットワーク事業などの諸施策の充実と、今こそ掛け声だけではなくマンパワーと施設設備を充実させ、より具体的な対応の充実が強く望まれる。

②　不登校の子どもたちに支援の充実を

文部科学省は、2019年「不登校児童生徒への支援の在り方について（通知）」で不登校児童生徒への支援に対する基本的な考え方を提示した。具体的には、不登校の子どもたちに学校内外の「多様な学びの場」を提供することを目的とし、「教育支援センター（適応指導教室）」や特別な教育課程をもつ「学びの多様化学校（不登校特例校）」、「スペシャルサポートルーム（校内教育支援センター）」、民間の団体（フリースクール）など、そして家庭への訪問による支援についても具体的に明記がなされている。

こうした一連の施策は、学校復帰を前提としていた従来の不登校対策を大きく転換し、無理な学校復帰は状況を悪化させるという懸念から子どもたちの「休養の必要性」をも認めるものとなっている。課題としては、「教育支援センター」や「スペシャルサポートルーム」等の現状の指導員数では十分に対応できていない。子どもたちへの個別支援は、指導員の増員を図らなければ十分な効果をあげることは難しい。そこで、指導員を常勤教員等にして積極的に増員配置することが望まれる。また、不登校・長期欠席児童生徒の大きな課題として、30%から40%の児童生徒はどこにも相談・指導を受けていない現状がある。相談や指導を受けたくても受けられない「ひきこもりタイプ」などの不登校児童生徒を掘り起こし、積極的にかかわる活動を一部の自治体で取り組んでいるが、圧倒的に予算不足で必要な人件費すらままならない状況である。

アメリカ合衆国で効果があった「訪問教育」も積極的に導入していくべきである。そして何よりも、学校では新たな「不登校児童生徒等」を出さない

取り組みを充実し、「早期発見」「早期対応」に全力投球をすべきである。

2023 年の文部科学省「COCOLO プラン」では「不登校の児童生徒全ての学びの場を確保し、学びたいと思ったときに学べる環境を整える」「心の小さな SOS を見逃さずチーム学校で支援する」「学校の風土の見える化を通して、学校をみんなが安心して学べる場所にする」が求められ、不登校状態により学びにアクセスできない子どもたちをゼロにすることを目指している。より早い現実化が望まれる。

③ 関係機関との連携

● 医療機関との連携

不登校・長期欠席の子どもたちのなかには、「うつ病等」の発生も考えられる。地域で信頼できる医療機関と連携し、早期に紹介できる体制を作りたい。また、長期入院した子どもへの学習保障を学校等で何ができるかということも求められる。医療の立場から、今後の教育指導について助言をもらう例もある。さらに、精神科医を学校医に依頼し、日常の連携に成果をあげた高校もある。

● 児童福祉機関との連携

児童の権利に関する条約や国際家族年の理念の影響を受けて「子ども家庭福祉」という考え方が広まってきている。児童委員の役割に、児童福祉施設や子どもの育成活動を担う者との連携も追加されている。ある学校では、地域の主任児童委員と定期的に情報交換会を実施して成果をあげた例もある。

● 児童相談所等との連携

家族や地域の子育て機能が低下する中で、子どもの心身に深い傷を残す児童虐待が急増している。児童虐待だけでなく、両親不在、障害相談、養育困難などのケースで連携することも多くある。学校は、児童相談所を定期的に訪問した上で、子どもの事例の情報交換を積極的に担うことも求められる。

また、司法・矯正関係の連携先として、子どもの非行やいじめ・犯罪等の被害から不登校になっている場合には、全国に設置されている少年補導セン

ターとの連携も考えられる。

（相馬誠一）

〈引用・参考文献〉

キャンベル，C.／中野良顯訳（2000）『スクールカウンセリング　スタンダード』図書文化

相馬誠一（2007）『不登校—学校に背を向ける子どもたち』ゆまに書房

相馬誠一編著（2013）「教育支援センター（適応指導教室）における不登校児への支援プログラムの開発」平成21年～25年度科学研究補助金（課題番号21330160）

文部科学省（2024）「児童生徒の問題行動・不登校等生徒指導上の諸問題に関する調査結果について」https://www.mext.go.jp/content/20241031-mxt_jidou02-100002753_1_2.pdf

文部科学省（2019）「不登校児童生徒への支援の在り方について（通知）」

文部科学省（2016）「義務教育の段階における普通教育に相当する教育の機会の確保等に関する法律（教育機会確保法案）」（平成28年法律第105号）

文部科学省（2017）「義務教育の段階における普通教育に相当する教育の機会確保等に関する基本方針」

文部科学省（2014）「不登校に関する実態調査—平成18年度不登校生徒に関する追跡調査報告書—」

文部科学省（2021）「中学2年生（中1時に不登校）による不登校のきっかけ」

文部科学省（2023）「誰一人取り残さない学びの場の保障に向けた不登校対応策COCOLOプラン」　https://www.mext.go.jp/content/20230418-mxt_jidou02-000028870-cc.pdf

文部省（1983）「生徒指導研究資料集第12集」

〈参考・推薦図書〉

伊藤美奈子編著（2022）『不登校の理解と支援のためのハンドブック』ミネルヴァ書房

COLUMN

不登校の子どもたちへ学びの場を（京都市立洛風中学校）

　京都市立洛風中学校は、不登校の生徒一人ひとりがより学習しやすい条件を整えた中学校である。全校生徒は毎年40数名で構成され「不登校という経験」がある生徒が「主体的に生きる・自立できる・自己実現できる」というように将来に向けて「明るく元気に働く大人」への成長を支えることを目指している。

　また、学習だけでなく多くの人とのかかわりのなかで、生徒一人ひとりが成長していくために、「ウイング」と呼ばれる学校生活の基本となる縦割りのグループ（1グループ10名程度。全4グループ、男女ペアのスタッフで担当）があり、ウイングは、生活班と学級の中間のような性格の集団となっていて、担当のスタッフが中心になって個々の生徒の指導方針を考えたり、生徒や家庭との連絡・相談の窓口となったりして、行事の時にこのグループで活動をしたりしている。

　5限目の後の「明日の風」（20分）は、一日のふり返りをする時間で、各ウイングに分かれて、ふり返りファイルに今日一日のことを記入している。行事や活動のお知らせは、この時間に行い、このなかで意見交換を行うこともある。

　こうした京都市の取り組みが文部科学省のCOCOLOプラン（誰一人取り残さない学びの保障）につながっている。不登校児童生徒に学びの場を提供するための取り組みも、京都市等の取り組みを参考にして全国各地に展開されている。（詳細は、桶谷守著「特例校から見た不登校とその支援」「不登校の理解と支援のためのハンドブック」伊藤美奈子編著ミネルヴァ書房を参照）　　　　　　　　　　　　　　　　（相馬誠一）

○京都市立洛風中学校一日の流れ

9：30	朝の風（朝の時間）
9：50〜10：40	1限目（50分）
10：50〜11：40	2限目（50分）
	昼食・休憩・清掃　＊12：00までは校舎内で過ごす
12：50〜13：40	3限目（50分）
13：50〜14：40	4限目（50分）
14：50〜15：10	5限目（50分）
	明日の風（終わりの時間）
15：20	下校　＊月・火・金は16：30に　水・木は15：30には学校を出る

9章 「希死念慮」「自殺企図」への対応

1 「死に急ぐ」子どもたち

> **演習課題**
>
> 　子どもたちの自殺の現状について理解し、子どもたちは「死」についてどのようにとらえているかを調べてまとめてみる。
>
> **考え方の観点**
>
> 　子どもたちの自殺は年々増え続けている。子どもたちの自殺の現状を理解し、死を選択する子どもたちの気持ちを考えてみる。
>
> （1）Aさんの場合
> 　ネット等で残されている子どもたちの遺書を調べてみる。ネット等に残されている子どもたちの遺書等も検索して自分の意見をまとめてみる。
> （2）死に急ぐ子どもたち
> 　厚生労働省・警察庁調査（2024）によると2023年の児童生徒の自殺者は、513名（小学生13名、中学生153名、高校生347名）であった。児童生徒の自殺の状況を調べてみる。そのうえで、児童生徒の自殺の課題について考えてみる。

（1）Aさんの場合

　図1は、2016年8月、いじめを訴えて自殺したAさんのスマートホンに残された遺書である。夏祭りの写真コンテストで最高賞になり注目をあびた写真と合わせてAさんの遺書もネット上に残っている。子どもたちは日常的にこれらの情報に触れることができる。また、自殺をした多くの子どもたちの手記や遺書がネット上に残されており、世界中のさまざまな自殺の情報がネットで

検索されて見ることができる現状である。

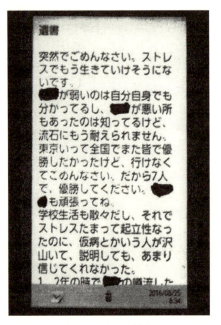

図1　Mさんの遺書

（2）死に急ぐ子どもたち

　さらに子どもたちの自殺の状況についてまとめてみたい。厚生労働省・警察庁（2024）によると2023年の児童生徒の自殺者は、513名（小学生13名、中学生153名、高校生347名）であった（2022年は小学生17名、中学生143名、高校生354名の514名）。子どもたちの自殺予防は緊急の課題であることがわかる。

　表1のように、2023年の19歳以下の自殺の現状は、809名で前年（798名）より11名の増加である。2014年536名と比較すると50.9%の増加である。子どもから大人までの自殺の総数は2009年32,845人もあったが、2023年は21,837名で、2014年と比較すると14.1%の減少である。とりわけ大人の自殺者は減少傾向にあるが、子どもの自殺は増え続けていることに注目したい。また、小・

中・高校生の自殺は、2016年と2023年を比較してみると、小学生（12名から13名）中学生（93名から153名）高校生（215名から347名）と中学生、高校生で61.4%も自殺者が増えており、小・中・高校生全体で60.3%も増加している。

表1　自殺者の年次推移

年	10歳から19歳	子どもから大人の総数
H26 (2014)	536	25,427
H27 (2015)	553	24,025
H28 (2016)	519	21,897
H29 (2017)	567	21,321
H30 (2018)	599	20,840
R1 (2019)	659	20,169
R2 (2020)	777	21,081
R3 (2021)	749	21,007
R4 (2022)	798（男464、女334）	21,881（男14,746、女7,135）
R5 (2023)	810（男431、女379）	21,837（男14,862、女6,975）

（厚生労働省・警察庁（2024）（人））

2　子どもたちの希死念慮と自殺企図とその予防

演習課題

　子どもの希死念慮と自殺企図の背景について考えてみる。また、自殺を防ぐための方法について自分の考えをまとめてみる。

考え方の観点

　増え続ける子どもたちの自殺の現状を正しく理解する。また、自殺には、どのような背景があるかを考えてみる。

（1）子どもの自殺念慮と自殺企図

　なぜ、子どもたちは死を選択しているのか。その原因と動機から考えてみる。また、子どもたちの自殺の背景を理解する。

（2）自殺予防の取組（学校、保護者、関係機関との連携）と対応

自殺予防の学校での取組と保護者の役割について理解する。また、危機対応と地域関係機関との連携について理解する。

（1）子どもの自殺念慮と自殺企図

　表2は、2024年発表の自殺の原因と動機である。小学生では、学校問題が3名、家庭問題が6名であった。中学生は学校問題が92名、家庭問題が46名であった。高校生では、学校問題が166名、家庭問題が64名、健康問題が120名となっている。小・中・高校生いずれも学校問題の比率が高い傾向であった。

表2　自殺の原因と動機

	小学生	中学生	高校生
家庭問題	6人（男1、女5）	46人（23、23）	64人（37、27）
健康問題	1人（0、1）	26人（10、16）	120人（53、67）
経済・生活問題		1人（1、0）	4人（2、2）
勤務問題			4人（2、2）
交際問題		4人（3、1）	29人（7、22）
学校問題	3人（2、1）	92人（43、49）	166人（109、57）
その他	4人（2、2）	19人（9、10）	36人（21、15）
不詳	3人（2、1）	24人（8、16）	61人（26、35）

（厚生労働省・警察庁（2024））

　さらに、「学校問題の内訳」を検討してみると、小学生は「学業不振」が1名、「学友との不和」が1名、「その他」が4名となっている。中学生では、「学業不振」が28名、「学友との不和」が20名、「進路に関する悩み」が12名、「入試に関する悩み」が12名、「教師との人間関係」が2名となっている。高校生では「進路に関する悩み」が41名、「学業不振」が36名、「入試に関する悩み」が24名、「学友との不和」が27名となっている。

　全体の内訳をみると、「学業不振」が24.7％、「進路に関する悩み」が20.1％、「入試に関する悩み」13.7％と成績や進路に関する悩みが58.5％と多いことがわかる。小学生、中学生、高校生ともに、学校問題（学業不振、進路に関する悩み、入試に関する悩み）から死を選択している現状が読み取れよう。

（2）自殺予防の取組（学校、保護者、関係機関との連携）と対応

　学校では、「自殺予防」に保護者と関係機関と連携して取り組む必要がある。子どもたちの自殺は増え続けていることを考えれば、まずは死を選択する子どもたちにどのような支援が必要かを理解したい。また、子どもたちへの支援者として、父母として、子どもたちが簡単に自殺を選択することを忘れてはいけない。図2は文部科学省（2009）が作成した「自殺直前のサイン」である。自殺危機は必ず発生すると心がけ、そのうえで危機対応ができるように寄り添う方法を理解することが大切である。

図2　自殺直前のサイン

教師が知っておきたい子どもの自殺予防（文部科学省）から

- 希死念慮と自殺企図の対応

　相馬（2020）は「死に対する意識と抑うつの関連」では、抑うつが高い生徒であるほど、死に対する恐怖が少ないにもかかわらず、死を身近に感じることが多くあるということを指摘している。これらのことから、抑うつ傾向の高さが自殺を引き起こす大きな関連リスクになっていることが考えられる。

伊藤・相馬（2017）の全国 3,972 名の「希死念慮の調査」でも、「今まで死にたいと思ったことがある」という質問に対して「とてもそう思う」「大体そう思う」と答えた児童生徒は小学生で 20%、中学生で 27%、高校生で 35% であった。

長崎県教育委員会（2005）の生と死のイメージ調査でも「死んだ人は生き返ると思う」と回答した中学生は 15.4% を占めていた。また「兵庫・生と死を考える会」の調査（2006）でも、「人は死んでも生き返る」と回答した小・中学生が 9.7% に上ることがわかった。これらの結果から、多くの子どもたちの死に対する認識が非常に歪んでおり、生と死の境目が曖昧になっていることがうかがえる。こうした現状をしっかりと認識して、教師や保護者は児童生徒に「死」をいかに伝えるか大きな岐路に立っていると考える。

文部科学省の『生徒指導提要』（2022）では「命の教育」を充実させることが結果的に自殺予防教育につながってくることを指摘し、「命の教育」「SOSの出し方に関する教育」「早期発見と迅速な対応」が求められている。多くの父母や教員・スクールカウンセラーらが自殺の予防活動の重要性をしっかりと認識し、地域の関係機関と連携し、日々の取り組みを進めていくことが「希死念慮」「自殺企図」の減少につながると確信する。　　　　（相馬誠一）

〈引用・参考文献〉
伊藤美奈子（2020）「思春期における死生観と抑うつ感について」相馬誠一・伊藤美奈子（2020）『子どもたちに“いのちと死”の授業を』学事出版
厚生労働省・警察庁（2024）「令和 5 年中における自殺の状況」
長崎県教育委員会（2005）「児童生徒の『生と死のイメージ』に関する意識調査」
兵庫・生と死を考える会（2006）「兵庫・生と死を考える会 2004 年調査」21 世紀ヒューマンケア研究機構
文部科学省（2014）「学校における子供の心のケア－サインを見逃さないために－」
文部科学省（2022）『生徒指導提要』
〈参考・推薦図書〉
坂中順子（2015）『学校現場から発信する 子どもの自殺予防ガイドブック』金剛出版
児童生徒の自殺予防に関する調査研究協力者会議（2009）「教師が知っておきたい子どもの自殺予防」
相馬誠一・伊藤美奈子（2020）『子どもたちに“いのちと死”の授業を』学事出版

10章 「インターネット・性に関する課題」に対する対応

1 インターネットをめぐる課題

演習課題

　担任をしている児童生徒から「インターネット上で誹謗中傷の被害を受けている」と相談された場合、どの様なことに留意しながら対応するか考えてみよう。

考え方の観点

『生徒指導提要』(2022 , pp.249-254) では、インターネット問題への適切かつ迅速な対処には、まず当該児童生徒及び保護者等と一緒に解決していく姿勢を示すことが必要と示している。そして学校及び学校の教職員が、生徒指導事案として対応を求められていることとして、(1) 法的な対応が必要な指導、(2) 学校における指導等、(3) 家庭への支援の三点に大別し、(2) については、放置すると大きなトラブルに発展する可能性があるので、関係機関等との連絡を密接に取り合いながら対応を進める必要があり、中傷やなりすまし事案への対応では、インターネットに精通した専門家の支援の下、児童生徒自身や保護者から削除要請しなければならないと示している。

(1) 初期対応、事実確認
(2) 保護者、家庭との連携
(3) 関係機関との連携
(4) 未然防止

(1) 初期対応、事実確認

- 被害児童生徒の訴えや不安にしっかりと寄り添いながら、複数の教職員での聴取を行う。

- 誹謗中傷内容（画像を含む）は、場合により直接確認し撮影等をして保存する（被害児童生徒・保護者の了解のもと）。
- 速やかに管理職をはじめ学校の組織（生徒指導委員会等）で情報共有し、被害児童生徒並びに保護者の意向に寄り添いながら、学校としての指導について確認する。
- 管理職は教育委員会に一報を入れる。

(2) 保護者、家庭との連携

- 被害児童生徒の保護者はもちろん加害児童生徒保護者への連絡は、できるだけ電話で済ませず、家庭訪問等で、複数の教職員が整理した内容、進捗状況、謝罪会、関係機関や専門家（法律関係等）との連携等を報告、相談する。

(3) 関係機関との連携

- 学校だけで対応が困難な場合は、下記の警察庁や総務省の窓口への相談を含めて関係機関等との連携を速やかに図る。
- ＊警察庁　犯罪被害者等施策　インターネット・SNS の誹謗中傷に関すること
- ＊総務省　インターネット上の誹謗・中傷への対策

(4) 未然防止

『学習指導要領』総則には、各学校においては、児童生徒の発達の段階を考慮し、言語能力、情報活用能力（情報モラルを含む）、問題発見・解決能力等の学習の基盤となる資質・能力を育成していくことができるよう、各教科等の特性を生かし、教科等横断的な視点から教育課程を編成するもの、情報モラルとは、「情報社会で適正な活動を行うための基となる考え方と態度」と示されている。

デジタルネイティブといわれる児童生徒には、インターネット使用に関する指導内容としては、

- 使用時間について考える（決めた時間を守る）
- 体調や健康について考える（健康管理）

- ネットの向こう側には人がいる
- 相手を思いやる気持ちやモラルを大切にする
- 投稿前にもう一度内容を見直し、大丈夫かどうか確認する
- 一度流出した情報は簡単には削除、回収できない（デジタルタトゥー）
- 情報には偽情報、違法情報、有害情報も含まれている
- 困ったことがあれば、すぐに家族や先生に相談する

等の指導を下記の参考資料等を活用しながら取り組むことが必要である。

また、保護者に関しては、

- 大人が良い見本（親は子の鑑、子は親の鏡）となる
- インターネットの理解と関心（児童生徒の実態把握等含めて）を高める
- フィルタリングを含めた家庭での約束からインターネット使用の約束をする
- 児童生徒との会話の時間を大切にする
- 学校との連携を大切にする

等を、啓発や研修の場にて発信することや共に考えることを通じて、より一層の連携強化を求める。

2 性に関する課題

演習課題

　同じ学級の複数の男子児童生徒から無理やり抱きつかれ、性暴力を受けたと泣いて訴えてきた女子児童生徒に対して、どのようなことに留意しながら対応するか考えてみよう。

考え方の観点

　性的な有害情報を簡単に入手できる環境や容易に利用できる SNS 等の普及等を背景として、児童生徒の「性」に関する問題行動等が低年齢化、深刻化、多様化そして増加傾向にある。いつ、目の前の児童生徒に起きても不思議ではなく、保護者をはじめ教職員が危機意識を高く持ち、学校組織のみならず関係機関との連携のもと、児童生徒達の心と身体を守り切ることが大切である。

（1）事実確認・初期対応・保護者連携

（2）学校組織としての対応

（3）未然防止

（1）事実確認・初期対応・保護者連携

【被害児童生徒への聴き取りと保護者へのかかわり】

- すぐに養護教諭や管理職と情報共有し、医療機関受診の必要性を判断する
- 深く傷つき、不安を抱えた被害の児童生徒にとって、身近で信用できる存在の教職員が最初に過剰反応や拒否対応、否認・非難する姿勢や見下す態度を示すと、被害の児童生徒の一生のトラウマになり、大人を信用できず、立ち直ることが困難になることがある
- 児童生徒の話すペースを尊重し、児童生徒の話すままに、言葉のみならず表情にも注意して深く聴き取る
- 安心して話せること、「あなたは悪くない」というメッセージが伝わることが被害の児童生徒の回復につながる
- 心のケアを丁寧に、トラウマやPTSD（心的外傷後ストレス障害）を引き起こすことも多く、養護教諭、ＳＣ等と連携しながら共通認識した上で見守る
- 被害児童生徒の保護者については、「全力で被害児童生徒を守ること」を伝え、現時点での事実確認や指導や支援の方向性等についての報告を行うとともに心のケアにもつとめる
- 警察への相談の希望の有無の確認および加害児童生徒への指導や謝罪、その他の児童生徒（学級等）への指導については、被害の児童生徒と保護者の意向を尊重しながら進める

【加害児童生徒への聴き取りと保護者とのかかわり】

- 必ず個別に、毅然とした態度で穏やかに冷静に聴く（先入観や決めつけでの聴取や指導をしない）
- 聴き取りの際には指導を入れない（聴き取りと指導は切り離して行う）
- 指導に際しては被害児童生徒と保護者の思い等を考えさせる
- 個別指導と集団指導の連携を図る
- 加害に至る背景や経過等も確認し、ケアに繋げていくことも念頭に置く

124　　I部　生徒指導・教育相談・学級経営

- 加害児童生徒の保護者には、確認できた事実を正確に説明するとともに、被害児童生徒と保護者の思いや現況を伝え、指導・支援の方向性等についての説明を行う
- 加害児童生徒の保護者の困り等に寄り添う（児童相談所や少年サポートセンター等の関係機関への相談等も提案する）

（2）学校組織としての対応

- 上記（1）の報告を迅速かつ正確に管理職をはじめ全教職員にて共有する
- 管理職は教育委員会に報告し、指導助言を得る
- 事案に関する情報管理や守秘を徹底する（対応窓口の確認含む）
- 被害加害児童生徒に対するからかいや噂話等の二次的な被害が起こらないように、指導終了後も注意深く見守る（中長期的支援、指導計画を作成し、保護者の理解のもと学校組織として進める）

（3）未然防止

『生徒指導提要』（2022, p.261）には、性に関する課題の未然防止教育では、どのような被害が起きるのかを正しく理解することが出発点になるとし、そのうえで、自ら考え、相手の意思を尊重した行動がとれるような態度や姿勢を身に付けることができるように働きかけるとして、下記5点の具体的な取組を示している。

- 幼児期や小学生低学年の早い時期から、他の人の水着で隠れる部分を見たり触ったりすること、口や体に触れることは、相手に不快な思いをさせることであることを、発達を踏まえ、分かりやすく指導する。
- 小学校高学年や中学校の段階では、裸の写真を撮らせる・送らせることは、性的加害であり犯罪を含む危険があることを理解させる。
- 中学校や高校の段階では、「デートDV」等を例に挙げ、親密な間柄でも相手が嫌ということはしない、という認識の醸成に向けた指導を行う。
- 高校や大学等の段階では、レイプドラッグ（性犯罪に及ぶために使用される睡眠薬や向精神薬等）の危険性や相手の酩酊状態に乗じた性的行為の問

題、セクシャルハラスメントなどの性的暴力について周知する。また、相手の望まない性的な行為は全て性暴力に当たること、性暴力は決して許されないものであり、悪いのは加害者であって被害者は悪くないこと、性暴力は刑法の処罰の対象になることを理解させる。

- 障害のある児童生徒等については、個々の障害の特性や状態等を踏まえた適切な指導を行う。

いずれにしても、性被害、性加害の未然防止や再発防止の観点からも、児童生徒の発達に応じた性に関する指導をチーム学校として進めていくことが重要である。

(池田 忠)

(参考資料)

＊インターネット協会

それぞれの利用方法や注意方法、トラブルに遭った際の問い合わせ方法、有害情報を見つけた場合の連絡方法など、具体的な場面を集めた『その時の場面集』を作成している。

(例)・アカウントを削除したい時　　　・自分の書き込みを削除したい時
　　　・他人の書き込みを削除したい時　　・なりすましを受けている時　等

＊文部科学省

情報化社会の新たな問題を考えるための教材〜安全なインターネットの使い方を考える〜指導の手引き

　　　・情報モラル指導モデルカリキュラム・参考資料　先生向け Web サイト一覧

＊文部科学省　「情報化社会の新たな問題を考えるための教材」

(教材テーマ例)

　　　・そのじょうほう、ほんとう？　どうがへん（小学１年生〜小学校３年生）
　　　・本当か確かめよう！ネット検索編（小学４年生〜小学６年生）
　　　・その情報、広めて大丈夫？SNS 拡散編（中学生）
　　　・情報の真偽を確かめよう！SNS 闇バイト編（高校生）

〈引用・参考文献〉

文部科学省（2017）『小学校学習指導要領（平成 29 年告示）総則』

文部科学省（2017）『中学校学習指導要領（平成 29 年告示）総則』

文部科学省（2018）『高等学校学習指導要領（平成 30 年告示）総則』

文部科学省（2022）『生徒指導提要（改訂版）』

京都市教育委員会（2016）「性に関する諸課題について」

Ⅱ部

キャリア教育

　寿命は長くなる一方だが、それとは反対に短期間に社会・文化の変化が起こるようになった。しかも変化の速度は増すばかりである。ノールズ（Knowles, M.S.）は生涯学習時代の教育であるアンドラゴジーの必要性を論じる中で、教育の定義を、「知っていることの伝達過程」から、「知らないことを発見する過程」に変えなければならないと。さらに、子どもが学ばなければならないことは、大人が教えなければならないと思っているようなことではなく、探索の仕方（how to inquire）であると述べている。

　教師が出した問に対して教師の期待する正答を出すのが学習ではない。誰も経験したことのない世界を歩いていくためには、自ら問を見出し、その答えを探究する能力が求められている。人生を切り拓いていくための学習が求められているのである。

　Ⅱ部では、キャリア教育について、歴史・理論・実態・実践等々さまざまな角度から論じている。今も世界は変わりつつある。答えを導き出すのは読者である。常に問を持ち続け、探究を進めていただきたい。

（西岡正子）

〈引用・参考文献〉

Knowles, M.S.（1970）*The Modern Practice of Adult Education : From Pedagogy to Andragogy*, NewYork:Association Press

> # 1章　職業指導・進路指導・キャリア教育の意義と目的

1　職業指導の歴史にみる意義と目的

（1）職業指導の起源

　中世、あるいは封建社会の閉鎖的な身分制社会においては、上下関係が明確で世襲的な職業集団が形成され、定められた職業や家業を忠実に守っていくことが求められていた。適性によって家業を継ぐにふさわしいか否かという選択肢はあっても、職業を自由に選択するという考え方ではなかった。18世紀末には、産業革命によって資本主義経済と近代的技術が柱となって社会は大きく変化する。身分制が崩壊し、個人の自由や職業選択の自由を手にする。もちろん、すべての人に職業選択の自由があったわけではない。新しい企業は労働力を必要とし、職業指導が注目を浴びてくる中、心理学、統計学、教育学等の発達により、職業指導の研究と実践は、科学的な根拠を得て発展していくのである。資本主義経済社会には、社会的地位や性別に関係なく、自由意思に基づいて職業を選ぶことのできる実力中心主義の職業自由制が特徴の一つとして存在する。近代的技術の発達によって、生産過程の機械化や自動化がなされ、分業制や流れ作業等によって、失業の危機に立たされる労働者が出現したことも新しい問題となった。このように、労働者の職業生活の安定が求められる社会的背景のなかで職業指導は必要とされていったのである。1929年の大恐慌による失業者の多くが年少者であったことも、その親たちをして、職業指導を進展させる契機となった（竹内, 1977, pp.118-133）。

　企業を構成する人的側面を、科学的に、合理的に研究・調査するさまざまな方法が発見され、個人の諸能力と、職業および職場との対応関係を調整するた

めの職業指導が、ようやく産業界に認められ、また要請されるようになった。

（2）職業指導の発達

　1905 年、ボストンに職業院（Breadwinners' Institute）が創設され、パーソンズ（Parsons, F.）は、そこで職業指導の組織的な研究を実施する。その後、パーソンズは 1908 年に職業指導局（Vocation Bureau）を開設し、職業相談の実践を行った。そしてこれらの活動によって得られた知見をもとに、1909 年に職業指導に関する最初の体系的な書といわれる『職業の選択』（*Choosing a Vocation*）を発表した。1913 年 10 月には、「全米職業指導協会」（The National Vocational Guidance Association：NVGA）が組織され、同協会は、職業指導が目指すべき方向性を決め、「職業指導は一つの過程である」という考え方を示した。このあと、幾度かの職業指導における定義を打ち出し、1937 年の定義において、職業指導が「支援する活動」であることを明確にした。

　1950 年代以降のアメリカの職業指導の傾向は、職業指導そのものについての考え方が深まり、職業指導活動を、職業と個人を技術的に結びつけることではなく、全人格的課題としてその解決を図ろうとする動きが現れる。スーパー（Super, D.E.）は、職業指導の役割を、単に「個人が進歩していく過程」の援助ではなく、個人的満足と社会的利益の結合という具体的・現実的な課題の解決にあるとの考え方を示している（スーパー, 1960, p.250）。スーパーの考え方の傾向は、ヘイル（Hale, P.）、トンプソン（Thompson, A.S.）、ギンズバーグ（Ginzberg, E.）によって継承されることになる。

2　日本における進路指導の発達

（1）日本における職業指導

　日本における職業指導の発達は、欧米と同じように青少年に対する職業相談活動に始まる。1917 年、東京に設立された児童教養研究所において、適性研究、選職相談が開始された。1920 年には、大阪の市立少年職業相談所において、

青少年に対して選職相談・職業紹介が開始された。その後、科学的な精神測定や適性研究が進み、職業相談活動は、学校教育へと広がっていく。東京赤坂高等小学校、小石川高等小学校、中之町尋常小学校等は注目されるものであった（那須，1982，p.19）。

1922年に、文部省は職業指導講習会を開き、職業指導に対する教員への啓蒙活動を開始する。その後、各地で職業指導に関する研究・実践が行われる。1927年、文部省は学校教育に職業指導を導入するとして、「児童生徒ノ個性尊重及職業指導ニ関スル件」の訓令を出し、「国民精神の啓培」と「勤労スル習性ヲ養フ」ことを目標とした。これが、学校教育における進路指導の起点とされる。

終戦までは、「職業指導の帰着点は教育の本旨になければならない」という職業指導の理想的なあり方が打ち出されていた。もちろん、それはアメリカの進歩主義教育の影響を受け、児童中心主義教育や自由主義教育が日本の教育界で勢いをもち始めた時代であったことがその背景にあるといえよう。しかし、現実の学校教育では、職業指導は受験準備教育が中心となり、昭和初期の大恐慌によって、職業斡旋の傾向が強くなっていく。そして、1937年の日中戦争のなかで職業指導の本質は埋もれてしまった。日中戦争以後の職業指導は、当初の理念や本質を失い、戦争を完遂させるための人材、職場配置に耐えられる人間の育成に変わっていくのである。

戦後の職業指導は、「社会に必要な職業についての基礎的な知識と技能、勤労を重んずる態度及び個性に応じて将来の進路を選択する能力を養うこと」、「社会において果たさなければならない使命の自覚に基づき、個性に応じて将来の進路を決定させ、一般的な教養を高め、専門的な技能に習熟させること」（「学校教育法」第36条第2項および第42条第2項）を掲げたが、戦後の日本の再建と民主化は簡単ではなく、職業指導も十分な成果を上げられなかった。

本来の職業指導とは、すべての人たちが自分の職業生活を開拓し、展開していけるような能力と態度を、生涯を通して身につけさせるための援助活動である。NVGA（全米職業指導協会）は、職業指導を「満足な職業的適応を実現す

るのに必要な決定や選択を援助すること」と定義しているように、個々が生涯にわたって、職業生活についての問題解決を行っていけるように、適切に指導していくという活動なのである。よって、教師等の指導者がその個人の代わりに問題解決を行っても、その個人にとっては何の解決にもならず、全く意味がないのである。

　職業指導の役割は、自ら解決できる能力や態度を身につけるための支援をすることなのである。職業指導に携わる教師等の指導者は、この考えのもとに教育活動を行わなければならないのである。

（2）進路指導の目的と活動領域

　「進路指導」という用語が使われたのは、1957年の中央教育審議会の「科学技術教育の振興方策について」の答申であるが、その答申を受けて、1958年に中学校学習指導要領を改訂し、そこに「進路指導」という用語が用いられた。

　本来の意味はそうではないとしても、職業指導の意味が就職斡旋、あるいは就職者の指導といった狭い意味にとらえられ解釈されることのないよう、「職業指導」という用語に替えて「進路指導」を使うようになった。これによって、進路指導に就職指導を包含し、総合的な指導が行える進路指導の実現を目指したのであるが、現実には、進路指導が、そのような総合的な指導を実現してきたかというと必ずしもそうとはいえない。

　高度経済成長の時代に入り、産業経済が発展し、人材の開発が重視されていく中で、進学率はますます上昇していった。そのような社会的背景のなかで、学校教育における進路指導は、進学指導といった受験準備教育が中心となっていったことも事実である。職業指導の本来が、職業斡旋や受験準備教育のみにとらえられないために、そして、もっと広く進路と将来を含めた指導が行えるためにと考えられてきた「進路指導」が、やはり進学指導や受験指導を中心に行われてきたことは問題であった。

　進学と就職の違いは偏差値による輪切りで決まるのではなく、「いかに生きるか」と向き合う問いのなかでの自らの選択であって、それぞれの選択はかけ

がえのないものとして支援されるべきものである。進路指導が生涯にわたる生き方の指導であるという側面を忘れてはならない。

人間は社会の生命を維持・存続させるために必要な業務に積極的に参加していかねばならず、学校はそのための社会的機関であり、職業とのかかわりを断ち切った進路指導は問題である、と竹内はいう（竹内，1977，p.113）。さらに、進路指導は、的確な職業指導との密接なつながりをもつことにおいてこそ成り立つものであり、学業成績の高低だけを基準に、あるいは学校別に、「進学」と「就職」に分けるような現実の進路指導にも問題があると指摘している（竹内，1977，p.113）。

進路指導は、「生徒の個人資料、進路指導情報、啓発的経験および相談を通して、生徒みずから、将来の進路の選択・計画をし、就職または進学して、さらにその後の生活によりよく適応し、進歩する能力を伸張するように、教師が組織的・継続的に援助する過程である」（文部省「中学校・高等学校進路指導の手引き―中学校学級担任編」1961）と定義されている。これは、生徒が、生き方の関心、能力・適性の発見と開発、進路の計画や選択、卒業後の生活への適応、さらには自己実現できるために学び続けることを、教師が計画的、組織的、継続的に援助する教育活動であることを示している。

進路指導は教育活動の全体を通じて組織的、計画的に行われ、その活動領域は、①生徒理解・自己理解、②進路情報資料の収集と活用、③啓発的経験、④進路相談、⑤就職・進学等への指導・援助、⑥追指導の六つに分けることができる。キャリア教育の諸活動では、進路発達にかかわる諸能力を育てる観点から、「職業観・勤労観の形成」にかかわる能力として、「人間関係形成能力」「情報活用能力」「将来設計能力」「意思決定能力」の四つの能力を、小・中・高等学校の各段階で身につけるとされる。

3 キャリア教育の意義と目的

（1）進路指導からキャリア教育へ

キャリア教育という用語は、中央教育審議会「初等中等学校との接続の改善について（答申）」(1999) において登場した。「学校から職業への移行」と「子どもたちの変化」にかかわるさまざまな問題が浮上し、キャリア教育が求められた。学校から社会への移行にかかわる問題については、社会環境の変化や若者自身の資質をめぐる課題等があり、子どもたちの生活・意識の変化にかかわる問題については、子どもたちの成長発達上の課題や高学歴社会における進路の未決定傾向等が挙げられる。雇用システムの変化、フリーターやニートの増加、就職後の早期離職者の増加といった具体的な問題を検討するにあたって、若者のコミュニケーション能力や対人関係形成能力、職業観の育成について、これまでの学校教育における進路指導の機能を改めて問い直さざるを得ない現状があった。

　では、キャリア教育のいう「キャリア」とは何か。中央教育審議会答申 (2011) によると、キャリアとは、「人が、生涯の中で様々な役割を果たす過程で、自らの役割の価値や自分と役割との関係を見いだしていく連なりや積み重ね」と定義され、キャリア発達とは、「社会の中で自分の役割を果たしながら、自分らしい生き方を実現していく過程」であるとされている。また、キャリア教育は、「一人一人のキャリア発達や個としての自立を促す視点から、従来の教育の在り方を幅広く見直し、改革していくための理念と方向性を示すもの」であり、「キャリアが子どもたちの発達段階やその発達課題の達成と深くかかわりながら段階を追って発達していくことを踏まえ、子どもたちの全人的な成長・発達を促す視点に立った取組を積極的に進めること」、そして、「子どもたちのキャリア発達を支援する観点に立って、各領域の関連する諸活動を体系化し計画的、組織的に実施することができるよう、各学校が教育課程編成の在り方を見直していくこと」にキャリア教育の意義があるとされる（文部科学省 , 2004）。

(2) キャリア教育で育成する力

　キャリア発達を支援する観点で教育課程を編成し、キャリア教育で育成すべき力とは何か。「キャリア教育の推進に関する総合的調査研究協力者会議報告

書」(文部科学省, 2004) において、各学校でキャリア教育を推進する際の参考に幅広く活用されるものとして4領域8能力が示された (図1)。この4領域8能力によって、具体的な能力の育成のために発達に即した段階的な指導や支援の在り方が示された意義は大きい。しかし、これは、育成する能力の例として示されたものであって、限定するものではなかったが、学校現場では、これらの能力の育成に限定されて考えられてしまった。これからのキャリア教育は、分野や職種にかかわらず、社会的・職業的に、自立に向けて必要な基盤となる「基礎的・汎用的能力」(図2) の育成が求められる。

「基礎的・汎用的能力」とされるこれらの能力は、それぞれ独立しているものではなく、相互に関連するものであり、また順序があるものでもない。変化の激しい社会のなかで、今後多くの課題に対応する力が必要とされる。課題解決能力の育成は進路選択の過程にとどまらず、仕事をする上でのさまざまな課題に対応する能力の育成にも力点を置かなければならない。

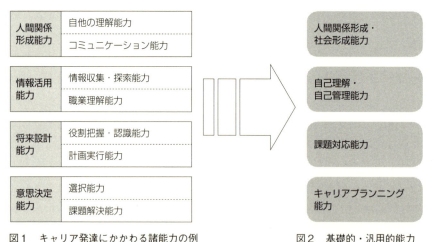

図1　キャリア発達にかかわる諸能力の例　　図2　基礎的・汎用的能力

　進路指導は、中学校や高等学校で日常的に使用される用語であり、進学や就職のための支援や指導に限定して捉えられがちであるが、決してそうではない。学習指導要領上、中学校及び高等学校に限ってその用語が使用されるというだ

けであって、本来の進路指導の理念や概念は、キャリア教育と異なるものではない。進路指導は、就学前教育から、中学校や高等学校、さらに高等教育を継続して貫くキャリア教育のなかに含まれ、計画的・組織的に進められる教育活動である。そして、キャリア教育は、生涯学習時代にある全ての人々の成長と変容において重要なものとなっている。

（山本桂子）

〈引用・参考文献〉

スーパー，D.E. ／日本職業指導学会訳（1960）『職業生活の心理学：職業経歴と職業的発達』誠信書房

竹内義彰・崎野隆・伊藤一雄（1977）『職業と人間形成』法律文化社

中央教育審議会（1999）「初等中等学校との接続の改善について（答申）」

中央教育審議会（2011）「今後の学校におけるキャリア教育・職業教育の在り方について（答申）」

那須光章（1982）「わが国における進路指導の発展」日本進路指導学会編『進路指導の理論と方法』福村出版

日本進路指導学会編（1982）『進路指導の理論と方法』福村出版

文部省（1961）「中学校・高等学校進路指導の手引き―中学校学級担任編」

文部科学省（2004）「キャリア教育の推進に関する総合的調査研究協力者会議報告書～児童生徒一人一人の勤労観、職業観を育てるために～」

〈参考・推薦図書〉

経済産業省編（2009）『キャリア教育ガイドブック』学事出版

文部科学省（2011）『キャリア発達にかかわる諸能力の育成に関する調査研究報告書』

文部科学省（2022）「小学校 キャリア教育の手引き」

吉田辰雄・篠翰（2007）『進路指導・キャリア教育の理論と実践』日本文化科学社

COLUMN

スポーツと生徒指導・キャリア教育

　大学受験を目前にした選手に「スポーツ活動を通してあなたは何を学びましたか」という質問をすると、「仲間」、「礼儀」、「コンディショニングの大切さ」といった回答が多い。仲間や礼儀を回答する者は同時に感謝や思いやりの心を述べる。彼等はそれが自分の生き方に役立つと言う。スポーツ活動と人間形成が直結するという発想は日本的である。日本のスポーツ集団は家制度・徒弟制度的な集団形成が好まれる。これは、日本の近代スポーツの発展過程において相撲や武道の影響が強いという歴史的背景がある。監督は親方または親であり、選手は弟子または子どもである。さらに高校では専門スポーツ種目への専心（没頭）が当たり前のようにみられる。選手らは気づけば進路決定時期にあり、監督の指示のもと進路が決定されてゆく。自身の進路を決定する余裕がない状況が生み出されているのである。この監督依存型の進路決定を望んで入部する選手も少なからずいる。この仕組みから日本のスポーツ選手は、他国の選手よりも進路選択において自律性が発揮されにくい傾向にある。これは選手の問題というより、スポーツ界が抱える重要な課題である。

　日本オリンピック委員会や各プロスポーツ協会では、トップアスリートの引退時の進路決定に、セカンド・キャリア・サポートを開始した。しかし、中学や高校では進学で進路決定問題を先延ばしできる。大学では、日常生活、学業、スポーツに対して自律が求められるため、監督依存型の選手のなかには不適応を起こすケースがある。スポーツには勝利を目標とした技術・戦術・チームワークの創造が必要である。この創造が選手自身によるものならば、日常生活にその方略を応用すること（般化）は容易であろう。そのためには、指導者が選手の声に耳を傾け、生き方を尊重する、「選手のためのスポーツ」指導が必要である。

（金田啓稔）

2章　職業選択理論と職業適応理論

1　職業選択理論の展開

　職業選択の考え方は、今日までさまざまな視点から理論の展開がなされている。ここでは、キャリア教育としても重要な理論として、特性因子論、人格理論、意思決定理論、社会的学習理論について概観する。

（1）特性因子論（マッチング理論）

　特性因子論（マッチング理論）は、1900年代の初めから、職業指導運動を支える理論として主流をなしてきた。特性因子論による職業選択とは、人にはそれぞれの特性があり、職業にもさまざまな種類と、その職業に求められる能力があるとし、それらを合わせることで、最も適した一つの職業を決めていくというものである。個人の能力、興味、適性等は客観的なツールによって見出せるものであり、それらを職業にうまく合致（マッチ）させることで、職業選択は理想的に達成されると考えるのである。パーソンズ（Parsons, F.）の著した『職業の選択』（*Choosing a Vocation*）は、職業指導に関する最初の体系的な書であり、特性因子論の原型ともいわれる。パーソンズは、賢明な職業選択を行うために、①自己理解（適性、能力、興味、希望、資質、限界、その他の諸特性も含めた明確な理解）、②職業の理解（さまざまな系列の職業と、その職業に必要な能力、成功の条件、よい点と悪い点、報酬、将来性等に関する情報を得る）、③両者の合理的な推論（自己理解と職業理解との関連性についての合理的な推論）、という三つの要素を設定し、この三つのステップにより適切な職業選択がなされるとしている。これらの三つの要素は、その後、要素①に

関しては職業適性（興味）検査等の心理検査の開発を、要素②に関しては職業や職務の科学的分析を、要素③に関してはカウンセリングの理論と技法を発展させた（坂柳, 2007, p.79）。特性因子論は、その後の職業指導の理論と実践に多大な影響を与えた。

　賢明な職業のための3要素に加え、職業選択を達成するための技術についての指摘は重要な視点を含んでいる。例えば、職業情報については、単なる文書による情報だけではなく、直接体験や職業人から話を聞くことの重要性である。今日行われている職場体験、インターンシップ、アントレプレナーシップ等の直接体験による情報は、職業についての知識の拡大というだけではなく、人間関係の形成、課題解決、およびプランニングの力にもつながるのである。しかし、特性因子論は、適材適所論に固執しすぎていることや、人間と職業とを一面的、静態的、固定的にとらえすぎているとの批判もなされた。確かに、ただ一つの適職があると考えれば、もし、AI時代も踏まえ、社会の変化によりその職業がなくなってしまったとき、あるいは、自己の環境の変化によりその職業に就いて働くことができなくなったとき、次の職業は自分に最も合致した職業ではないことになる。社会の変化がゆるやかな時代においては、職業選択の一つの手法であったが、変化の著しい現代社会においては、その選択が人生において最も適したものと考えることに批判があることも頷ける。しかし、特性因子論にこのような批判があるからといって、現代社会において、この理論が全く古く役割を持たないわけではない。例えば、自己の能力や適性を理解できていない場合や、短期的な就業を求める場合、長く職業に就かず、なかなか社会に一歩を踏み出せなかった、あるいは踏み出せない人にとっては、適性の合致が背中を押してくれるものとなり、今日でも有効な理論であるといえる。

（2）人格理論

①　精神分析学的理論

　職業選択について、ブリル（Brill, A.A.）やボーディン（Bordin, E.S.）は、精神分析学に基づいた理論を説いている。ブリルは精神分析学の基本的な概

念を利用し、職業選択の行動を快楽原則・現実原則、および昇華によって説明している。快楽原則とは、将来のことは考えずに、今現在の満足を得ようとするものである。現実原則とは、現在を犠牲にしても長期的、終局的な満足を得ようとするものである。極端な快楽原則は、「生き方」についてあまりにも無計画であるし、極端な現実原則では、現在の「生きる楽しみ」を犠牲にしてしまう。職業選択の過程とは、この両者の妥協を図るものであり、キャリア教育の一つの側面でもある。

　昇華とは、心理的防衛機制の一つであり、そのままでは実現できない心的エネルギーを社会的に認められるように変形して発動させようとする現象である。敵愾心を暴力で表すことは社会的に受け入れられないが、スポーツ選手となって相手チームと戦うことで社会的に認められる形にする等である。人は、偶然、ある職業に就いたように見えるが、それは個人の何らかの内的衝動がその職業選択に影響していると考えるのである。

　ボーディン（Bordin, E.S.）は、精神分析学の理論の枠組みから、個人の欲求パターンと職業選択との関係を分類している。欲求パターンは6歳くらいまでに決定され、それは、人格の構成やさまざまな要求を生み出す基盤になり、さらに、青年期の職業行動となって現れる。個人には幼児期に形成された固有の衝動、欲求の体系があり、職業を通じて、それらを充足させているとする。ただし、関連性が認められるのは、かなり職業選択が自由な人たちに限られるとされる。ブリル、ボーディンのいずれにおいても、精神分析学からの職業選択理論は、精神分析的人格発達の一つであり、人格発達が正常であれば職業選択の問題はあまり生じないと考える。

② **構造理論**

　ホランド（Holland, J.L.）は、学校や軍隊等での職業相談の経験によって、個人のパーソナリティを、現実型、研究型、芸術型、社会型、事業型、慣習型の六つに分ける独自の類型論を導き出した。さらに、ホランドは、キャリア選択はその人自身の人格表現の一つであって、仕事に自分の行動スタイルを実現させようとするという考え方と、人間は職業名に自分自身の仕事や世

界観を投影するという考え方を結びつけ、人格類型に適合した職業内容についての分類を行った。

【六つの人格類型の特徴と職業内容】

- 現実型…攻撃的な行動。具体的で実際的な仕事や活動に興味があり、他者とかかわる仕事を避ける傾向。(動植物管理、工学、機械、手工芸、生産技術等)
- 研究型…行動するより考えることを好み、研究や調査のような探索的な仕事や活動に興味を持つ傾向。(自然科学、情報処理、医学等)
- 芸術型…強い自己主張を示す傾向にある。組織は好まずに、自分で創造することを好むので、何かをやり遂げるために技能や人間関係を求める傾向。情緒の表現が自由である。(美術工芸、音楽、演劇、文芸等)
- 社会型…教えたり、治療したりすることを好む。人との密接な関係を求め、さらにそれを維持することに優れている。知的な問題解決は避けようとする傾向。(社会福祉、教育、販売、サービス等)
- 事業型…言語に巧みである。企画・立案や組織の運営等に興味をもつ。人をコントロールすることを好む傾向。(経営管理、営業、報道等)
- 慣習型…規則や習慣を大切にする。組織や秩序を好み、そのなかでの人間関係をつくっていこうとする。能力を高めていくような仕事を好む傾向。(経理、警備、法務、編集等)

これらの型は、明確に6タイプに分類されるということではなく、これらが軽重をもって一人の人間に存在する。例えば、教職においても、児童生徒とよく交流できる「社会型」、教科探求をする「研究型」、正確な事務処理を行う「慣習型」のいずれを志向するか、複数を志向するか等、職業を幅広くとらえることにつながるとされる (三村, 2006, pp.195-197)。

ホランドは、この類型化により、「職業興味検査 (Vocational Preference Inventory : VPI)」を開発している。VPI は、日本で使用されている「職業レディネステスト」や「VPI 職業興味検査」の基本となっている検査である。

(3) 意思決定理論

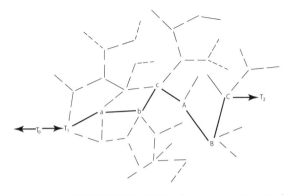

図1　意思決定連鎖の概略図（Osipow, 1983, p.315）

　オシポー（Osipow, S.H.）は、職業選択を客観的に規定する要因はさまざまであるとし、職業選択を個人の主体的な活動としてとらえた場合、進路に関する意思決定は連鎖しているものであるという考え方を示している。オシポーの意思決定理論によれば、意思決定は一つの時点だけのことではなく、その前に決定のための準備の時間があり、同時に決定を実施するための時間が後に控えているとしている。つまり、一つの選択がなされる前には、その選択がなされるための選択が連続して存在し、また、その選択の後には、その選択に連続する選択が存在すると考えるのである（Osipow, 1983, pp.314-315）。（図1参照）

　可能な選択肢のなかから、小さな決定を行い、その決定は次の大きな決定に影響を及ぼし、さらに大きな節目の選択にかかわっている。節目における大きな選択は、その準備のための小さな選択を、自らが行っていく経験のうえに成り立つものである。それゆえ、自らが主体的な決定を行うことが大切なのであり、キャリア教育は、それを支援するものである。

(4) 社会的学習理論

　クランボルツ（Krumboltz, J.D.）は、「職業未決定」は新しい学習がなされる契機であるとの観点をもつ。不確実性の高い現代社会においては、特性因子

論や人格理論のように個人の特性と職業の特性との一致を重視しすぎることは、個人や社会、職業自体が変化し続けるものであるという視点や、変化そのものを見逃す可能性があるとしている。

キャリア選択は用意周到に計画されたものではなく、経験や観察等の学習の結果を経て果たされるとクランボルツは考える。しかし、まったくの無計画でよいということではない。誰でも生涯で一つの進路を確約されているわけではなく、キャリア選択は、予期せぬ「偶然に起こるさまざまな出来事」にも影響を受けるものである。クランボルツのいう「計画された偶発性理論（Planned Happenstance Theory）」（Krumboltz, 1999, pp.115-124）は、不確実性の高まる現代社会におけるキャリア教育の理論の一つであると考えることができる。

偶然に起きる出来事を生かし、計画的にチャンスに変えることが大切である。そのために必要なことは、まず、大きく心を開くことである。そして、新しい学習の機会を探し、持続性をもつことも大切である。また、偶発的なチャンスを見逃さないように、それをつかむことができると信じ、状況や環境を変えることに柔軟であることも必要である。さらに、自分に何かの偶然が起こってほしいと願うならば、そのために自分は何をするかを積極的に考えなければならない。それが、偶然性を「計画されたもの」に変化させることにつながるのである。

職業を自由に選択できるということは、すべての人が自分の思い通りの職業に就けるということではない。たとえ希望の職業に就けても、希望の仕事を任されるとは限らない。しかし、希望ではないその仕事は新しい学習の機会でもある。今、存在しているところで何ができるのかを考えることは、その職業に適応していくということだけではなく、新たな能力や可能性の発見でもある。

2　職業適応理論

人は何によって職業を継続させていくことができるのだろうか。ここでは、職業への適応と、職業を継続していく要因について考えてみる。

（1）職務適合と職務満足

　アメリカでは、第一次世界大戦前後から精神分析、臨床心理学、人格心理学が発達すると、職業指導に「適応」の概念が取り入れられていった。適応とは、自己や環境を変化させていく過程、あるいは両者の調和によって満足を感じる状態であり、個人の欲求がその環境で満たされず、不満を感じている状態が不適応である。

　特性因子論においては、個人の特性と職業が求める要件を合致させることで適合する職業を見出していくため、最も適合する職業に就くことが、職業上の成功の可能性を高め、さらに成功は高い満足を生むと考えられていた。それゆえ、職業適応の基準となる成功や満足は、職務上の成功や職階等の外的なもので得られ、職務適合が職業適応と考えられてきたのである。しかし、職業適応は職務適合だけでは十分とはいえない。職務上適合し、職務上成功しているとしても、人がそれに満足しているとは限らない。つまり、職務上の成功と職務上の満足とは別の問題であるといえる。職業適応には職務上の成功以外の満足も重要な指標なのである。

（2）職務満足

　1930年頃から、職務満足が、職務に対する動機づけの役割を果たしているか否かを明らかにする研究がなされるようになった。メイヨー（Mayo, E.）のホーソン研究によって、組織のなかで働く人々の労働意欲が高まるメカニズムに、人間関係が大きくかかわっていることがわかった。働く人々の労働意欲を高めるためには、賃金や照明、休憩等の労働環境の改善だけでなく、誇りや責任感、連帯感といった人間的なかかわりを重視することが必要だと考えられた。

　ブルーム（Vroom, V.H.）は、職務満足要因を環境的要因と人格的要因に分類した。環境的要因とは、監督、作業集団、職務内容、賃金、昇給の機会、勤務時間等である。これらと人格要因としての性格、能力、態度等の要因とが絡み合い、相互作用のなかで職務満足が生み出されるとしている。

　職務満足と職務業績との関係については、強い満足が必ずしも高い業績に結

びつくとは限らず、高い業績が常に強い満足を引き起こすとも限らないとされる。業績を上げるためには、新しい動機づけが必要なのである。職業適合では、職業上の成功が職務上の満足をもたらすと考えられていたが、ブルームによると、満足の要因は業績そのものではなく、業績に伴う報酬であり、また、特に高い業績を目指して動機づけられていなければ、その成功は満足には結びつかないとしている。

(3) 動機づけ要因と衛生要因

　ハーズバーグ（Herzberg, F.）は、仕事の場面において、人の満足感に影響を及ぼす二つの要因を挙げている。一つは、満足感を高め、仕事への動機づけを強める効果をもつ要因で、「動機づけ要因」と呼ばれる。もう一つは、不満を低めるものの、仕事への動機づけに影響を及ぼさない要因で、「衛生要因」と呼ばれる。

　動機づけ要因は、職務内容や業績から生じる満足であり、具体的には、仕事の達成、承認、成長の可能性、昇進、責任等である。衛生要因は、労働条件、職場の環境、組織であり、具体的には給与、対人関係、監督、経営方針、作業条件、地位とそれに付属するもの、職務の安定性、個人生活の諸問題等である。

　動機づけ要因は、仕事の内容や結果にかかわる要因であり、衛生要因は職場の環境や待遇にかかわる要因となるものである。仕事に関する満足を高める要因と不満を低める要因が異なるということは、職務満足と職務不満足が連続的な一つの感情ではないことがわかる。また、ハーズバーグは、衛生要因による満足感は短期に失われ、動機づけ要因による満足感は持続性があるとしている。

　衛生要因、すなわち環境改善によって満足が得られても、次の環境改善の欲求が生まれて、また不満足の状態になる。それは継続的な満足にはならず、その職業への真の適応にはつながらない。人を積極的に仕事に動機づけるものは仕事そのものであり、成長する自分を感じられることにある。

　その成長は、学び続けることによって得られるものである。人は、いかなる環境においても、成長していくために学び続けることが大切である。それは、

職業や自分の生き方そのものへの満足につながる。真に職業に適応するということは、学び続け、成長し続けることのなかで達成されるものであり、キャリア教育は、そのための学び続ける人を育てる教育でなければならない。

3 職業適性検査

（1）適性検査の種類と活用

自分にどのような能力や適性があるのかについて客観的な情報を得ることは、進路や職業の選択において必要である。科学的手法により作成された検査や調査は、主観的な手法による誤りや資料の偏りを修正するものになる。また、結果は、標準化された数値で表されるため、個人や集団の特性、問題状況の把握に広く用いることが可能である。

キャリア教育においても、さまざまな検査が使用されている。例としては、適性検査は、「厚生労働省一般職業適性検査（GATB）」、「SG 式一般職業適性検査」、「SDS 職業適性自己診断テスト」等がある。興味検査は、「VRT 職業レディネス・テスト」、「VIP 職業興味検査」、「職業興味テスト VIT」等である。性格検査は、「YG 性格検査」、「内田クレペリン精神作業検査」、「東大式エゴグラム（TEG）」等がある。検査目的を組み合わせた「バッテリー」検査は、「SG 式進路発見検査 EPIC」、「SG 式進路適性検査 DSCP-R」、「HOP 進路指導検査」、「TK 式 ICPD 進路自己理解調査」等がある。

適性検査の選択には、信頼性と妥当性が問題となる。信頼性とは、測定誤差が少ないという結果の安定性であり、妥当性とは、使用する検査が利用目的にかなっているかどうかである。この信頼性と妥当性を考慮し、適切に使用することが重要である。

（2）職業適性検査の効用と限界

キャリア教育において、適性検査は重要で不可欠な手段の一つである。しかし、その使用においては留意しなければならない点がある。竹内は、適性検査

2章　職業選択理論と職業適応理論　　*145*

の誤用について二つの点を指摘している。

一つは、結果を絶対視することである。確かに、今日の発達した調査法においては、科学的な測定法による標準化された検査は高度な科学性や信頼性をもつといえる。しかし、科学的とは、自然科学的な知識や法則等をそのまま利用するということではない。竹内は、人間は無限の可能性もち、常に成長し変容していく力動的な生命体であり、人間を2、3度の検査で把握しきると考え、決定的なラベルを貼りつけることは、むしろ非科学的ですらあると言いきる。

二つめは、検査を目的視することである。そもそも、進路指導とは、個人の能力や特性を生かし、積極的に職業社会に参加できていくように援助していくことが目的である。検査法はそのためのツールである。知能検査、学力検査においても、その結果が的確に扱われることで、進路指導の目的に沿うものとなる。もし、検査が知能の優劣や学力の高低を分けるためのものになれば、進路指導は、社会の一部の価値観が求める人材のみを選別するための単なる活動になる。切り捨てを合理化するためのテストは、生徒たちを未来に生かすものにはならないのだ、と竹内はいう（竹内, 1977, pp.195-198）。

キャリア教育において、適性検査を使用する効用は、結果が客観的で科学的であることに加えて、自己理解や職業理解、進路選択についてのあいまいなイメージをより具体的にできることや、今後の指導における指針が得られることにある。効果的な活用のためには、上記の留意点に加え、適性検査の目的を明らかにしておくことや、ある一つの検査はその利用目的以外のものはわからないということを理解しておかなければならない。検査結果についても、その結果が一生涯そのままであるということではなく、発達段階に応じて発展的に変化していく可能性があることを忘れてはならない。

キャリア教育は前向きであることが大切である。検査結果の活用も同じである。

（山本桂子）

〈引用・参考文献〉

イリッチ，I.D. ／東洋・小澤周三訳（1977）『脱学校の社会』東京創元社

坂柳恒夫（1990）「進路指導におけるキャリア発達の理論」『愛知教育大学研究報告』39（教育科学編）pp.141-155

坂柳恒夫（2007）「キャリア・カウンセリングの概念と理論」『愛知教育大学研究報告』56（教育科学編）pp.77-85

竹内義彰・崎野隆・伊藤一雄（1977）『職業と人間形成』法律文化社

ハーズバーグ，F. ／北野利信訳（1968）『仕事と人間性―動機づけ―衛生理論の新展開』東洋経済新報社

三村俊樹（2006）「進路指導の基礎理論と方法」、仙崎武・野村新・渡辺三枝子・菊地武剋編著『生徒指導・教育相談・進路指導』田研出版

Mitchell, K.E., Levin, A.S. & Krumbolz, J.D.（1999）"Planned happenstance: Constructing unexpected career opportunities." *Journal of Counseling and Development*, 77

Osipow, S.H.（1983）*Theories of career development, 3nd ed.*, Prentice-Hall,

〈参考・推薦図書〉

田尾雅夫（2001）『組織行動の社会心理学』北大路書房

諸富祥彦（2007）『７つの力を育てるキャリア教育』図書文化

山口裕幸・金子篤子編（2007）『よくわかる産業・組織心理学』ミネルヴァ書房

COLUMN

職業教育とキャリア教育（進路指導・職業指導）

　職業教育とキャリア教育（進路指導・職業指導）は深いかかわりを持ち、不可分なつながりをもっているが同じものではない。職業教育は一般に一定の職業が必要とする知識や技能の習得を中心とした教育である。対して、キャリア教育は、職業に就いて生きていく人間自身に重点を置いた生き方の援助ともいうことができる。中央教育審議会答申（2011）は「一人一人の社会的・職業的自立に向け、必要な基盤となる能力や態度を育てることを通して、キャリア発達を促す教育が『キャリア教育』である。それは特定の活動や指導方法に限定されるものではなく、様々な教育活動を通して実践される」としている。学校教育の全てを通じて、かつ地域や社会が一体となって実施するべき教育である。

　両教育における社会的・職業的自立や社会・職業への円滑な移行に必要な力として「基礎的・基本的な知識・技能」「基礎的・汎用的能力」「論理的思考力、創造力」「意欲・態度及び価値観」「専門的な知識・技能」を挙げている。「基礎的・汎用的能力」の具体的内容は「人間関係形成・社会形成能力」「自己理解・自己管理能力」「課題対応能力」「キャリアプランニング能力」としている。

　イリッチ（Illich, I.D.）は、人の成長は測定のできる実態ではないが、「学校において何でも測定するように教育されてきた人々は、測定できない経験を見逃してしまう」と述べている（イリッチ, 1977, p.82）。教科として、または、入試科目として、得点が付かないこれら上記能力が、生きるためには最も必要とされていることを注視したい。

　多様化・複雑化・高度化、グローバル化、情報化が進む社会において、学び続けることが必要となる。生涯学習の一環として、これらの教育の充実が強く求められる。

（西岡正子）

3章　職業的発達と自己概念の形成

1　職業的発達理論の展開と発達の意味

　近代的な職業指導は 1900 年初頭から始まったといわれている。近代的な職業指導の生みの親といわれているパーソンズ（Parsons, F.）が、1908 年にボストン市に職業院（The Breadwinner's Institute）という職業指導の独立機関を開設し、『職業の選択』（*Choosing a Vocation*）を発表した。また、同年、スコットランドでは、教育令に従い職業指導院が開設され、ゴルドン（Gordon, O.）が職業指導の教科書を著した。ガイダンス（指導）がいつ頃から始まったかに関してはさまざまな見解があるが、広井甫は、その下地を一つの社会全体の動きとみなし、「19 世紀の後半に、当時発達を遂げつつあった精神医学や心理学によってえられた知見や、開発された技術を、青少年や子どもたちの福祉の増進のために活用しようとする、専門家達の努力がはじまった」と理解できると述べている（広井 , 1982, pp.45-46）。

　パーソンズの特性因子論ののち、個人の動機や人格に関しての研究が進むにつれて前章にみられるように、職業選択理論が生まれてくる。また、1900 年代半ばには、「特性因子論」と、動因、欲求、要求等の人間の情動的側面を重視するサイコダイナミックスとを融合した理論といわれる「職業的発達理論」が出現する。職業的発達理論は、社会心理学、現象論的自己論および精神分析的自我心理学に依拠しているといわれている。

　この当時から「発達」という概念は、エリクソン（Erickson, E.H.）やハヴィガースト（Havighurst, R.J.）によって打ち出されている。すなわち人は、一生涯の間、各段階を経て成長していくというものである。

エリクソンは、アメリカの精神分析学者であり、フロイト（Freud, S.）の発達理論を継承しながら、社会心理学的な視点を加えて人間の生涯を8段階に分ける自我発達理論を構築した。1950年代後半から1960年代初頭にかけて、この理論は広く世に知られるようになった。エリクソンは、人間にとって内在的な活力となり、人間的な強さとしての「徳」の発達を考えた。児童期に発達して徳として残る痕跡は、希望→意思（意志）→目的→適格性（有能感）である。青年期の徳は忠誠であり、成人期の中核的な徳は愛情→世話→英知（知恵）である。これらの徳目は、前期の発達課題の達成と同様に漸成の原理に従う。すなわち、希望をもつことが安全だと感じるまでは、意思の訓練は困難であり、忠誠心が是認されるまでは愛は相互補完的なものとはなりえないのである。エリクソンの自我発達論の特徴は、人間が漸進的各段階で出会う社会環境との交わりの過程のなかで、本質的に社会的な人間の特性が開花するところにある。エリクソンによれば、社会は、人間が漸進的な発達において各段階特有の課題を解決していく方法に影響を与えることで、彼をその社会の一員とするのである（岡堂, 1971, pp.156-157）。

ハヴィガーストは発達課題を体系的に理論化し、教育と結びつけて考察を深め『人間の発達と教育』（*Human Development and Education*）を著した。発達課題という言葉は、1930年代半ばにアメリカにおいて、中等教育に関する課題を究明する過程で用いられるようになったといわれている。ハヴィガーストの発達課題は、1940年代から1950年代にかけて、アメリカの教育界で活用され、その後の教育にも大きな影響を与えている。社会・文化の違いによって必ずしも現代社会に当てはまるとはいえないが、人の一生の発達課題を明示し、教育とのかかわりを考察したハヴィガーストの功績と影響力は多大なものであるといえる。

ハヴィガーストの発達課題の特色は、人間の生涯のある時期だけを取り上げているのではなく、生まれてから死ぬまで、つまり幼児期から老年期までの人間の一生の成長・発達を連続的にとらえていることである。また、人間の成長発達を単なる自然的な過程として見るのではなく、個人が本来さまざまな課題

をもっており、その課題を果たすべく成長・発達しているという見方をしていることである。その課題は幼年期、少年期、青年期、壮年期、老年期とそれぞれに固有のものであり、もしその段階にその課題を果たさなければ、次の段階の発達に影響すると強調している。また、同じ課題でも、歩行や言語の学習、習慣や性格の形成のように人間の一生の間に1回しか現れてこない課題と、友人とよい関係を作る学習や価値判断の学習のように、繰り返し形を変えて現れてくる課題とがある。またハヴィガーストは、課題達成のための家庭や学校における教育の必要性またはその重要性を指摘している（ハヴィガースト，1995, pp.7-8）。

　教育の適時性に関して、ハヴィガーストは発達課題の概念が教育に役立つ二つの理由を挙げている。その一つは、学校における教育目標の発見と設定を助けることである。教育とは、個人がその発達を確実にするのを援助するために、学校を通して社会が努力することに他ならないのである。二つめは、教育的努力を払うべき時期を示す点にあるとしている。身体が成熟し、社会が要求し、そして自我が一定の課題を達成しようとするときが、教育の適時なのである。教育があまり早く行われては、その努力は無駄にも終わるが、もし教育の適時に努力を払えば満足すべき成果を得るであろうと適時が強調されている（ハヴィガースト，1995, pp.27-28）。この発達等概念は職業に就いて生きていくということとも結びついているのである。しかも、その発達は一生涯続くのである。

2　職業的発達理論と自己概念

　職業的発達（vocational development）とは、職業に関係した個人の精神の発達を指すということができる。1900年代半ばにその基礎を作った代表者としてスーパー（Super, D.E.）とギンズバーグ（Ginzberg, E.）を挙げることができる。

　スーパーとギンズバーグの理論のバックグラウンドに当たるものは1900年代半ばのアメリカ心理学の発達である。ミラー（Miller, C.H.）は、スーパーと

その研究に関して以下のように述べている。

「1950年までには、心理学において『自己』に対する研究は確立されていたが、職業選択の問題や、職業的発達への活用は始められていたとはいえ、十分ではなかった。スーパーは、1940年代における以下の研究の研究者の貢献に言及している。すなわちカーター（Carter, H.D.）の青年期の職業に対する態度の発達の研究やボーディン（Bordin, E.S.）の自己概念の反映としての職業興味論、レッキー（Lecky, P.）の自己一貫性の概念、さらにオルポート（Allport, G.W.）による『心理学における自我の再発見』である。またこれらの研究者に加え、その他の多くの研究者の貢献に対する言及がある。

1950年代のカウンセリング分野においては、この自己概念への関心が急激に高まり、カウンセリングにおける自己概念の活用・応用が急激に発展した。これらの流れのなかでも1950年代のキャリアパターン研究（Career Pattern Study）における研究の代表はスーパーとその同僚ということができる」（Miller, 1974, p.242）。

スーパーは、職業的発達と適応に関して、次のように述べている。

「職業指導は、人が職業世界における自分自身と自分の役割の統合された適切な映像を発展させ、これを受け入れ、この概念を実際の世界で試行し、現実世界に置き換えるという、個人の満足と社会の利益をもたらすことを助ける過程である」（Super, 1951, p.92）。また職業的発達に関して「職業的発達の過程は本質的に自己概念の発達とその自己概念の現実化である」と述べている（Super, 1953, p.185）。

スーパーは、職業的発達を以下のように表している。

①成長段階（誕生から14歳）

　　空想期（4〜10歳）、興味期（11〜12歳）、能力期（13〜14歳）

②探索段階（15〜24歳）

　　暫定期（15〜17歳）、移行期（18〜21歳）、試行期（22〜24歳）

③確立段階（25〜44歳）

　　本格的試行期（25〜30歳）、安定期（31〜44歳）

④維持段階（45 ～ 64 歳）

⑤下降段階（65 歳以上）

　減速期（65 ～ 70 歳）、引退期（71 歳以上）　　　（中西 , 1982, p.103）

　また、ジョーダン（Jordan, J.P.）はスーパーの職業的発達を基に職業ライフ
ステージを作成している（**表1**）。

表1　職業ライフステージ

段階	時期	職業的発達課題	説明
A. 成長段階	幼年期から青年前期	どんな人になろうかと、その映像を形づくる仕事の世界に対する方向づけと、仕事の意味についての理解を発展させる。	ロール・プレイ（多くはあこがれている大人や同年輩の仲間への同一視の結果として）や学校生活、余暇、その他の活動への参加を通して、個人はうまくできること、好きなこと、他の人といかに異なっているかということを学び、これらの知識を、自分自身の映像に組み入れていく。
B. 探索段階　1. 暫定期	青年前期および中期	職業の好みを結晶化する。	自分にとって適当と思われる仕事の分野やレベルを認知する（部分的に特定化が行われる）。
2. 移行期	青年後期および成人前期	職業の好みを特定化する。	移行は学校から仕事へ、あるいはさらに上級の教育や、訓練を受けるということによってなされる。一般的だった選択が特定化された選択へと転換する。
3. 試行期（初期的試行）	成人前期	職業の好みを実行に移す。	適当と思える仕事を見つけだし、準備をする。最初の仕事が見つかり、生涯の仕事にすべきかどうかを試行する。職業とのかかわりは暫定的であり、仕事や訓練のなかでの諸経験によって、強められたり弱められたりする。弱められた場合は、個人はゴールを変え、結晶化、特定化、実行への移行を繰り返すことになる。
C. 確立段階　1. 試行期（試行と安定）	成人前期から 30 歳ぐらい	選んだ職業に落ち着き、永続的な場所としての安定を図る。※	必要な技術、訓練や仕事の経験を得て、個人は職業と深くかかわり、職業のなかに自分の場を確立しようとする。その後に起こる変化は、地位、仕事、雇用主の変化であり、職業の変化ではない。
2. 昇進期	30 歳代～40 歳半ば	強化と昇進。	個人は年功による特権を得、顧客を獲得し、高い業績を示し、能力を向上すること等により、職業における高い地位を堅固にしさらに上昇しようとする。
D. 維持段階	40 歳半ば～退職	達成した地位や利得を維持する。	個人は、若い、より進取の気性に富んだ人たちとの競争に直面するが、新たな利得の獲得より、現在の地位の維持に関心がある。
E. 下降段階	60 歳 ～65 歳以降	活動の減速、義務や責任からの解放、引退。	個人は実際の差し迫った引退に直面し、引退により失うものと置き換える他の満足を与えてくれるもの（パートタイムの仕事、ボランティア、余暇活動等）を探しだす計画を立てなければならない。

※心理的、個人的、経済的な理由で、安定的な仕事に就けない者、また断続的に就く者もいる。そのような人たちにとって、職業的発達課題は不安定をやむを得ないことと認め、受け入れ、さらにそれに対応した計画を立てることである。（Super, 1963）

（Jordan, 1974, pp.268-269）

スーパーは職業的発達の中心となる概念として、自己概念を用いている。職業の選択は継続的な発達過程であり、その選択において人は自己概念を実現する方法を選択するのである。すなわち青年期に先立って形成され始めた自己概念は、青年期に明確になり、職業用語に置き換えられるようになるというのである。職業選択や職業に就いて生きていくことはパーソナリティーすなわち人格と不可分のものである。また、それらは、段階を経て形成されていくものである。

キャリア教育という言葉から職業体験が強調され、単に、職業体験が進路指導、キャリア教育だと思われがちである。しかし、心理学の発達によって、職業に就き働くということは、自己すなわち自己概念と深いかかわりがあることが明らかにされてきたのである。現在、世界の潮流は、キャリア発達を基にしたキャリア教育である。人が職業に就き、生きていくためには、幼少期からのキャリア発達を促すキャリア教育が必要なのである。

職業的発達は、一生涯続く、一連の発達である。職業に対する興味、関心から職業への準備、就職、職業的行為を経て、職業生活からの引退までの一連の過程を含む職業的発達は、他の知的発達等と同様、一つの連続的過程である。

職業の選択ができない、また職業に就いて生きていくということができないということは、単に、就職時の問題ではなく、幼少期からの教育に問題があると考えなければならない。教育とは、試験の点数を取ることではなく、一連の人間の成長を重視しなければならないことを今一度確認する必要がある。職業的発達をすることができない者が増加することは社会問題である。このような問題を防ぎ、職業的発達を促進することは社会の責任であるといえる。

3　ギンズバーグの自我の発達

スーパーと前後して職業的発達理論を唱えたギンズバーグは、青年期の職業選択において自我の強さ（ego-strength）が必要であると述べている。すでに自我機能に関しては研究が進んでいたが、ギンズバーグは現実検討、分化した

時間的見通し、即時的満足の遠因、空想との妥協等の自我機能を強調している。のちに、クライツ（Crites, J.O.）は自我機能と自我の強さが、職業興味の水準と関連があること。すなわち、自我が強ければ強いほど達成動機が大きくなり、それに伴って職業水準や興味が高まることを成人男子を対象とした調査において実証している。また、親の態度と自我の発達についても言及している（中西, 1982, pp.100-102）。

ギンズバーグは、協力者とともに小学生から大学生までを対象とした面接調査の結果から次の三つの基本法則を導き出した。

第1の法則では、職業選択は一つの発達過程であり、個人の誕生から始まり死ぬまで続くということである。職業の選択は単一な決定によってなされるのではなく、数年間にわたって行われるいくつかの決定の系列であるという。

職業の選択・決定の過程は空想的選択期（fantasy choice, 11歳以前）、暫定的選択期（tentative choice, 11歳－17歳）、現実的選択期（realistic choice, 17歳－成人初期）の3期に分けることができる。

空想的選択期には、子どもは何にでもなれると思い、自己の衝動や欲求を職業の選択に置き換えてしまう。次の暫定期になると、職業の選択は主観的要因を基に行われる。第1段階は興味（interests）、第2段階は能力（capacities）、第3段階は価値観（values）が基本となる。17歳の頃に第4段階である移行（transition）の段階に入り、これまでの主観的要因のみを考慮することから進んで、客観的に現実を見るようになる。最後の現実的選択期に入ってからは、いくつかの代替進路を探し求める探索（exploration）の段階から、進路の選択を絞っていく結晶化（crystallization）の段階を経て、特殊化（specification）の段階へと移り、選択範囲が限定されていく。

このほか職業選択のプロセスには、変型（variation）と逸脱（deviation）がある。変型は早く世に出る才能や適性をもつ人物の場合で、早くから一つの職業希望のみをもつタイプである。逸脱型はいつまでも興味の段階にいる場合や、選択を結晶できない場合のことを指す。

第2の法則は、職業選択には大体逆戻りがないということである。職業選択

は個人の年齢発達に伴って行われるので、当然、あとの決定は前の決定から制約を受ける。

第3の法則は、職業選択は一つの妥協に終わるということである。すなわち個人は主観的要因のみに依拠して職業選択をすることはできず、社会の現実を客観的に見て、それら外部の諸要因とバランスを取って職業の選択をする必要があるというのである（増田, 1967, pp.5-7）。

人は突然職業を選び職業に就くのではない。小さい頃から階段を上るように、職業に関しても各段階を経て発達していくのである。青年期になり職業の好みを結晶化し、職業を選択し、職業に就き、確立、維持をし、退職していくのである。退職後をいかに生きるかもすべてつながった一連の発達なのである。

4　成人期のキャリア発達

エドガー・シャイン（Schein, E.H.）は、心理学者であり、経営学のなかでも組織のなかの人間行動を扱う学問分野である組織行動論（organizational behavior）の発展に寄与してきた。彼は『キャリア・アンカー　－自分のほんとうの価値を発見しよう』において「キャリア・アンカーとは何かといえば、それは、ある人が自分のキャリアを決める際、指針にも制約にもなる自己イメージのことです」（シャイン, 2003a, p.12）、また「あなたのキャリア・アンカーとはあなたがどうしても犠牲にしたくない、またあなたのほんとうの自己を象徴する、コンピタンス（訳注：有能さや成果を生み出す能力）や動機、価値観について、自分が確認していることが複合的に組み合わさったものです。自分のアンカーを知っていないと、外部から与えられ刺激誘因（訳注：報酬や肩書き等）の誘惑を受けてしまって、あとになってから不満を感じるような就職や転職をしてしまうこともあります」と述べている（シャイン, 2003a, p.1）。自分自身の姿と持ち味を明確に把握し、自分自身の過去の活動や将来の抱負を探索する方法を体系的に示すためにキャリア指向質問票（Career Orientations Inventory）を作成している。その結果からそのエクササイズ実施者は以下八つのカテゴ

リーのうちの一つに当てはまることがわかるようになっている。

- 専門・職能別コンピタンス（Technical/Functional Competence, TF）
- 全般管理コンピタンス（General Managerial Competence, GM）
- 自律・独立（Autonomy/Independence, AU）
- 保障・安定（Security/Stability, SE）
- 起業家的創造性（Entrepreneurial Creativity, EC）
- 奉仕・社会貢献（Service/Dedication to a Cause, SV）
- 純粋な挑戦（Pure Challenge, CH）
- 生活様式（Lifestyle, LS）　　　　　　　（シャイン, 2003a, p.26）

　彼は、このキャリア・アンカーの概念の起源に関して長い研究の結果、「本人は気づいてないことが多いのですが、彼らひとりひとりの根底にあるテーマは、自我の成長感を反映したもので、早い時期に学習したことにもとづくものでした。彼らは、自分に適していない仕事についたとき、自分にもっと適しているなにかに『引き戻されている』というイメージのことについて話していました。それを錨（いかり、アンカー）にたとえることにしたわけです」と述べている（シャイン, 2003a, p.25）。

　このように、自己概念とキャリア形成は深くかかわっている。人の一生において自己概念は中心的位置を占めるといっても過言ではない。

　中心となる自己概念にマッチング（適合）を加えた理論もある。『キャリア・デザイン・ガイド −自分のキャリアをうまく振り返り展望するために』では、キャリアを視る際の二大視点として、発達とマッチング（適合）を取り上げている。キャリアのあり方を「ひとつは、発達という観点からそれを捉える視点で、自己概念やアイデンティティなどの概念がそこでは中心にあります。もうひとつは、マッチング（適合）という観点から、キャリアのあり方を把握しようとする見方で、そのひとが、勤務する会社の社風や仕事の性質にあっているかを見る視点がこれです」と、常に自分と職務のあり方を省察するということが指摘されている。（金井, 2003, p.15）

　また、シャインの『キャリア・サバイバル −職務と役割の戦略的プラニング』

には、ペースが加速していく変動の時代に対して、「職務に就いているひとが、変化していく役割を見直し、乱気流のような環境変化に適応していけるようにする手順」と「経営幹部と管理職が、組織における自分たちの役割がどのように変わっていくのかをきちんと把握して、将来その職務に就くひとにその変化をきちんと伝えるのに役立つ手順」（シャイン，2003b, p.vii）が必要であると述べている。職業にかかわる知識や技術の習得だけではなく、その組織の変化や社会の変化のなかに、自己の成長を捉えることが求められるようになってきた。

　成人のキャリア発達についても研究が積み重ねられている。今日では、一つの職場、一つの職業というのではなく、成人期に、探索・確立・退職を繰り返すことも増えている。職業に就いて生きていくための学びは、ますます重要性を増しているということができる。

（西岡正子）

〈引用・参考文献〉

岡堂哲雄「人間のライフサイクルと精神の健康」エヴァンズ，R.I.／岡堂哲雄・中園正身訳（1971）『エリクソンは語る』新曜社

金井壽宏（2003）『キャリア・デザイン・ガイド －自分のキャリアをうまく振り返り展望するために』白桃書房

シャイン，E.H.／金井壽宏訳（2003a）『キャリア・アンカー －自分のほんとうの価値を発見しよう』白桃書房

シャイン，E.H／金井壽宏訳（2003b）『キャリア・サバイバル －職務と役割の戦略的プラニング』白桃書房

中西信男（1982）「職業的発達理論」，日本進路指導学会編『現代進路指導講座1　進路指導の理論と方法』福村出版

ハヴィガースト，R.J.／荘司雅子監訳（1995）『人間の発達と教育』玉川大学出版部

広井甫（1982）「諸外国における進路指導の発展」，日本進路指導学会編『現代進路指導講座1　進路指導の理論と方法』福村出版

フレイレ，P.／三砂ちづる訳（2011）『新訳　被抑圧者の教育学』亜紀書房

増田幸一・伊藤博編（1967）『進路指導』創元社

Jordan, J.P. (1974) "Life Stage as Organizing Modes of Career Development", Herr. E. L. ed., *Vocational guidance and human development*, University Press of America

Miller, C.H.（1974）"Career Development Theory in Perspective", Herr. E. L. ed., *Vocational guidance and human development*, University Press of America.

Super, D.E.（1951）"Vocational Adjustment: Implementing a Self-Concept", *Occupations* XXX.（November 1951）.

Super, D.E.（1953）"A Theory of Vocational Development", *American Psychologist* VIII（May 1953）.

〈参考・推薦図書〉

エヴァンズ，R.I. ／岡堂哲雄・中園正身訳（1971）『エリクソンは語る』新曜社

シャイン，E.H. ／金井壽宏訳（2003）『キャリア・アンカー －自分のほんとうの価値を発見しよう』白桃書房

ハヴィガースト，Robert J. ／荘司雅子監訳（1995）『人間の発達と教育』玉川大学出版部

フレイレ，P. ／里見実訳（2001）『希望の教育学』太郎次郎社

COLUMN

未来年表に見る今
―求められるキャリア教育―

　縦に伸びる一本の長い線は人生を表す。左側に西暦、右側に自分の年齢を記入する。大学入学のみを目指してひたすら受験勉強に励んできた者にとっては、未来年表を描くことは難しい。やっとゴールに到達しのだから。ここが終着点である。しかし、実際は、これから長い人生が始まるのである。

　大学を出て、仕事を始めてから、「勉強が出来ることと、仕事ができることは別ですね」と言い、自信、さらには生きる意欲さえ喪失する若者がいる。今までの人生で何が足らなかったのだろうか。本人は、ひたすら勉強すなわち受験勉強をしてきたというのに。酷な話である。フレイレ（Freire, P.）は、「知識を詰め込めば詰め込むだけ、生徒は自分自身が主体となって世界にかかわり、変革していくという批判的な意識をもつことが出来なくなっていく」、意識化なしに知識を詰め込むことは人間を非人間化することであると述べている（フレイレ, 2011, p.107）。「教育」を生きることから切り離してはいけない。今こそ、キャリア教育が求められている。キャリア教育とは、職業に就いて生きていくことを前提としたすべての教育を含むのである。

　教員養成系大学の一回生たちは、22歳で卒業し、教員採用試験に合格、65歳で退職すると書き込む。しかし教師になってから、何をしたいのか。どんな人生を生きたいのか。おまけに退職後もまだまだ人生が続くではないか。大学卒業後からのこの長い未来年表はなかなか埋まらない。人生の各段階における特徴を詳しく表しているレヴィンソン（Levinson, D.）の『人生の四季』と各人の未来年表を重ね合わせて考えてみる。いかに人生は変化に富んでいるのか。この長い人生を仕事をして生きていくためには今何をするべきか。未来年表を描いて、若者は、今をそして今からの生き方を考え始めるのである。

（西岡正子）

4章 キャリア教育の実践と課題

1 キャリア教育の新たな方向

(1) 教育基本法と学校教育法

「キャリア教育」という用語が文部科学行政関連の審議会報告等で初めて登場したのは、中央教育審議会「初等中等教育と高等教育との接続の改善について（答申）」(1999) においてである。この答申では、「学校教育と職業生活との接続」の改善を図るために、小学校段階から発達の段階に応じてキャリア教育を実施する必要があると提言されている。Ⅱ部1章で見てきたように、それまでは職業指導や進路指導という用語が使われていた。

学校教育におけるキャリア教育、進路指導および職業指導の根拠は、憲法、児童憲章、教育基本法および学校教育法にみることができる。憲法第22条には「何人も、公共の福祉に反しない限り、居住、移転及び職業選択の自由を有する」とある。第27条には「すべて国民は、勤労の権利を有し、義務を負う」とある。児童憲章には「すべての児童は、職業指導を受ける機会が与えられる」とある。

教育基本法の（教育の目的）第1条は「教育は、人格の完成を目指し、平和で民主的な国家及び社会の形成者として必要な資質を備えた心身ともに健康な国民の育成を期して行われなければならない」とあり、目的を実現するための教育目標である第2条には「二　個人の価値を尊重して、その能力を伸ばし、創造性を培い、自主及び自律の精神を養うとともに、職業及び生活との関連を重視し、勤労を重んずる態度を養うこと」とある。2006年の改正において「職業及び」という文言が新たに付け加えられたことに注視したい。また義務教育に関して第5条第2項には「義務教育として行われる普通教育は、各個人の有

する能力を伸ばしつつ社会において自立的に生きる基礎を培い、また、国家及び社会の形成者として必要とされる基本的な資質を養うことを目的として行われるものとする」とある。

　学校教育法第21条には義務教育に関して「一　学校内外における社会的活動を促進し、自主、自律及び協同の精神、規範意識、公正な判断力並びに公共の精神に基づき主体的に社会の形成に参画し、その発展に寄与する態度を養うこと」や「十　職業についての基礎的な知識と技能、勤労を重んずる態度及び個性に応じて将来の進路を選択する能力を養うこと」とある。この第十号は、2007年の改正までは、中学校の教育目標の一つであったが、文言をそのままに、「義務教育の目標」として位置づけられた。小学校段階からのキャリア教育の必要性を示しているといえる。

　第51条には、高等学校における教育は、以下の「目標を達成するよう行われるものとする」として、「一　義務教育として行われる普通教育の成果を更に発展拡充させて、豊かな人間性、創造性及び健やかな身体を養い、国家及び社会の形成者として必要な資質を養うこと。二　社会において果たさなければならない使命の自覚に基づき、個性に応じて将来の進路を決定させ、一般的な教養を高め、専門的な知識、技術及び技能を習得させること。三　個性の確立に努めるとともに、社会について、広く深い理解と健全な批判力を養い、社会の発展に寄与する態度を養うこと」とある。

　教育基本法や学校教育法においてもキャリア教育の充実を目指す法改正が行われている。従来の職業指導、進路指導からキャリア教育となった新たな方向を確認しておく必要がある。

（2）全教科・全活動を通して組織的・継続的に実施

①　小学校において

　学校教育法に基づく『小学校学習指導要領』（2017）においては、総則に「児童に生きる力を育むことを目指すものとする」と明記されている。さらに、「生きる力を育くむことを目指すに当たっては、学校教育全体並びに各教科、道

162　Ⅱ部　キャリア教育

徳科、外国語活動、総合的な学習の時間及び特別活動の指導を通してどのような資質・能力の育成を目指すのかを明確にしながら、教育活動の充実を図るものとする」とある。

　総合的な学習の時間においては、自己の生き方を考えていくための資質・能力の育成が目標として掲げられている。内容の取扱いにおいて、「自然体験やボランティア活動などの社会体験、ものづくり、生産活動などの体験活動、観察・実験、見学や調査、発表や討論などの学習活動を積極的に取り入れること」とある。

　特別活動には、「自己の生き方についての考えを深め、自己実現を図ろうとする態度を養う」が目標の一つとされている。各活動・学校行事の目標及び内容に「一人一人のキャリア形成と自己実現」が挙げられ、指導に当たっては「新たな学習や生活への意欲につなげたり、将来の生き方を考えたりする活動を行うこと」としている。さらに学校行事においては、「勤労の尊さや生産の喜びを体得するととともに、ボランティア活動などの社会奉仕の精神を養う体験が得られるようにすること」とある。

② 中学校において

　『中学校学習指導要領』（2017）においては、総則の生徒の発達の支援に「生徒が、学ぶことと自己の将来とのつながりを見通しながら、社会的・職業的自立に向けて必要な基礎となる資質・能力を身に付けていくことができるよう、特別活動を要としつつ各教科等の特質に応じて、キャリア教育の充実を図ること。その中で、生徒が自らの生き方を考え主体的に進路を選択することができるよう、学校の教育活動全体を通じ、組織的かつ計画的な進路指導を行うこと」と明記されている。

　総合的な学習の時間の目標に自己の生き方を考えていくための資質・能力の育成を目指すことが記され、指導計画の作成と内容の取扱いに、「自然体験や職場体験活動、ボランティア活動などの社会体験、ものづくり、生産活動などの体験活動、観察・実験、見学や調査、発表や討論などの学習活動を積極的に取り入れること」や「職業や自己の将来に関する学習を行う際には、

4章　キャリア教育の実践と課題　　*163*

探究的な学習に取り組むことを通して、自己を理解し、将来の生き方を考えるなどの学習活動が行われるようにすること」とある。

特別活動の学級活動の内容として「一人一人のキャリア形成と自己実現」に「ア　社会生活、職業生活との接続を踏まえた主体的な学習態度の形成と学校図書館等の活用」「イ　社会参画意識の醸成や勤労観・職業観の形成」「ウ　主体的な進路の選択と将来設計」が、挙げられている。学校行事の内容として「勤労生産・奉仕的行事」に「勤労の尊さや生産の喜びを体得し、職場体験活動などの勤労観・職業観に関わる啓発的な体験が得られるようにするとともに、共に助け合って生きることの喜びを体得し、ボランティア活動などの社会奉仕の精神を養う体験が得られるようにすること」とある。

③　高等学校において

『高等学校学習指導要領』(2018) においては、総則に「自己探求」「自己実現」「人間としての在り方生き方」という文言があり、「学校においては、地域や学校の実態等に応じて、就業やボランティアに関わる体験的な学習の指導を適切に行うようにし、勤労の尊さや創造することの喜びを体得させ、望ましい勤労観、職業観の育成や社会奉仕の精神の涵養に資するものとする」とある。また、それらは「学校教育全体及び各教科・科目等の指導を通してどのような資質・能力の育成を目指すのかを明確にしながら、教育活動の充実を図るものとする」とされている。

総合的な探究の時間の指導計画の作成と内容の取扱いにおいては、「自然体験や就業体験活動、ボランティア活動などの社会体験、ものづくり、生産活動などの体験活動、観察・実験・実習、調査・研究、発表や討論などの学習活動を積極的に取り入れること」や「職業や自己の進路に関する学習を行う際には、探究に取り組むことを通して、自己を理解し、将来の在り方生き方を考えるなどの学習活動が行われるようにすること」とある。

特別活動においては、目標のなかに「人間としての在り方生き方についての自覚を深め、自己実現を図ろうとする態度を養う」という文言がある。ホームルーム活動の内容には、「一人一人のキャリア形成と自己実現」が掲げら

れている。学校行事の内容には「勤労生産・奉仕的行事　勤労の尊さや創造することの喜びを体得し、就業体験活動などの勤労観・職業観の形成や進路の選択決定などに資する体験が得られるようにするとともに、共に助け合って生きることの喜びを体得し、ボランティア活動などの社会奉仕の精神を養う体験が得られるようにすること」とある。

　キャリア教育は総合的な学習の時間や総合的な探究の時間、および特別活動において集約的に実施すると同時に、総則に明記されているように、学校教育のなかで、組織的継続的に全教科・全活動を通じて行うものである。さらに注視すべきは、探究していくものであるということである。また、生きる力を育み、自己の生き方を考えさせ、自己実現を図る態度を養うことから、全教科にわたりキャリア教育の神髄の徹底が求められているということができる。

④　幼児教育において

　キャリア教育は幼児教育からといわれている。『幼稚園教育要領』(2017)において、目指すものとして挙げられているものは、「社会に開かれた教育課程の実現」「一人一人の資質・能力を育んでいくこと」「小学校以降の教育や生涯にわたる学習とのつながりを見通」すことである。さらに幼稚園教育において育みたい資質・能力の三つの柱として「①豊かな体験を通じて、感じたり、気付いたり、分かったり、できるようになったりする『知識及び技能の基礎』②気付いたことや、できるようになったことなどを使い、考えたり、試したり、工夫したり、表現したりする『思考力、判断力、表現力等の基礎』③心情、意欲、態度が育つ中で、よりよい生活を営もうとする『学びに向かう力、人間性等』」が挙げられている。またこれらは、幼児の自発的な活動である遊びや生活のなかで育むと、自発性が強調されている。これらは、まさに「生きる力をはぐくむ」教育すなわちキャリア教育であり、教育の原点ということもできる。

(3) 教科とキャリア教育

各教科における実践の留意点の一つめとして、「教科の内容そのものがキャ

リア教育であることの認識」が挙げられる。国語を取り上げても小学校の内容の「話すこと・聞くこと」、「書くこと」および「読むこと」の指導はキャリア教育そのものである。また、『小学校学習指導要領』(2017) の国語、第5第6学年の「2 内容 C 読むこと」には、「イ 詩や物語、伝記などを読み、自分の生き方などについて考えたことを伝え合ったりする活動」と書かれている。

『中学校学習指導要領』(2017) の国語、「指導計画の作成と内容の取扱い」には、教材を取り上げる際の観点として「オ 人生について考えを深め、豊かな人間性を養い、たくましく生きる意志を育てるのに役立つこと」、さらに『高等学校学習指導要領』(2018) の国語、「内容の取扱い」においても、教材を取り上げる際の観点として「カ 生活や人生について考えを深め、人間性を豊かにし、たくましく生きる意志を培うのに役立つこと」と記されている等、人生や生き方を考えることが求められている。

二つめに、「教科指導にキャリア教育の視点を生かすこと」である。各教科単元の内容に即して自己の生き方に関すること、生活との関連を深めること、および内容にかかわる職業や職業に関係する人の生き方を取り上げることが望まれる。また、学習と児童、生徒の将来の目標を関連づけて学習意欲を喚起することも必要である。キャリア教育を生かして学力向上を図った取り組み例も多く発表されている。

すべての教科、すべての内容は児童、生徒がこれから「生きていくこと」と結びついているという意識のもとに展開することが求められている。生きる力を目指す教育はすべてキャリア教育と結びついているということができる。

三つめが、「各教科のつながりと将来のつながりを意識すること」である。

『中学校キャリア教育の手引き』には「キャリア教育は、すべての教育活動を通して展開するものである。キャリア教育の視点で生徒たちに働きかければ、それぞれの教育活動をキャリア教育につなぐことができる。それによって、キャリア教育を効果的に進めるとともに、それぞれの教育活動の質も高めることになる。特に教科担任制となる中学校では、各教科を『キャリア教育』で結ぶことで、複数の教師が互いの授業内容を知ることになり、それが新たな刺激となっ

て、さらに指導に深みが出ることが予想される。

しかし、教科の学習については、高学年になればなるほど実生活から離れがちとなり、指導の在り方についても、生き方やキャリア発達という意識が希薄となる傾向があることも否めない。教師は、日ごろの教科の学習が、生徒一人一人の生き方や将来の進路と深く結び付いていることを十分に認識するとともに、教科における指導とキャリア教育との関連を常に意識して、生徒のキャリア発達を支援するという視点で指導の工夫・改善を図ることが大切である」と述べられている（文部科学省，2011，p.131）。

現在でも進路指導と受験指導を混同している場合がある。受験指導も進路指導、キャリア教育の一部ということができる。しかし、それはほんの一部であり、すべてではない。また、キャリア教育というと、体験教育と思っている人も多い。体験活動が重視されてきたからである。すでに記したように、キャリア教育は、受験のための教育でも、職場体験活動を指すものでもない。それは、Ⅱ部1章に明記されているように、生涯にわたる教育である。学校教育においても、学習指導要領にみられるように、全科目において実施すべき教育である。また、学校を終えたあとも生き続けていくのであるから、すべての教育がキャリア教育であるといっても過言ではない。すべての教育は、生涯にわたるキャリア形成の教育であることを認識する必要がある。　　　　　　　（西岡正子）

2　日々の授業とキャリア教育―学校現場における実践の工夫

（1）キャリア教育実践における環境作りの大切さ

教科学習のなかで大切なことは、各教科の知識を増やすことだけではない。コミュニケーション能力や課題を見つけそれに向かって考えたり解決の糸口を見つけたりするなどの将来生きていく上で大切な能力は、毎日行われる授業のなかで身につけていくことができる。『小学校キャリア教育の手引き』（文部科学省，2011，p.18）にもあるように、キャリア教育は小学校の「全教育活動の中で6年間を通して意図的・継続的に推進していくもの」であり、日々の教科学習

のなかで取り組めることは多岐に及ぶ。学習指導要領でも、「主体的・対話的で深い学び（アクティブ・ラーニング）」の視点からの授業改善を重要視している。授業で、課題に対して自分の考えを述べたり、クラスの仲間と意見や考えを伝え合ったりする機会を多く設ける。自ら学び、自ら話している中で、新たな問いが生まれ、また学びが深まる。教師が意識的に取り組むことで、子どもたち自身が課題を見つけ、問いを見出し、答えを探究する楽しさを感じながら、自分の考えを話したくてたまらない、調べたくてたまらないという環境を作っていくことができる。

（2）差異が生まれる「しかけ」

　子どもたちの意見の差異が生まれるような「しかけ」を、教師側が意図的に作ることで、子どもたちが話し出し、意見交換し、自分とは異なる仲間の意見を聞こうとする環境を作ることができる。子どもから、「なぜそうなるのか」「調べてみたい」など、自ら湧き出た疑問のつぶやきが出てきた時には、すかさず拾い、新たな課題とする。

　例えば、算数の「ながさ」の学習で、Tの字の縦線と横線を赤色と青色で書き、目の錯覚で長さが違うよう見えるものを教師が用意しておく。「どちらの方が長いかな？」と尋ねると、「赤色」「青色」「同じ」と個々の意見が出る。なぜそう思うのか、子どもたちは自分の言葉で説明する。班ごとに、どうやったら調べられるか意見を出し合い、どちらが長いかの答えを出す。全体でもどちらが長いか、どのように考えたのか、話し合う。図形の問題を仲間分けするとき、あえて子どもたちが悩みそうな形を入れる。どう分けるか、何で分けるか、活発に意見を交わす。

（3）ことばをつなぐ

　「かけ算のきまり発見」の授業では、ある子が「秘密が見つかった」「並びがきれい」と言いながら、黒板に絵や図や式を書いて説明した。それに対して、「聞きたいことがある」「わからないことある」と質問が出た。すると、「多分こう

考えたと思う」と他の子が説明につけたしをした。「理由も言えるよ」「自分の考えとちょっと違う」と次々と手が挙がった。

　課題にしたいことや、子どもたちの疑問を中心に、子どもたちが話し合う授業スタイルをとっていくと、教師側が引き出したいと思っていることは、子どもたちの意見をつなぐことで出てくる。「○○ってさ、△△ってこと？」などの、言い換えの発言にもアンテナを張る必要がある。子どもたちは自分の考えを理解してくれる仲間や先生がいることで、自信を持ち、伝えることの喜びを感じ、もっと知りたいと思うようになる。

（4）オープンエンドの話し合い

　国語の授業のなかで正答のないオープンエンドの話し合いをすることで、子どもたちの思考力やコミュニケーション能力を高めることができる。例えば、「身近なものについて話そう」と題し、コップを見せて「コップはなぜこの形なのか？」をテーマに討論する。なぜその形なのか・取っ手がついている理由・飲み口の部分が広い理由・どのような形なら飲みやすいのか・どういった場合かなど、話し合いは多岐に及ぶ。グループで話し合う際には、司会役の子が一人ずつ自分の意見を言うよう促す。そして、それぞれの意見に対する考えを討論する。その後の全体での討論では、グループの話し合いでは出てこなかった意見が出てきて、視野も広がる。ディベート討論の実践もさまざまな視点で物事を考える機会になる。

　毎日の授業を、子どもたちが、安心できる仲間や先生がいる場で意見を言い合う時間だと感じられたら、話し合いの活動はより活発になる。教師側が子どもたちの本来の力を引き出すことを大切にし、子どもたちが自ら考え、意見を伝え合い、仲間とのかかわりのなかでより考えを深められるような日々の授業や環境を作っていくことが必要である。これらにより、子どもたちが社会に出ていくにあたって必要なコミュニケーション能力、自ら課題を見つけて主体的に動き、考え深め、それらを解決していく力を育てていくことができるのだ。

（西野絵里香）

3 家庭科教育とキャリア教育―学校現場における実践の工夫

　家庭科教育は、単に生活技能や知識の習得を目標としているのでなく、より
よく生きていこうとする姿勢や態度を育成することを目指している。日々の暮
らしに目を向けることにとどまらず、よりよい人生や社会を展望することを大
切にしている。主体的に生活や人生を創造することを学ぶ家庭科は、各教科の
なかでもキャリア教育とかかわりが深い教科といえよう。

　家庭科は終戦後、民主的家庭建設を目指して新しく創設された教科である。
その後の歴史において、女子のみ必修の時代もあったが、1994年から小中高
校のすべてにおいて男女共修必履修教科として学ばれている。

　家庭科の学習は小中高校ともに、「家族・家庭生活」「衣食住の生活」「消費
生活・環境」に関する三つの内容で構成されている。これらは分野として分か
れているのではなく、有機的にかかわり合い生活という概念を構成している。自
己理解を深め、生き方を考察するという視点は、主として「家族・家庭生活」の
学びに見いだせる。「衣食住の生活」の学習では主に生活に必要な知識や技能を
学ぶ。健康、快適、安全に生活するためのスキルは、自立や将来のライフスタイ
ル形成の基礎となるものである。「消費生活・環境」では、持続可能な社会の構
築には、一人ひとりが自分の消費生活を見直すことが求められていることを学ぶ。

　『高等学校学習指導要領』（文部科学省，2018）では「生涯を見通した自己の生
活について、主体的に考え、ライフスタイルと将来の家庭生活及び職業生活に
ついて考察し、生活設計を工夫すること」が示されている。将来の職業選択を
意識して学習内容を指導することも求められているが、家庭科では生きること
すべてを包括するライフキャリアの視点を重視している。

　キャリア発達を促す家庭科教育の指導における実践の工夫には次のようなも
のが考えられる。

（1）発達段階を踏まえた指導

　小中高校の学校段階における家庭科の学習対象は、時間軸では「現在、近い

将来、生涯」、空間軸では「家庭、地域、社会」と視野が広がるのである。小学校では家族や家庭を見つめ、中学校では地域の人々と協力・協働する必要を理解する。高校では「人の一生について」「社会の一員として」共に支え合って生活することの重要性について考察する。それぞれの段階においてキャリア発達を促せるように指導したい。

（2）実践的・体験的活動の重視

　家庭科の学習指導要領では、小中高校すべての目標に、学習方法として「実践的・体験的活動を通して」と明記されている。子どもたちの生活体験が乏しい現代社会において、生活実践につなげられる学びは座学だけでは難しい。実験、実習はもとより観察、調べ学習、話し合いや発表などの活動を効果的に取り入れることで、理解を深め、実生活に生かせる力にしたい。

（3）課題解決的な学習の充実

　自己の生活を見つめ、問題を見出し、課題を設定し、解決に向けて計画を立て、実践するという学習過程は家庭科においても重視されている。生きていくなかで、家庭生活や職業生活においてさまざまな課題に直面する。解決のため主体的に意思決定し、乗り越える力を育てたい。

（4）消費者教育的視点の重視

　本当に必要なものを購入し無駄なく大切に使う（小）、責任ある消費行動を考える（中）、持続可能な社会を目指して自分のライフスタイルを工夫する（高）など主体的な消費者としての自覚は現代社会においてとても重要である。また金銭を計画的に使うことや、家計管理、また生涯を見通した経済の計画など、金銭マネジメント能力も、生きていくうえで大切な能力である。

（5）他教科との関連を図る

　家庭科の学習はいろいろな教科と結びついているが、中でも社会科や理科と

関連する内容が多い。調査や実験などによって得られたデータに裏付けられた科学的な指導は、説得力がある。図表を読み取る力や表現する力も高められる。また総合的な学習（探究）の時間と連携し、家庭科で学んだことを活用したり発展させたりすることで、視野が広がり、キャリア発達につなげることができる。

（6）外部機関との連携や外部人材の活用

家庭科では以前から、実習にアドバイザーとして地域の人に参加してもらったり、ゲストティーチャーとして専門家を招いたり、企業などに出前授業をお願いすることが行われている。こういった授業は、地域との交流を深めたり、プロフェッショナルな話や技に触れることにより、職業に興味を持ったりするきっかけにもなる。

現代社会は多様な生活課題にあふれ、それに向き合う家庭科の学習はますます多岐にわたり、その役割が大きくなっているにもかかわらず、教科としての重要性が正しく理解されていないことが多い。小学校高学年から高校まで必修科目として全員が学ぶ家庭科が、将来を生きる児童・生徒たちの真の生きる力となるために、生涯のキャリア発達を意識した授業実践が求められている。

（大塚眞理子）

4　体育・スポーツ指導とキャリア教育―学校現場における実践の工夫

（1）体育・スポーツ指導とキャリア教育

「体育」と「スポーツ」は一般的に同一視されやすいが、その特徴は異なる。体育の特徴は"身体を育む、身体活動を通して育む"であるのに対し、スポーツの特徴は"ルール、技術の習得・肉体鍛錬（継続）、楽しむ"である（大塚, 2011, p.144）。言い換えるならば、体育は心と体を一体として捉えた知的教育であるのに対し、スポーツは文化的活動である。ゆえに体育・スポーツ指導とキャリア教育について考察する際には体育指導とスポーツ指導を区別する必要がある。

① 体育指導とキャリア教育

『高等学校学習指導要領　保健・体育編』の目標には「生涯にわたって心身の健康を保持増進し豊かなスポーツライフを継続するための資質・能力を育成することを目指す」とあり、キャリア教育とも関連の深い資質・能力として次の項目が挙げられる。

(1) 各種の運動の特性に応じた技能等及び社会生活における健康・安全について理解するとともに、技能を身に付けるようにする。

(2) 運動や健康についての自他や社会の課題を発見し、合理的、計画的な解決に向けて思考し判断するとともに、他者に伝える力を養う。

(3) 生涯にわたって継続して運動に親しむとともに健康の保持増進と体力の向上を目指し、明るく豊かで活力ある生活を営む態度を養う。

先述の体育の特徴 "身体を育む" では、生涯にわたる心身の健康、保持増進のための知識や理解に加えて発達段階に応じた体力の向上ができるよう指導することが求められる。また "身体活動を通して育む" では、自他や社会の課題発見から解決、さらにコミュニケーション能力の育成を目標として指導することが求められる。この保健体育科教育の学びを「実生活、実社会の中などで活かす」ことができるよう指導することが肝要であり、「生活を健康で活力に満ちた明るく豊かなものにする」ことは保健体育科の「究極の目標」として挙げられている。

戦前、運動に関する教科としては遊戯、体操、教練、体錬などの用語で位置づけられていた。このなかでも "体錬" は戦時の体制からの用語であり、体育が精神論や体罰と結びつきやすい一因となっている。そのため体育指導とキャリアを考える際、「身体へ向けられた教育的影響」の具体的な内容が体制・国家・教育思想などにより異なる点に留意を必要とする。

② スポーツ指導とキャリア教育

スポーツ指導とキャリア教育を考える際には、年齢、競技水準、選手の将来像を考慮した指導が求められる。また、単に職業を得るために必要な指導ではなく、社会的・職業的な自立を目指した人としての総合的能力の育成を

促すことが必要である。これは、社会のなかで自分の役割を果たしながらスポーツを自己実現に向けた取り組みとして捉え、生涯スポーツに向けた指導の観点が必要であることを示唆している。しかし、日本のスポーツ界は小中高校の各年代層で日本一を輩出する大会を開催し、勝利至上主義に傾倒する指導が主流である。勝利至上主義に対する問題点は数多く指摘されるが、キャリア教育の観点からは、選手の将来像を考慮した一貫した指導が行われていなかったといえる。そこで、低年齢層への勝利至上主義の弊害を解決するため、全日本柔道連盟は小学生の全国大会を中止する（2022年）ことを決定した。また、日本スポーツ協会（JSPO）は指導者ライセンス制度の導入、タレント発掘事業（J-STAR）などを通して、発育発達段階に応じた指導や潜在的能力の高い選手の長期的な指導の実現に向けたプロジェクトを始動している。さらに日本オリンピック委員会（JOC）はトップアスリートのセカンドキャリアの支援を行っている。国際的に活躍するトップアスリートへの段階的かつ包括的なキャリア支援については、LTAD（Long term athlete development system）モデルやHAC（Holistic Athlete Career）モデルなどを参考にさまざまな観点から考慮され始めている。

　しかし、全ての選手、競技団体がJSPOやJOCの直接的な恩恵を受けているわけではない。オリンピックやプロスポーツ選手になることを目指し、ジュニア期からスポーツに専心する選手は多い。また、競技力の高い選手は、高校・大学へと自身のキャリアをスポーツによって形成する。1990年代のバブル経済崩壊以前、スポーツによってキャリアを形成してきた選手は企業スポーツへの進路を選択する受け皿があり、会社内の職業トレーニングを受けて競技引退後も就労可能な状況があった。しかし、現在では、企業スポーツの受け皿は激減し、選手は突然、職業選択を迫られる。この時に「競技以外に何もない自分」に気づかされた選手は路頭に迷う。この現象を防止するためUNIVAS（一般社団法人 大学スポーツ協会）では、デュアルキャリアに関連するプログラム作成と推進をしている。

(2) 大学スポーツ指導とキャリア教育の実際

UNIVASでは、①「計画力」「課題発見力」「生き抜く力」、②「主体性」「挑戦し続ける力」「セルフコントロール」、③「環境理解力」「人間理解力」「傾聴力」、④「想像力」「発信力」「実行力」を大学4年間で12要素を学べるデュアルキャリアプログラムを提供している。

従来の大学体育会で展開されてきた上意下達の支配型の組織（ヒエラルキー型組織）では、スポーツ活動のなかで12要素を獲得できる選手はリーダーなど限られたメンバーである。しかし、リーダーとなる構成員が他のメンバーを支援する支援型の組織（サーバント型組織）では、多くのメンバーが12要素を獲得できる可能性が高くなる。

実際にこのサーバント型組織を導入し、スポーツ指導を展開した際に生じる困惑は、大学入学以前までヒエラルキー型組織にてスポーツ活動に取り組んできた指導者と選手がほとんどであり、指導者の言葉かけに「はい」しか言わないことが挙げられる。つまり、これまで選手自身のスポーツ活動に「主体性」は無く、「計画力」や「課題発見力」はすべてリーダーや指導者任せで済ませてきた。同時に、選手は「想像力」「発信力」を必要としない、リーダーや指導者に従順な人間像が創り上げられてきた。そこで、最初に取り組む事項は、選手が「自分のことばで話す」ように指導者が話しかけることである。具体的な一方法として、まずは"挨拶励行"から始まり、指導者と選手間での雑談（報連相）が可能な環境づくりを実施する。また、語彙力の低い選手に代わり雑談やパフォーマンスを含めた観察記録の蓄積、文字化を行い、選手との情報交換に活用する。語彙力が高まってくれば、「自分のことばで話す」ことができるようになる。"話す"ことができる選手が多くなると、答えを与えるティーチングから目標達成をサポートするコーチングへと指導方法を変えることができる。この変化は、選手がスポーツ活動を通して社会で活躍できる能力を獲得できる礎となるであろう。

（金田啓稔）

5 学校の特色に応じた実践

『小学校学習指導要領解説特別活動編』(2015) 学級活動「(3) 一人一人のキャリア形成と自己実現」の内容には、「ア 現在や将来に希望や目標をもって生きる意欲や態度の形成」「イ 社会参画意識の醸成や働くことの意義の理解」「ウ 主体的な学習態度の形成と学校図書館等の利用」について示されている。

筆者の勤務する小学校(以下、本校)においてはキャリア教育の視点を踏まえ、さまざまな取り組みを行っている。

(1) 学校をプラットホームにした生涯学習の展開

本校は、近隣の小学校と統合され、施設一体型義務教育学校が開校される予定であり、数年後には閉校となる。閉校後も地域の拠点施設として、さまざまな世代の地域住民が学校につどい、関わり合い、学び合うことができるよう学校をプラットホームとし、さま

図1『学校と地域の関係図』
「新しい時代の教育や地方創生の実現に向けた学校と地域の連携・協働の在り方と今後の推進方策について(答申)」をもとに筆者作成

ざまな人、団体が関わり合うシステムを構築している(図1)。地域住民と児童が互いに「学び合い」「関わり合う」ことで新たな学びが生まれるとともに、児童が学ぶこと、働くこと、そして生きることについて考え、将来に向けて「なりたい自分像」を見つけたり、自己実現が図られたりしている。

(2) 地域との連携による体験活動の推進

本校は、複式学級を有しているため、2学年の内容をA年度とB年度の2年間に配分し、2年間を見通した学習を進めることもある。3年生、4年生は総

合的な学習の時間において、地域の産業であるミニトマトについて実際に栽培に携わっている方から話を聞いたり栽培の体験をしたりしている。また、地域にある福祉施設との交流を進めており、福祉施設の職員が講話を行ったり施設の方々と交流を行ったりするなど日常的に交流学習を行っている。

本校校区付近を流れる加勢川、緑川を連結するために作られた日本で唯一の木製門扉「中無田閘門」では、毎年、地域の方々の協力のもと、全校児童が参加する環境学習会を開催し、児童が「地域の人・もの・こと」さらには「地域のよさ」に触れ、多様な他者と協働しながら学ぶ機会となっている。

(3) 社会参画意識の醸成

児童一人ひとりが自ら学校生活を創っていく当時者としての意識を高めるために全校児童参加型の話合い活動「中緑総会」を実施している。これまでの話合い活動では、児童のアイデアを活かした学校のマスコットキャラクター「ぴかりん」を作ったり、6年生とのお別れ会の内容を在校生で考え、実行したりしている。学校の昇降口付近に「ぴかりんのおねがいばこ」を設置し、そこに児童が全校で取り組んでほしいことや解決してほしいことをポストインし、それを議題として全校児童での話合い活動につなげ、児童一人ひとりの自己実現が図られるように取り組んでいる。

また、全校の仕事を分担処理し、よりよい学校を創っていく委員会活動に関しては、通常の学校であれば高学年児童が行っている。本校は小規模校であるため、3年生から委員会活動に属し、学校生活が円滑に進むために役割を担うことで、働くことの意義等について学ぶ機会となっている。

(4) カリキュラム・マネジメントによるキャリア教育の推進

本校は毎年、5月下旬に運動会を開催している。運動会には地域の各種団体の方々を来賓として招いている。昨年度、校区自治協議会長がご夫妻で来られスイートピーの花に感激され、種を差し上げることとなった。本校の環境教育担当者は、特別支援学級の担任であったため、カリキュラムマネジメントを行

い、生活単元学習と教科学習をつなげ、「スイートピーの種を地域の方々に届けよう大作戦！」という単元を構成し、スイートピーの種取り、乾燥、そして一粒一粒種を数えて封筒に入れるという一連の学習を展開した。その後、校区自治協議会長ご夫妻をお招きして、スイートピーの種の贈呈式を行った。児童が作ったスイートピーの種は、ご自宅の庭に蒔かれたのは勿論、近隣の方々にも配られた。児童らは、種を数えて封筒に入れる作業はきつかったけど地域の方に喜んでもらえてよかったと感想を述べている。この学習をきっかけとして、地域住民の方々との新たなつながりづくりを行うことができた。

　キャリア教育は、特定の教科・科目等ではなく、教育課程全体に係るものであり、学校や地域の特色を活かし、育てたい児童の資質・能力について家庭や地域と共有しながら取り組んでいくことが必要である。

6　学校・家庭・地域の連携

　教育基本法第13条「学校、家庭及び地域住民等の相互の連携協力」において、「学校、家庭及び地域住民その他の関係者は、教育におけるそれぞれの役割と責任を自覚するとともに、相互の連携及び協力に努めるものとする」と述べられている。文部科学省「第4期教育振興基本計画」(2023) においても、五つの基本的な方針の「①グローバル化する社会の持続的な発展に向けて学び続ける人材の育成」のなかで、「地域・産学官連携、職業教育」として「小中高等学校等においてコミュニティ・スクールや地域学校協働活動、探究活動、キャリア教育・職業教育等を通じ、地域や産業界などの声を聞くとともに、教育実践への協力を得ていくことが求められる。また、実践的・創造的な技術者の養成を行う高等専門学校における教育の充実、地域産業における中核的な役割を担う専門人材育成に向けた専修学校における職業教育の充実を図ることも重要である」と述べられており、キャリア教育を推進、充実させていくためには学校は家庭、地域にある企業等との積極的な連携を図り、地域とその目的を共有しながら教育活動を進めていくことが必要である。

現在、コミュニティ・スクール（学校運営協議会制度）および地域学校協働活動が全国各地で展開されており、学校を核とした地域づくりをめざし、地域と学校がパートナーとして連携・協働しながらさまざまな活動が展開されている。そこには、地域の高齢者、成人、学生、保護者、PTA、NPO、民間企業、団体・機関等の幅広い参画を得て、地域全体で子どもたちの学びや成長を支えている。また、学校と地域が目標を共有して行う双方向型の「連携・協働」の取り組みが行われている。

　キャリア教育に基づく学校と地域・産学官の連携を推進していくためには、人と人、組織と組織をつなぎ、広げていく機能が重要となる。そのためのコーディネーター人材の育成や、コンソーシアムによる組織間の連携が求められる。地域学校協働活動推進員をはじめ 2020（令和2）年度から制度化された社会教育士には、学びを地域に広げ、学校と地域とをつなぐキャリア教育コーディネーターとしての活躍も期待できると思われる。

（林田 匡）

7　働くということの問題点

　キャリア教育を進める上において、現実には多くの課題を抱えているということができる。

　第一は、勤労観・職業観の形成の問題である。中央教育審議会「今後の学校におけるキャリア教育・職業教育の在り方について（答申）」(2011) は、「働くことや職業に対する理解の不足や安易な考え方等、若者の勤労観・職業観等の価値観が、自ら十分に形成されていないことが指摘されている」と述べるとともに、「価値観、とりわけ勤労観・職業観を自ら形成・確立できる子ども・若者の育成を、キャリア教育の視点から見た場合の目標とすることが必要である」と述べている。

　キャリア教育においては、さまざまな職業の実態を把握することが必要とされている。しかし、社会が提示する職業さらには職業生活は、必ずしも将来の夢として希望をもち得るものではないのが現状である。

「仕事と生活の調和」を求めるワークライフバランスが強調されていることは、仕事と生活のバランスが取りにくいという実態を示しているといえる。私生活の多くを犠牲にする長時間労働も、その結果から生まれる家庭崩壊、またうつ病に代表される精神疾患、さらには過労死や自殺等、多くの問題がある。仕事をすることが決して幸せな人生とは結びつかない実態を垣間見ている若者も少なくない。これら不安定な雇用や長時間労働により、ワークライフバランスの崩れた現状は、社会的には、出生率の低下、少子化につながっている。

　身近なテレビ番組やコマーシャルで描かれる社会も、働くということは、人生を豊かにすることではなく、私生活を犠牲にすることを伝えているものが多い。男性も女性も働く大人としてのロールモデルが見つからないのが現状である。夫婦揃って定時に帰宅し、夫婦揃って家庭で子どもの面倒をみる北欧の生活が紹介されると、仕事と家庭生活が、しかも男性の家庭生活が両立することに若者たちは驚くのである。

　私たち大人もワークライフバランスについては諦めてはいないだろうか。まずは、ワークライフバランスの取れる社会創りから考え始める必要がある。

　参考・推薦図書として紹介する厚生労働省のテキストでは、労働法に関して解説をしている。働くときに必要な基礎知識として「賃金について」「勤務時間について」「休日について」「社会保険について」等がある。さらに、非正規雇用の「様々な働き方」における違いを説明している。「正社員」「パートタイム労働者（パート・アルバイト）」「契約社員」「派遣労働者」「請負労働者」「フリーランス・自営業」等である。総務省「労働力調査」(2023)によると、非正規雇用の割合は37％となっており、約4割もの労働者が非正規雇用者という社会になっている。目指す社会を考える能力と同時に現実を見つめる力も求められている。

　労働の三大目的は、生計の維持、個性・能力の発揮、社会的役割の遂行といわれている。職業が、これら三つのバランスを兼ね備えたものであることが望まれる。児童生徒、さらに学生を含めた若者が社会の現実を直視し、そのあり方を考える能力および自らの職業を選択する能力を身につけるためには、指導者にも常に社会の現状を把握し、学び続ける姿勢が必要とされている。

第二は、ジェンダーの視点からの考察の必要性である。実際の教育現場で勤労観・職業観の形成を阻害する教育が行われていないか考えてみる必要がある。ヒドゥンカリキュラム（隠れたカリキュラム）の存在である。

　教科書や副読本の挿絵のなかの働く女性は相変わらず看護師が多い。母親またはエプロン姿の女性しか見られないものもあると報告されている。授業のなかでは、英語の単語を教える際、警官から電車の運転士、会社員まですべて男性の絵を描き、看護師と保育士だけは、女性というケースが見られる。さらに、職業について考える掲示物の職業紹介の絵に登場するのはすべて男性という場合もある。係も伝統的性役割に順じて割り当てる教師もいる。教師自身の言動に問題はないか考える必要もある。いわんや家庭教育においては負のキャリア教育が実施されている場合が多い。

　さらに、児童生徒の周囲に女性の働く姿のロールモデルがきわめて少ないという現実がある。諸外国では、さまざまな取り組みから、これらの問題を解決している。成人が学習によって負の連鎖を断ち切ることが必要である。

　世界フォーラムの男女間の格差を示すジェンダーギャップ指数（GGI）において、2024 年の日本の順位は、146 か国中 118 位である。「教育」と「健康」のスコアの男女間のギャップはあまりみられないが、「経済参画」と「政治参画」のスコアの男女間のギャップが大きく、先進国のなかで最下位の水準となっている。女性の能力を生かすことができず、男女の社会参画に大きな開きがあるのが日本の特色である。年齢階級別労働力率においては、徐々に上昇しつつあるとはいうものの、30 歳代を底とするM字型は相変わらず解消されていない。女性の労働参加が国家の存亡にかかわるといわれている今日でも、相変わらずヒドゥンカリキュラムにより勤労観・職業観の形成が阻害され続けている。

　日本には、女性の就業と少子化を結びつける等の間違った考えも少なくない。これらの間違いは改める必要がある。国際労働機関（ILO）の「女性の労働力率と出生率」の調査結果は、女性の労働力率の高い国こそが、出生率が高いことを明確に表している。したがって、女性の労働力率を高める施策をとってきた国々は出生率をさらに高めるという結果を導き出している。日本も男女共同

参画に向けた施策を取り始めたとはいうものの、道半ばともいいがたい状態である。今後科学的な分析に基づく社会づくりを進め、ジェンダーの視点からのキャリア教育を展開する必要がある。

第三は働いて税金を納めるという認識であり、同時にその税金の使われ方、およびよりよい社会を創ることへの認識である。

国民の三大義務は、教育の義務（憲法第26条2項）・勤労の義務（同第27条1項）・納税の義務（同第30条）である。我々は労働の対価として賃金を得る。さらに、我々には、納税の義務がある。勤労と納税なくしては、社会は成り立たないのである。働いて税金を納めることの意義と価値を児童生徒、学生はもちろん、成人も考える必要がある。働くことの尊厳の理解と同時に、働く人への尊敬の念をもつことも求められている。さらに、納税者として、税金によって、よりよい社会を創ることに関心を持つことが求められている。

まず私たちは、働くということ、労働と社会のあり方に関して、しっかりとした考えをもたなければならない。竹内義彰は『職業と人間形成』において、「職業指導のさまざまな問題点を検討してみて、最終的にいいうることは、今日の職業指導には確固たる哲学がないということである」と指摘している。「人間が職業的に成功するということは、かれ個人の生活にとってはもちろんのこと、社会全体の発展にとっても不可欠な前提条件となる。人間を正しく生かすためのいとなみとしてだけでなく、社会それ自体の存続のために、職業指導が要請されるゆえんであろう」と述べ、「人間として生きるということは、さらにその上に、精神的にあるいは人格的に生きていくことである。そうした意味において、人間を真に人間として生かすための理念と原理を、今までの職業指導は十分に持っていなかったといってよい」、「人間を真に生かしうる方法・手順を持つことは、人間についての深い洞察と豊かな愛情を持った人間においてのみ可能だからである。つまり、人間を生かすためには哲学がなければならないのである」と哲学の不在を指摘している（竹内, 1977, pp.200-201）。働くこと、生きること、さらには、よりよい社会を創ることへの哲学を各人がもつ必要がある。

教員養成機関において、キャリア教育について十分な知識・技能を習得でき

ないのも現状である。キャリア教育の何たるかを学ばずにきた教員も自ら学習する必要がある。アメリカにおいては1970年代初頭のキャリア教育改革以降、教員を対象とした、異業種との交流プログラム、政治経済の状況を学習するプログラム等が生涯学習の一環として提供されている。

　児童生徒に対するキャリア教育を充実するためには、成人が学習することが求められる。学校教育・社会教育・家庭教育さらにそれらを統合・包括する生涯学習のすべてにおいてキャリア教育の充実を目指すことが望まれる。

（西岡正子）

〈引用・参考文献〉

今村嘉雄・宮畑虎彦編集者代表（1976）『新修体育大辞典』不昧堂出版

大塚正美（2011）「体育の歴史と役割」『城西国際大学紀要19（1）』pp.137-145

岡本純也（2004）「大学スポーツが抱える今日的問題」『一橋大学スポーツ研究』23

経済産業省HP「人生100年時代の社会人基礎力」https://www.meti.go.jp/policy/kisoryoku/index.html（最終閲覧日：2024.10.2）

竹内義彰（1977）「今日の職業指導の問題点」竹内義彰他著『職業と人間形成』法律文化社

中央教育審議会(2011)「今後の学校におけるキャリア教育・職業教育の在り方について（答申）」

西岡正子（1998）「女性の人権と教育：ヒドゥンカリキュラムの実態とその影響」『佛教大学総合研究所紀要』第5号

西岡正子（1999）「女性の教育と教育における平等：ヒドゥンカリキュラムの実態と是正への対策」『佛教大学総合研究所紀要別冊』

西岡正子（2001）"The Role of Lifelong Learning in Promoting Gender-Equal Education"『佛教大学教育学論集』第12号

久木留毅（2024）「段階的かつ包括的なアスリートの支援のあり方」『体育の科学』Vol.74(9)，杏林書院, pp.556-561

平成25年度文部科学省委託事業（2014）「『デュアルキャリアに関する調査研究』報告書」独立行政法人日本スポーツ振興センター

平成26年度文部科学省委託事業(2015)「『キャリアデザイン形成支援プログラム』における『スポーツキャリア形成支援体制の整備に関する実践研究』独立行政法人日本スポーツ振興センター

西岡正子（2005）「カナダにおける男女平等教育の展開－カルガリー大学を中心とする男女平等教育活動を事例として－」『佛教大学教育学部学会紀要』第4号

マーランド，S.P.,Jr.（1981）「アメリカ合衆国におけるキャリア教育」職業指導国際事務局編

『第2回職業指導学会国際会議報告書』

文部科学省（2011）『小学校キャリア教育の手引き（改訂版）』

文部科学省（2011）『中学校キャリア教育の手引き』

文部科学省（2011）『高等学校キャリア教育の手引き』

文部科学省（2015）『小学校学習指導要領（平成29年告示）解説　特別活動編』

文部科学省（2017）『小学校学習指導要領（平成29年告示）』

文部科学省（2017）『小学校学習指導要領（平成29年告示）解説　家庭編』

文部科学省（2017）『小学校学習指導要領（平成29年告示）解説　技術・家庭編』

文部科学省（2017）『中学校学習指導要領（平成29年告示）』

文部科学省（2017）『幼稚園教育要領』

文部科学省（2018）『高等学校学習指導要領（平成30年告示）解説　家庭編』

文部科学省（2018）『高等学校学習指導要領（平成30年告示）』

文部科学省（2020）『これからの学校と地域　コミュニティ・スクールと地域学校協働活動』

文部科学省（2022）『小学校 キャリア教育の手引き』

文部科学省（2023）「第4期教育振興基本計画」

〈参考・推薦図書〉

イリッチ，I.D.／東洋・小澤周三訳（1977）『脱学校の社会』東京創元社

A・プティパ，D．シャンペーン著，田中ウルヴェ京，重野弘三郎訳（2005）『スポーツ選手のためのキャリアプランニング』大修館書店

厚生労働省（2010）ハンドブック「知って役立つ労働法—働くときに必要な基礎知識—」http://www.mhlw.go.jp/stf/houdou/2r9852000000rnos.html

厚生労働省（2012）『中学校・高校におけるキャリア教育実践テキスト』実業之日本社

国立教育政策研究所生徒指導・進路指導研究センター（2012）『「キャリア教育」資料集　研究・報告書・手引編（平成23年度版）』

渋谷和宏（2023）『日本の会社員はなぜ「やる気」を失ったのか』平凡社

杉田洋・稲垣孝明（2020）『特別活動で，日本の教育が変わる−特活力で，自己肯定感を高める』小学館

西岡正子編著（2016）『未来をひらく男女共同参画−ジェンダーの視点から』ミネルヴァ書房

藤原文雄・生重幸恵・竹原和泉・谷口文子・森万喜子・四柳千夏子（2021）『学校と社会をつなぐ』学事出版

ヘイスティングス，R．・メイヤー，E．（2020）『NO RULES（ノー・ルールズ）世界一「自由」な会社・NETFLIX』日経BP 日本経済新聞出版本部

文部科学省／国立教育政策研究所教育課程研究センター（2019）『みんなでよりよい学級・学校生活を作る特別活動（小学校編）』

安部恭子・平野修・清水弘美（2021）『楽しい学校を作る特別活動−すべての教師に伝えたいこと』小学館

COLUMN

アメリカのキャリア教育改革
―学校教育と職業に就いて生きていくことの結びつき―

キャリア教育は、1970年代の初めに国民の要望として見直され、実施されてきた。学校教育と卒業後に働いて生きて行くことを結びつけたのである。地域の諸団体、社会教育施設、企業、労働組合、さらには大学や大学院の教育実習と結びつけた指導も行われている。地域全体でNPOをつくり実施に当たるという例も見られる。

キャリア教育推進のイニシアティブをとった当時の教育長官マーランド（Marland, S.P., Jr.）は、改革開始から10年後に以下の成果を掲げている。

● 教育を仕事に結びつける古来からの概念はキャリア教育という新表現により復活し、国民の関心を喚起した。

● 学校教育は理念、教育課程、教育方法を修正し、正規の教育が全年齢のキャリアに対する期待に応えるべく努力している。

● キャリア教育の定着した学校では、学習水準が向上し、目的意識のある学習態度となっている。

● 高校、大学の卒業生は、より高い職業意識をもち職業に就く準備ができるようになった。

● 職業と教育の分離から結合の時代を迎えることができた。　（マーランド, 1981, p.20）

学校や地域において「a．学校教育が職業と分離している現状を是正する。b．幼稚園から大学までの全段階で発達に適した方法で、キャリア教育をする。c．どの教育段階でも教育機関から離れるときには、職業に就く準備ができているようにする。d．学問的知識の習得を職業と結びつけ、学校教育と職業との関連性を明らかにする」等、12のガイドラインを設けて実践が行われた。

その後「キャリア教育は、すべての人が労働指向社会の価値に慣れ、これらの価値をそれぞれの個人的価値システムに統合し、労働が各人にとって可能なもの、意義のあるもの、満足のいくものとなるような方法で、各人の人生でこれらの価値を生かすことを目的とする公教育及び地域社会全体の努力である」という定義がつくられた。

（西岡正子）

5章　生徒指導、および進路指導と生活綴方

1　生活綴方とは何か

　生活綴方は、1920年代には先駆的な取り組みが見られ、1930年代に広がった歴史の長い教育実践である。子どもたちに生活を綴らせる（文章で表現させる）ことを中心として指導を行う。このように聞くと、「作文教育だな」「国語科の指導だな」と考える人も多いだろう。しかし実際には、国語科の領域にとどまらず、子どもたちの生活の指導、学級づくり等とも深く結びついている。どうしてそうなるのだろうか。例えば、次の日記を読んでいただきたい。いつも行っている銭湯で、友達に出会い話したことについて書いた作品である（本来、子どもの作品は省略しないですべて掲載するべきだが、紙幅の関係上抜粋した。なお、子どもの氏名はすべて仮名である）。

安井君は、みんなも知っているように体が小さくて力が弱いので

小6　町田　裕

（前略）そして鳴尾君が／「安井、おまえ、そんなにいじめられて、なんともないんけぇ。」と言わはった（※言った）。ぼくも鳴尾君といっしょで、前からそう思っていた。安井君が、菊地君、山本君、橋田君にけられたり、いけず（※いじわる）をされたりして、なんともないのかなあと思った。安井君が、／「そんなん、いってもなあ。」と下をむいて、ぼくたちにいわはった。安井君は暗いひょうじょうだった。ぼくも、／「何か言うぐらいしろよ。」／というと、安井君が、／「言ってるぞ。」と大きな声で言わはった。（後略）

（西條, 1989, pp.200-202）

　安井君は、体も小さく勉強も遅れがちだった。以前は友達も少なかった。それが6年になるとたくさんの友達ができた。新しくできた友達は安井君に勉強

を教えてくれた。係も一緒にやり、放課後も一緒に遊んだ。その一方で、彼らは安井君にいろいろ命令し、遊んでいるようでいじわるをすることがあった。そのことについて、鳴尾君と町田君が安井君と話した場面である。町田君は、普段日記を書く方ではなかった。しかし、この時は長い日記を書いてきた。

　担任の西條氏は、鳴尾君に町田君が日記を書いてきたことを話した。鳴尾君はすぐに「ぼくも書いてくる」といって、書いた。西條氏は二人の日記を並べて文集に載せ、二人の文章を基にして、事実を整理しながら子どもたちに話し合わせた。仲よくやっているから信じられないという子、それでも時々いじめているように思うことがあるという子、いろんな意見が出された。安井君はこの時に、いじめられるときもあるが、親切にしてくれ、勉強を教えてくれるときもあること、一緒に野球をすることが楽しい、と発言をした。この発言には、安井君の彼らに対する気遣いも含まれていただろう。

　話し合いのあとで書かせた感想では、いじめていた当事者の子どもたちが、いくつものことを発見し、反省し、書いてきた。友達に言われたことで自分がこんなことをやっていたのかと気づいて驚いたこと。根っからいじめているわけではないけれど、だんだん夢中になってきて本気になってやってしまったこと。ぼくが遊びでも安井君には迷惑だったんだと、話し合いで初めて気づいたこと。鳴尾君は自分からやめたけれど、自分は人に言われてからわかったこと。嫌なことをされてもその人のいいところを探していく安井君にあんなことをしていてはずかしく思ったこと、等々。安井君は、「こんないい友達ができていいなあと思った」と書いた。

　このように、子どもが生活を見つめて書き、そのなかで自分達の生き方を考えることが、子ども自身の発見・成長の契機となる。さらにそれがクラスで読まれることによって、相互の発見が響き合い、これまでは見過ごしてきた問題について、たとえ自分に直接かかわる問題でなくても、真剣に考えるようになる。このことが、自分自身で自分の行動を変える力につながっていく。

　これらの過程をまとめると、生活綴方とは、①生活のなかで見たり聞いたり感じたり考えたりしたことに取材した作品を子どもたちに綴らせる過程だけで

なく、②できた作品をみんなで読み合い、話し合う過程を通して、③子どもたちの生活の不安や悩み、喜び、悲しみを明らかにし、共有し、④そのことによって、子どもたちに確かな表現と認識の力を育て、人と響き合い信頼関係を築くことを励まし、生き方の指導を行う教育、ということができる。

2　生活指導の源流

（1）峰地光重の生活指導論

さて、子どもの生き方の指導を指す語として、「生活指導」がある。文部科学省のウェブページに掲載されている「生徒指導関係略年表について」を見ると、1956（昭和31）年までは、生徒指導と生活指導の両方が掲載されている。現代では、公文書上は生徒指導に統一されているが、実際には両方の語が使用されている。

ここでは、歴史も長く、生活綴方と関係の深い生活指導の語の誕生についてふれておこう。「生活指導」の語を文書上初めて使用したといわれているのは、鳥取で綴方中心の指導を行っていた教師・峰地光重である（なお、以下引用箇所中の漢字は新字体に、旧仮名遣いは現代仮名遣いに改めた）。彼は、『文化中心綴方新教授法』（1922）において、綴方は子どもの文章表現の技能を伸ばすだけのものではないこと、国語の一分科としてとらえる考えは偏狭で、むしろ「児童の人生科」としてとらえるべきだと述べた（峰地, 1922, p.2）。子どもが生き方について考える科目として、綴方を位置づけたのである。

ただし、3年後の著作『文化中心国語新教授法』で、彼は綴方だけで生活指導を行うのではないとして、子どもの生命、生活を「国語の上に高置」することを主張した（峰地, 1925, p.1）。国語だけが生活指導を担うわけではなく、教育全体が生活のために組織されるべきことを主張した。

（2）小砂丘忠義の生活綴方論

一方、生活綴方の祖といわれ、高知で独自の教育実践をしたのちに東京で

雑誌『綴方生活』の編集をした小砂丘忠義（本名笹岡）は、「綴方をかいた場合、その綴方には、全教育の総量が含まれている」（小砂丘, 1935, p.23）と主張し、綴方を特別な役割を担うものとして位置づけた。学校での教授は確かに教科ごとに行われているが、表現する際には、子どもが経験してきたことを自ら総合し、意味づける力が大きく働くのである。小砂丘は、子どもがもともと持っている、自分で考え意味を見出し表現していく力、学びを総合していく力を重視したのである。

　また、小砂丘は、論考「生活指導と綴方指導」（1933）で、子どもがもともと持っている「がんばり性」「やんちゃ性」「野性」に注目し、これが表れた子どもたちを「原始子供」と呼んで重視した（小砂丘, 1933, p.7）。子どもたちはもともと自分の人生を切り拓く力をもっている。そのため、ときには学校の「枠」からはみ出してしまうこともある。しかし、小砂丘はそのような元気を大切にしたいと述べている。

　このように見てくると、生活指導は、子どもが自ら考え、人生を切り拓いていく存在であることを前提として発展した概念であることがわかる。

3　生活綴方と進路指導——作品「職業」をめぐる議論

　東北でも、1930年代に綴方指導と生活指導について議論が深まっていった。北方の地に根ざした教育を行うために、秋田の成田忠久を中心に「北方教育社」が設立された。趣旨に賛同した教師たちが北方教育社同人となり、雑誌『北方教育』誌上や、作品研究会（子どもの作品を持ち寄り、作品の批評や指導について研究する会）等で自らの理論と実践を鍛えた。

　その彼らの議論に転機をもたらした子どもの作品がある。それは、尋常高等小学校2年の佐藤サキさんが書いた「職業」である。尋常高等小学校とは、尋常小学校を卒業したあとに通うことのできる2年間の学校で、就学は義務ではない。そこに通う佐藤さんは、特に家庭が貧しく、進路について悩んでいた。ぜひ全文を読んでいただきたいのだが、2600字を超える長文であるので、一

部を引用しよう。

　作品では、冒頭に父親と進路について相談する場面が書かれている。作者は父を助けるために働かなくてはいけないと思うが、父が勧める産婆には気乗りがせず、気持ちが決まらないまま進路指導を受ける。そこで「裁縫を習いたい」と伝えるが、教師から、他の人と同じように習って大丈夫なのか、家を助けなくてよいのか、と言われる。その続きの場面である。

　私は全くどうすればよいのやら、どう答えればよいのやら分からなかった。裁縫を習いたいと言ったのは、ただ私の考えだったのだ。だれでも、とうてい普通の人のように毎日裁縫を習っていられるような身分でないこと等私は百も承知していた。現に十二月の時だって私に、「［学校をやめて］平沢に女中に行け」とあれほど強く言った父ではないか、けれども前川（母の実家）の人達が「三月に卒業するものが、高等二年の免許状をもらい［え］ないのは世の中に出た時駄目だ。」と言ったのでようやく学校に出たのだった。私は先生に「裁縫を習いたい」と言ったのは余り勝手すぎると思って、恥ずかしいと思った。
「……職業婦人でもなって家さ少しでも助けたいと思う。」
こう言った時には私も自分の言葉がみじめなような、悲しいような気持ちがして眼頭が熱くなって涙が出た。私はうつむいたままでいた。
「何になる」
「家の者なば産婆になったらってけ［※産婆になったらどうかと言っている］」
「産婆なばお前に適している。裁縫したところで一日僅かしか［稼ぎが］とれない。出るとすればいまから下調べしておかなければならない。出れば秋田の県庁に産婆の学校ある［。］学資を出せるとしたらなるべく出た方がいいな。まだはっきりきめておかないなら二三日たつと［たったら］又聞くから家の人たちからよく聞いておげ」
先生が学資と言った。学資、学資、と心の中で思って家ではどうしても出せないのだと心が暗くなった。
（中略、父に学資が要ると言うと、駄目だ、百姓になれ、と言われる。）
父の言葉で、もしかしたら産婆の学校へ入ることが出来るかも知れないというあてがすっかりはずれた。
私「…………」
「百姓はやだ」といいたいのを金がないのに家へ手伝いをするからだとは言え「産婆の学校へ出してくれ」とどうして言われよう［言えようか］。私は心の中でばかり思っていた。私は一生百姓で終わってしまうのか。
百姓はきらいだといえば生意気かも知れないけれども――銭がかからなくて、私に適した職業で

家の手助けの出来る職業、私は何時もこんな夢のようなことばかり思っている。私もどうすれば
よいやら迷っている。

(鈴木正之指導作品。佐々木 , 1935, pp.38-41)

　佐々木は、この作品を指導者の鈴木正之が作品研究会に持ち込んできたとき
には、表現の巧緻等全く問題にならず、この作者の就職先を探し出すことが話
し合いの中心になったという。「『正之、なんどがならねえが？』せい一ぱいな
気持であった。教育に於ける綴方の位置なんぞそれこそ百も承知の上で、それ
以来成田氏［北方教育社設立者］が総指揮になつて百方画策したな、電報まで
飛ばしたりした」(佐々木 , 1935, p.41)。
　この作品の筆者は、自分の進路について、悩みぬき、リアルに表現している。
狭い意味で考えれば、綴方の中心的役割は文章表現の指導であり、その点から
見ればこの作品はすぐれている。しかし佐々木や他の北方の教師たちは、表現
について議論するだけでよいのか、と考えた。「真の作品処理［※作品が書か
れた後の指導］は作者——サキに『生き方』を教えることでなければならなかっ
た」(佐々木 , 1935, p.41)のであり、彼女の進路について、真剣に考え、具体的
な進路開拓を伴った指導をすることだ、と考えたのである。この時、教師だけ
が考えるのではなく、作者の佐藤自身が、「どうして百姓がいやなのか」につ
いて、十分安心して語ることが重要であり、それができるように教師が指導し
ていくことが重要だと佐々木は述べている (佐々木 , 1935, pp.41-42)。
　佐々木のこの指摘には、生活の指導と表現の指導の緊密な関係が表れている。
表現の指導か、生活の指導か、ではなく、その両方が必要になるし、それらが
バラバラにならないためにも、子どもたちの生活と実感に根ざした言葉、表現
を育てていく必要があるのだ。そのことが、自分自身で人生を切り拓く力につ
ながっていく。教師は、子どもの表現に寄り添い、励まし、ていねいに読み解
きながら、表現と生活の指導の両方にかかわらなければならないのである (な
お、生活綴方における生活と表現と認識については、志摩、1984 が参考になる)。

4　戦前の綴方教師の進路指導——秋田市高等小学校を例に

　このような綴方の指導を行う中で、進路指導の必要性を痛感し、学校ぐるみの実践を行ったのが、秋田の綴方教師・加藤周四郎である。名門といわれた秋田師範附属明徳小学校に勤務していた加藤は、自ら希望して新設の秋田市高等小学校へ異動した。そこには、貧しい子どもたちが多く進学しており、経済不況と凶作にあえぐ子どもたちが大勢いた。綴方を通じて彼らの願いを知った加藤は、彼らをいかに社会に送り出すかという課題に直面したのである。補習科（上級学校進学に失敗した子どもたちの指導をする科）も担任した加藤は、進学指導と職業指導の両方に深くかかわることになった。

　秋田市高等小学校の職業指導では、職業的陶冶として正しい職業意識を育てることを第一に挙げている。そのために、知識の獲得だけでなく、技能の習得や職業道徳の養成の重要性も指摘している。ただし、職業実習を行うだけでなく、長期休暇の課題に「職業の研究」を課し、「毎日の仕事はどんなことか」「将来の見込みはあるか」等を書かせた（秋田市初等教育研究会, 1937）。自分の希望する職業について、冷静にとらえる目を養おうとしていたことがうかがえる。秋田市高等小学校職業指導体系を見ると、1．職業的陶冶、2．選職・進学指導、3．就職指導、4．就職後の補導となっている。職業的陶冶に関しては、各教科における職業指導の取扱いが記されており、職業指導を選職・就職指導に矮小化せずに学校教育の一環として扱ったことがわかる（戸田, 1979）。

　現代の進路指導においても、最終学年になって進学先・就職先の相談をするだけではいけない、ということが長く指摘されてきた（三村, 2004）。各教科の授業においても、子どもたちの社会を見る目、自らの生き方を考える力を育てることが求められよう。進学先や就職先への適応だけでなく、自らが自らの進路について、その将来性や、自らに必要な課題等を考えていくことが重要になる。秋田市高等小学校では、補習科の進学指導でも子どもたちが自分たちの学習のカリキュラムを考える等、興味深い取り組みが行われていた。自らの進路

について自ら考え、調査し、そこから自己と社会について具体的に、リアルに考えていく指導は、現代のキャリア教育、進路指導にも通ずるものであろう。

　本章では、主に戦前の生活綴方における生活指導、進路指導、キャリア教育をめぐる議論を紹介してきた。現代の生活綴方と生活指導、進路指導については、雑誌『作文と教育』（新読書社）や下記の参考図書等を読んで深めてほしい。

（川地亜弥子）

〈引用・参考文献〉

秋田市初等教育研究会（1937）『秋田市の教育』

川地亜弥子（2011 ～ 2012）「現代の生活綴方実践に学ぶ」『作文と教育』第 776 ～ 779、781 ～ 782、785 号に連載

小砂丘忠義（1935）「全教育合力の上に立つ綴方」『綴方生活』第 4 巻 8 号（12 月）, pp.19-23

小砂丘忠義（1933）「生活指導と綴方指導」『綴方生活』第 5 巻 8 号（8 月）, pp.4-9

西條昭男（1989）『子どもが伸びるとき——荒れる高学年の克服』駒草出版

佐々木昂（1935）「リアリズム綴方教育論（三）」『北方教育』第 15 号（5 月）, pp.35-42

志摩陽伍（1984）『生活綴方と教育』青木書店

戸田金一（1979）『秋田県教育史——北方教育編』みしま書房

福島県教育委員会『特別新教育支援ガイド（相双版）「気づきから効果的な支援へ」』

峰地光重（1922）『文化中心綴方新教授法』教育研究会

峰地光重（1925）『文化中心国語新教授法』上巻, 教育研究会

三村隆男（2004）『キャリア教育入門——その理論と実践のために』実業之日本社

文部科学省「生徒指導関係略年表について」http://www.mext.go.jp/a_menu/shotou/seitoshidou/04121504.htm,（2025 年 1 月 10 日閲覧）

〈参考・推薦図書〉

西條昭男（2006）『心ってこんなに動くんだ——子どもの詩の豊かさ』新日本出版社

中俣勝義（2010）『風のらーふる——しなやかな感性とやさしさと綴方と』青風社

なにわ作文の会編（2010）『"ぼくも書きたいことあるねん"——どっこい生きてるなにわの子』本の泉社

COLUMN

毎日の健康観察の時間に、話す・書く活動を

　小学校の学級では毎朝、健康観察を行う。少しの工夫をすることで、その時間を子どもたちが自分の感情や自分自身と向き合う時間にすることができる。また、友だちが自分と違う感情を持つことや、自分とは違う捉え方をすることも知る機会になり、自己理解や他者理解が深まる。

　「〇〇さん」「はい、元気です」という毎日の健康観察の時間。体調に関することを話すだけでなく、その時の気持ちやその理由を話す時間にしている。「Aさん」「はい、元気です。少しドキドキしています」「どうして？」「今日、習い事でテストがあるからです」などのように、子どもたちは気持ちを話す。「楽しい」「嬉しい」「ドキドキ」「不安」「イライラ」「悲しい」「さみしい」など、子どもたち自身の言葉で今の気持ちを表現する。時にはその理由も尋ねる。その気持ちを紙に書いてもらうこともある。どうしてそんな気持ちなのかを書くことで、子どもたち自身も自分自身の感情に向き合ったり、自分の気持ちの内側に気づいたりする。今どんな気持ちかを自分自身に問いかけ、考えることは自己理解にもつながる。

　全体やペア（二人組）や少人数グループで、今の気持ちを発表することもある。自分の気持ちを話すだけでなく、話しながら自分の気持ちや考えを整理できたり、改めて自分の思いを知ったり、友だちの感情を知ったり理解する機会にもなる。

　教師側としても、普段の授業のなかでは見えてこない子どもたちの感情や、家庭背景・抱えているものが見えてくることもあり、子ども理解につながり、学級づくりにも活かすことができる。

（西野絵里香）

6章　進路相談とキャリア教育

1　進路相談の理論と方法

　進路相談は、一人ひとりの生徒にとって、いかに生きるかにつながる生き方の相談の場であり、教師にとっては進路指導における具体的、実際的な場である。進路相談は進路指導において重要な位置を占めているといえる。

（1）進路相談とカウンセリング

　進路指導は、生徒自らの生き方についての指導・援助であり、個々の生徒の職業的発達を促進する教育活動である。そして、それは個々の生徒を大切にし、その可能性を伸長する教育活動である。

　進路指導は、生徒が自分の性格や能力、適性、興味・関心、環境などについて理解し、それらと収集した進路情報によって進路を決定し、自分の生き方を通して自己実現を図ることを支援するという機能をもつ。その機能が発揮されるために、生徒一人ひとりに対する指導・援助の手だてが工夫されなければならない。この進路の選択と決定の援助において進路相談は重要である。

　進路相談は、「生徒一人ひとりを対象として、個別相談やグループ相談を通して、進路への関心を深め、自己及び現実理解の深化や自己及び現実受容を促し、人生設計やそれに伴う進路選択の能力を伸長して、将来の生活における適応と自己実現がより確実に達成できるように、問題解決能力及び自己指導能力の発達を促すための援助活動である」とされる（文部省，1977）。このような生徒の進路発達や職業の選択を援助する進路相談はカウンセリングを基本とする。

　カウンセリングは職業指導の歴史と共に始まり、その先駆者はパーソンズ

（Parsons, F.）である。彼は1909年『職業の選択』（*Choosing a Vocation*）の中で職業指導は個人分析・職業研究および両者の相談から成り立つと述べている。この理論は1937年、全米職業指導協会（National Vocational Guidance Association）の定義にも取り入れられた。その後、面接や質問紙法、検査を通じて自己の能力と興味を理解し、それに合った仕事を見つける支援が職業指導に求められた。その支援のためには、相談者の特性や抱える問題の診断技術が重要であった。やがて、心理療法的な考え方が加わり、その診断方法がより発展していく。

　カウンセリングは、指示的方法と非指示的方法に大きくに分類される。ウィリアムソン（Williamson, E.G.）によって提唱された臨床的カウンセリングは指示的方法とされる。多くの資料と面接によって得た内容をもとに、クライエントの抱えている問題に適切な指導・助言を与える方法である。非指示的な方法は、ロジャーズ（Rogers, C.R.）の来談者中心カウンセリングである。ロジャーズは、人は指示を与えなくても自ら語ることで問題を解決できるように成長すると考える（ロジャーズ, 1984, p.112）。このときカウンセラーは、無条件の積極的関心（肯定的受容）、共感的理解（共感的あり方）、純粋性（自己一致性）の態度でクライエントの話を聞くことが肝要であるとされる。

（2）進路相談の技法

　指示的カウンセリングと非指示的カウンセリングは異なる方法ではあるが、学校現場においては、どちらも含めた折衷的方法をとることが多い。これは、カウンセリングの目的である予防（問題の予防）、治療（心理的な治療）、開発（発達を高める）の中で、進路相談は、治療よりも開発に力点が置かれることと、積極的な働きかけも必要とされるためである。

　スーパー（Super, D.E.）の循環的カウンセリングといわれる折衷的方法を具体的場面で考えてみると、以下のようなプロセスになる。

　①進路や生き方について生徒の思いを聴く。（非指示的）

　②考えを深めるための課題を設定し、行わせる。（指示的）

③課題を行った結果と生徒の感情を聴く。(非指示的)
④現実吟味のため、適性検査、職業情報、成績などの事実に関するデータの探索などをさせる。(指示的)
⑤現実吟味で生起した感情を受容し、望ましい態度形成への働きかけを行う。(非指示的)
⑥意志決定を援助するための可能な行動方向を非指示的に考察させる。(非指示的)

このように、カウンセラー役となる教師は、情報提供や、考えを深めさせたり進路計画を立てさせたりする場合などにおいて、指示を行い、積極的に関与していくことも求められる。

マイクロカウンセリングの提唱者であるアイビィ(Avey, A.E.)は、積極的にクライエントにかかわって影響を与えていく方法として、積極技法を示している(アイビィ, 1985, pp.115-149)。教育や医療などの援助的立場にいる専門家は、相談を受けたときに効果的な指示を行っていくことが期待されるため、積極技法の使用が求められる。どの程度の指示をしていくかについては、内容や関係性によって適切に行う必要がある(図1)。

また、積極技法の使用においては留意点がある。積極技法を使用する前には、カウンセラーとクライエントの間で、しっかりと問題の把握をしておくことと、信頼関係が構築されていることである。そして、使用後は、必ず観察を行い、効果がないと思われる場合は他の積極技法を試す、あるいは問題の把握からやり直す必要がある。

図1　主な積極技法の種類

実際の進路相談の流れは、「開始」、「吟味」、「行動化」、「終了」とされる。まず相談を始めるにあたって、生徒が安心して話せる関係を築くことと、注意深く傾聴し何が問題かを明らかにすることが重要である。次に、進路選択は、適性や能力、興味・関心に加え、環境も関与するため、情報提供を適切に行いながら、進路選択の吟味ができるよう支援する。さらに、進路選択の意思決定は、生徒自身によって行われなければ意味がないため、教師は支援者となり、生徒は自分自身がどのように行動すべきかを計画する必要がある。最後に、今後の生徒自身の行動の明確化のために相談内容や問題点を再度確認して終了となる。

「進路指導は前向きであること」が重要であるように、進路相談においても応援や励ましは重要である。過去において実行しなかった、あるいはできなかった事柄、努力しなかった点の反省ばかりでは先に進まない。もちろん、過去の自分の在り方に反省すべき点があることを、生徒自身が理解することは大切であるが、進路相談は未来のためにあるということを忘れてはならない。進路相談によって、昨日から今日、今日から明日へと希望を持つことができるようサポートしていくことが重要である。

(3) キャリア・カウンセリング

キャリア・カウンセリングは、これまでの進路相談を包含し、キャリア教育の視点から捉えるものである。

学校におけるキャリア・カウンセリングは、「子どもたち一人一人の生き方や進路、教科・科目等の選択に関する悩みや迷いなどを受け止め、自己の可能性や適性についての自覚を深めさせたり、適切な情報を提供したりしながら、子どもたちが自らの意志と責任で進路を選択することができるようにするための、個別またはグループ別に行う指導援助」である（文部科学省，2004）。特に、中学校、高等学校の段階では、一人一人に対するきめ細かな指導・援助を行うキャリア・カウンセリングの充実は極めて重要であるとされ、カウンセリングの機会の確保と質の向上に努めることが大切であるとされている（文部科学省，2004）。今後は、カウンセリングを行う教師のカウンセリング技術の向上

とそのための研修もさらに必要となる。

　不確実性の高い現代社会における職業をめぐる構造問題の中で、多くの人々が自分の描く働き方とは違う選択をせざるを得ない現状もある。それは、その人々の職業への無関心や勤労観・職業観の欠如だけが要因とは言い切れない。キャリアは自分の思い通りになるわけではない。しかし、どのような社会の状況においても成長する自分と、自分の生き方を探せる力を引き出すサポートをすることがキャリア・カウンセリングの大切な役割である。

（山本桂子）

2　進路相談の課題と展望

（1）進路相談の課題

　文部科学省『中学校・高等学校キャリア教育の手引き』では、キャリア・カウンセリングについて以下のように述べている。「これまで、キャリア・カウンセリングについては、『子供たちが自らの意思と責任で進路を選択することができるようにするための、個別又はグループ別に行う指導援助のこと』と説明されてきたため、『進路の選択』が強調され中学校・高等学校の進路指導における進路相談がイメージされる場合があったことは否めない。しかし、キャリア・カウンセリングにとって大切なことは、日常の生活で児童生徒の『気づき』を促し、主体的に考えさせ、児童生徒の行動や意識の変容につなげることを意図して働きかけることである」（文部科学省 , 2024, p.33）

　また、富田はキャリア教育を以下のように捉える。「キャリア教育は単なる教育活動に留まらず、発達支持的生徒指導・支援の一つとしてカウンセリング（教育相談）としても取り組むべきものである。この視点は、生徒がキャリア形成上の危機にあるときにのみ即応的（リアクティブ）に対応するだけでなく、キャリア教育として先行的（プロアクティブ）に生徒のキャリア発達を支援するという視点」（富田 , 2024）。これらを鑑み、機会をとらえ実施していくことが必要である。

6章　進路相談とキャリア教育　　*199*

（2）進路相談の展望

　学校におけるキャリア・カウンセリングについては、「発達過程にある一人一人の児童生徒が個人差や特徴を活かして学校生活における様々な体験を前向きに受け止め、日々の生活の中で遭遇する課題や問題に対して積極的に建設的に解決していくことを通して、問題対処の力や態度を発達させ、自立的に生きていけるように支援することを目指すものである」（国立教育政策研究所, 2009, p.15）とされる。そのためには教師一人ひとりが児童生徒の課題をしっかり受け止め、児童生徒が安心して自分の悩みを表現したり質問したりできるような関係を構築することが必要である。今後、学校におけるキャリア・カウンセリングにおいては、「キャリア・パスポート」の活用が有効であると考えられる。

①　キャリア・パスポートについて

　キャリア・パスポートは、「児童生徒が、小学校から高等学校までのキャリア教育に関わる諸活動について、特別活動の学級活動及びホームルーム活動を中心として、各教科等と往還し、自らの学習状況やキャリア形成を見通したり振り返ったりしながら、自身の変容や成長を自己評価できるように工夫されたポートフォリオのことである」（文部科学省, 2019, p.2）とされている。

②　キャリア・パスポートを活かしたチームによる進路相談の展開

　キャリア・パスポート例示資料等には、「その記述や自己評価の指導にあたっては、教師が対話的に関わり、児童生徒一人一人の目標修正などの改善を支援し、個性を伸ばす指導へとつなげながら、学校、家庭及び地域における学びを自己のキャリア形成に生かそうとする態度を養うよう努めなければならない」（文部科学省, 2019, p.3）とある。「キャリア・パスポート」は記録や蓄積そのものも大事であるが、それを活用して教師が対話的にかかわることによって、児童生徒にとっては自己理解、教師にとっては児童生徒理解を深めることにつながる。

　また、『中学校・高等学校キャリア教育の手引き』では、学級（ホームルーム）経営について、以下のように述べている。「『学習指導要領総則』（2015）に初めて明記された『学級（ホームルーム）経営』は、『学習や生活の基盤

として、教師と児童（生徒）との信頼関係及び児童（生徒）相互のよりよい人間関係を育てるため、日頃から学級（ホームルーム）経営の充実を図ること。また、主に集団の場面で必要な指導や援助を行うガイダンスと、個々の児童（生徒）の多様な実態を踏まえ、一人一人が抱える課題に個別に対応した指導を行うカウンセリングの双方により、児童（生徒）の発達を支援すること』とされている。ここで言うカウンセリングとは専門家に委ねることや、面接や面談の場に限ったものではなく教師が意図をもった児童生徒との日常的な『対話』『言葉がけ』を含めた広義なものと解説されている。『個々の多様性を踏まえる』『一人一人が抱える課題に対して』などの表現に接すると、児童生徒と教師の一対一の対応を想像しがちであるが、個々の発達を踏まえたキャリア教育は、教師と児童生徒との関わりのみならず児童生徒相互の関わりの場面においても行うこともできる」（文部科学省 , 2024, p.33）

　今後は、定期的で形式的な進路相談ではなく、児童生徒のキャリア発達を促すという意図をもって日常的に働きかけることが大切である。また、担任一人が抱え込むのではなく、「チーム学校」として他の教職員や専門家や専門機関等がチームを組み、アセスメントに基づいて役割分担を行っていくことで児童生徒に寄り添ったより充実した相談体制を構築することが可能になると思われる。

（林田　匡）

〈引用・参考文献〉

アレン・E・アイビイ（1985）『マイクロカウンセリング』川島書店

カール・R・ロジャーズ（1984）『人間尊重の心理学』創元社

国立教育政策研究所生徒指導センター（2009）『自分に気付き、未来を築くキャリア教育—小学校におけるキャリア教育の推進のために—』

富田拓郎（2024）「中学校・高等学校におけるキャリア教育とカウンセリング（教育相談）との融合可能性—最新の『学習指導要領』『キャリア教育』『生徒指導提要』からの考察—」　教職課程年報 29

文部省（1977）『中学校・高等学校路指導の手引 – 進路指導主事編』

文部科学省（2004）『キャリア教育の推進に関する総合的調査研究協力者会議報告書—児童
　生徒一人一人の勤労観，職業観を育てるために—平成16年1月28日』
文部科学省（2019）『「キャリア・パスポート」の様式例と指導上の留意事項』
文部科学省（2022）『生徒指導提要 改訂版』
文部科学省（2024）『中学校・行動学校キャリア教育の手引—中学校・行動　学校学習指導
　要領（平成29年・30年告示）準拠—』

〈参考・推薦図書〉

国分康孝（1981）『カウンセリングの理論』誠信書房

東豊（1997）『セラピストの技法』日本評論社

吉田圭吾（2007）『教師のための教育相談技術』金子書房

COLUMN

「学校と地域の連携・協働」によるキャリア教育の実践

　筆者は熊本市立公民館社会教育主事在任中、公民館エリア内の小中学校との連携・協働によるキャリア教育を実践した。

　【職業講話】熊本市では、中学2年生対象の職場体験学習「ナイストライ事業」が行われる。その事前学習として、公民館が地域人材のコーディネートを行い、総合的な学習の時間に地元新聞社の記者、農業を営む青年、有名洋菓子店のオーナーシェフ、自動車販売店のアドバイザー、地元Jリーグチーム関係者の5名に話をしていただいた。学校からは学年通信等で呼びかけてもらい、保護者も共に学ぶ機会となった。講師が各々の仕事に就いた理由、喜びや苦労を熱く語った。学校からは、「公民館のおかげで講師との打ち合わせ、子どもの指導に時間をとることができた」。生徒からは、「将来の職業を考えるよい機会だった」、「働く人の体験談は説得力があり、大変勉強になった」との感想が寄せられた。

　【公民館子ども企画隊】子どもたち自らが月2回のプランナー会議（企画運営会議）を開き、公民館事業として年2回のイベントを実施する。社会教育主事の支援のもと、子どもたち自らチラシ作りや運営等を行った。「手作りバザー」の企画では公民館料理講座の講師と案を出し合い、手作りキャラメルとクッキーを販売した。前日は準備にかなりの時間を要したが、当日は開始15分で完売し、子どもたちも達成感を得ることができた。 また、県立豊野少年自然の家の協力で「作って！　食べて！　遊んじゃおー！　IN豊野」という企画も実現した。受付からレクリエーション、入所式、退所式を子どもたちが考え、運営した。

　重要なのは学校、家庭、地域の三者が協力し、一体となった取組を進めることである。キャリア教育を推進するためには、学校と地域が連携・協働するシステムを構築していくことが必要である。

（林田　匡）

7章　障害のある児童生徒、および病弱児のキャリア教育

1　障害のある児童生徒のキャリア教育

　キャリア教育は、自分の役割を果たしながら、自分らしい生き方を実現することを目指すこととされるが、これは障害のある児童生徒に対しても同じである。障害のある児童生徒についてのキャリア教育は、一人ひとりの困難や実態に配慮した指導や支援が必要となる。

（1）障害のある子どもの学びの場

　障害のある子どもの学びは、特別支援学校、特別支援学級、通級による指導、通常の学級といった多様な場で行われている。

　特別支援学校は、障害のある児童生徒に対する学校であり、学校教育法第72条において、視覚障害者、聴覚障害者、知的障害者、肢体不自由者又は病弱者（身体虚弱者を含む）が対象とされている。これら五つの障害の程度については、学校教育法施行令第22条の3において規定されている。

　特別支援学級は、小学校、中学校等において障害による学習上又は生活上の困難を克服するために設置される学級である。対象となる障害は、知的障害者、肢体不自由者、病弱者及び身体虚弱者、弱視者、難聴者、言語障害者、自閉症者・情緒障害者である。

　通級による指導は、小学校、中学校、高等学校等において、通常の学級に在籍し、通常の学級での学習におおむね参加でき、一部特別な指導を必要とする児童生徒に対して、障害に応じた特別の指導を行う指導形態である。言語障害者、自閉症者、情緒障害者、弱視者、難聴者、学習障害者、注意欠陥多動性障

204　Ⅱ部　キャリア教育

害者、肢体不自由者、病弱者及び身体虚弱者が対象となっている。通常の学級
においては、小学校、中学校、高等学校等に在籍する障害のある児童生徒に対
して、個々の障害に配慮しつつ通常の教育課程に基づいて指導を行う。

(2) 障害のある子どものキャリア教育

　障害のある子どものキャリア教育は、一人ひとりの実態に応じた指導を充実
させることが重要である。

　「障害者基本計画」(内閣府, 2002) において、「障害のある子どもの社会的・
職業的自立を促進するため、教育、福祉、医療、労働等の幅広い観点から適切
な支援を行う個別の支援計画の策定など障害のある子ども一人一人のニーズに
応じた支援体制を構築する」と示されている。これをうけて、「今後の特別支
援教育の在り方について (最終報告)」(文部科学省, 2003) においても、障害の
ある児童生徒の一人ひとりのニーズを正確に把握し、生涯にわたって支援する
観点から、「個別の教育支援計画」の策定が重要であるとの考えが提示された。
一人ひとりのニーズを正確に把握するという点については、本人の視点に立ち、
本人や保護者が尊重されていることが重要である。

　「個別の教育支援計画」の策定においてモデルとなったものが、障害を持
つ子どものニーズに合わせて計画された指導を提供するための IEP (個別の
教育プログラム：Individualized Education Program) である。IEP は、1975
年にアメリカで制定された全障害児教育法 (EAHCA：Education for All
Handicapped Children Act) において、受けることが位置づけられたプログラ
ムである。その後、学齢期以降の自立を想定し、1990 年に "学校から就労へ"
を目指して ITP (個別移行計画：Individualized Transition Plan) が設定された。
さらに、青年期に達した障害者のために、IPE (個別就労計画：Individualized
Plan of Employment) が制定された。これらの計画は、利用者の要望を最大
限考慮して作成される (梅永・島田, 2011)。

　「個別の教育支援計画」に加え、「個別の指導計画」も重要である。「個別の
教育支援計画」は、教育、医療、福祉、労働等の関係機関が連携・協力を図り、

7章　障害のある児童生徒、および病弱児のキャリア教育　　*205*

障害のある児童の生涯にわたる継続的な支援体制を整えるために教育機関が中心となって作成する計画である。それに対し、「個別の指導計画」は、一人ひとりの指導目標や、指導内容、指導方法などを示したものである。2009年の特別支援学校の幼稚部教育要領及び小学部・中学部並びに高等部学習指導要領では、すべての幼児児童生徒に「個別の教育支援計画」を作成することが義務付けられている。

　キャリア教育を進めていくにあたっては、このような個別の教育支援計画を活用し、家庭・保護者との共通理解を図りながら行い、一貫性のあるキャリア教育を進めていくことが重要である。

（3）キャリア選択と課題

　2019年の特別支援学校高等部学習指導要領の第1章総則第5款1の（3）において、キャリア教育の充実を図る中で、「生徒が自己の在り方生き方を考え主体的に進路を選択することができるよう、学校の教育活動全体を通じ、組織的かつ計画的な進路指導を行うこと。その際、家庭及び地域や福祉、労働等の業務を行う関係機関との連携を十分に図ること」、さらに、第1章総則第2款3の（6）において、「学校においては、キャリア教育及び職業教育を推進するために、生徒の障害の状態や特性及び心身の発達の段階等、学校や地域の実態等を考慮し、地域及び産業界や労働等の業務を行う関係機関との連携を図り、産業現場等における長期間の実習を取り入れるなどの就業体験活動の機会を積極的に設けるとともに、地域や産業界や労働等の業務を行う関係機関の人々の協力を積極的に得るよう配慮するものとする」と述べられている。

　障害のある子どもの進路は、小学校、中学校への進学については、特別支援学校、特別支援学級、通級による指導、通常の学級に大別される。中学校卒業後の進路では、特別支援学校の高等部、企業就労を目指した高等部のみの高等特別支援学校、その他通常の高校や専門学校などがある。特別支援学校や高等特別支援学校の卒業後は、就労の場合は、一般就労と呼ばれる企業などと労働契約を結んで働く一般的な就業形態（一般雇用、障害者雇用）と、就労継続支

援など福祉施策のもとで就労する福祉的就労がある。

　これらの就労に結びついていくための就業体験は、職業観の形成、進路の選択と決定を支える体験としても有用である。学校により期間にばらつきがあるが、関係機関の人々との協力を得ることや連携を図るためには、ある程度長い期間の就業体験は必要であると思われる。障害のある生徒のキャリア教育において、体験を通して学ぶという学習活動は重要である。就業体験やインターンシップを適切に取り入れ、在学中からインターンシップを行うことは、生徒の就労に対する意識や態度、自分の技能などに気づく契機となる。また、関係機関においても環境整備や支援の方法などについての情報が得られる機会ともなる。

　『障害のある子供の教育支援の手引』（文部科学省，2021）において、「生徒が、自分自身を見つめ、自分と社会とのかかわりを考え、自己の生き方や進路を選択するとともに、卒業後も、自己実現に向けて努力していくことができるよう、適切な指導や必要な支援を行うことが必要である」と述べられているように、一人ひとりが未来へつながるキャリア教育の推進のために、「個別の教育支援計画」や「個別の指導計画」が充分に役立てられることが重要である。

2　病気療養児の学習とキャリアサポート

（1）キャリア発達を支える学習

　病気療養児は、自分の病気以外に学習や復学、家族やきょうだいとの関係等、様々な心配や不安を抱いている。進路選択の時期にある生徒は、入学試験日に受験ができるかどうかということも大きな心配事である。

　子どもの学ぶ権利について、児童憲章は「すべての児童は、身体が不自由な場合、または、精神の機能が不十分な場合に、適切な治療と教育の保護が与えられる」（第11条）と謳い、病院の子どもヨーロッパ協会（European Association for Children in Hospital：EACH）による病院の子ども憲章の中では、病気の子どもは、その年齢や発達に応じて、遊び、教育、環境、ケアチー

ムによるケアの継続、そして、共感を持って接せられる権利を持つことが保障されるべきであるとしている。病気療養児の教育の意義については、「病気療養児の教育について」（文部省, 1994）において、病気療養児への教育は、学習の遅れの補完、学力の補償のみならず、生きがいや心理的安定への寄与、治療上の効果や退院後の適応のよさ等、療養生活環境のQOLの向上に資すると指摘されている。

　義務教育段階の病弱教育機関は、特別支援諸学校と一般の小・中学校に区分され、前者には①病弱特別支援学校、②訪問教育、③特別支援学校の分教室（病院内）があり、後者には④分教室・特別支援学級（病院内）、⑤特別支援学級（普通校内）がある。いわゆる院内学級と呼ばれるものは、③や④ということになる（⑤を含むこともある）。院内学級が設置されていない場合は、特別支援学校による訪問教育が行われている場合もある。

　病気療養中の子どもたちの学習を保障し、学びを継続させることは子どもたちの権利であると同時に、自分らしくいかに生きるかというキャリア発達を支える観点からも欠くことのできないものであり、そのための方法としても遠隔教育の充実は重要である。「教育の情報化ビジョン〜21世紀にふさわしい学びと学校の創造を目指して〜」（文部科学省, 2011）が発表されて以降、教育現場におけるICT（Information and Communication Technology）の活用は、さまざまな教材やネットワーク環境の整備が必要とされてきた。病気療養児の学習については、学びが中断されることなく実際に授業が受けられ、内容を理解し、考え、力になることが重要である。しかし、それだけではなく、その学習が評価されることも大切なことである。病気療養児のキャリア発達の面においても、病気療養中の学びが、法制度の中に位置づけられて、出席日数や試験の評価と結びつくことは、学習者にとって重要な意味を持つ。「高等学校等の病気療養中等の生徒に対するオンデマンド型の授業に関する改正について（通知）」（文部科学省, 2023）では、病気療養中等の生徒に対して行う授業については、同時双方向型であることを要しないこととし、オンデマンド型の授業で実施することを可能とした。「小・中学校等における病気療養児に対するICT等を活用し

た学習活動を行った場合の指導要録上の出欠の取扱い等について（通知）」（文部科学省，2023）では、病院や自宅等においてICT等を活用した学習活動を行った場合、同時双方向型授業配信が難しいと判断されるとき、指導要録上出席扱いとすること及びその成果を評価に反映することができるとした。

　院内学級におけるキャリアサポートは、日々の学習の保障だけでなく受験という問題も存在する。中学（または高校）3年生の場合は、職業選択や将来の生き方にかかわる重要な進路選択をする時期でもある。入院して治療をしている中で進路選択を迫られることになる。このとき、子どもたちが「病気を受け入れ」つつ、進路について「一緒に考え」、「将来に希望をもって選択」することが大切であると、江口はいう。そして、進路指導に当たる院内学級の担任は、治療計画、治療後の状態などを把握し、さらに学校と連携しながら、入試に向けて両校で話し合いをする。院内受験は、受験日や試験時間の確認、試験場所の確保、監督控室の設定、試験当日の病棟の準備など、相談員、医師、看護師、院内教諭、受験校の教諭たちが連携し、共通理解し、時間をかけて準備を行う必要があるとしている（江口，2021, p.28）。

　小児がん患児等の場合は、病気の重篤さや治療の特質上、外出して試験会場へ行けず、受験校の別室受験さえ不可能な場合がある。患児やその家族たちは、会場に行けないことは受験ができないことと考えてきた。以前は、制度もなく前例もないからと受験校から難色を示されることもあったが、少しずつ前進し、近年、このような状況の子どもたちに対して、公立高校、私立高校ともに別会場受験、すなわち病院内での入学試験が行われるケースが出てきている。2005年、岡山県の県立高校は、他県病院の院内学級教室において入学試験を行った。2007年には佐賀県の私立高校が他県病院の院内学級教室において、2010年には福岡県の私立高校が同県内病院の院内学級教室において、2012年には長崎県の県立高校が他県病院の院内学級教室において入学試験を行っている（山本，2012, pp.4-8）。その後、2022年にも福岡県の私立高校が同県内病院の院内学級において入学試験を行っている。このような措置は、病気療養児の進路選択の可能性を広げるものであり、病気療養児の進路指導に大切であるとされる「生き

がい」を見つけることにつながる。近年の変化としては、長期入院での治療が主だったところから短期入院と通院の治療が増えてきたことにより、受験校での受験が可能となるケースも出てきている。

　ただ、この先にこのような問題の解決につながるいかなる方法が出てきたとしても、子どもたちの今の困りごとを解決するために尽くすことが重要である。院内学級の教師をはじめとし、支援する人々はそれをやってきたということであり、これからもそれをやっていくということである。

（2）トータル・ケアとしてのキャリア教育

　がん治療の先進国アメリカ等では、小児科医、小児外科医、看護師、保育士、ケースワーカー等の多職種のスタッフが協力体制をとり、トータルにケアをしていくことは当然であった（細谷・真部, 2008, p.v）。MD アンダーソンがんセンターでは、1999 年より小児科部門に AYA（Adolescent and Young Adult）プログラムを設けている（ジェハ, S.S., 2008, pp.179-186）。これは、15 歳から 21 歳のがん患者を対象に、医療的、心理社会的および職業的な要求に対処するために、複数の科が協力していくというものである。AYA プログラムのカウンセラーや教師から、学業の継続や学年の維持、キャリアを得るための計画や就職指導を受けることができる。カウンセラーは、生徒たちの大学入試の準備、入学や奨学金申請等も手助けする。多職種チームでそれぞれの役割を果たすべく連携し、トータル・ケアとしてキャリアサポートを行っている。先に述べた院内受験の機会の保障は、子どもたちが、将来の夢や職業について考え、どのように生きていくかを設計し、実現に向けてさまざまな学習の機会と支援を得るというキャリアにかかわる問題である。西岡は、「職業や労働との関わりを根底におかずして未来を生きる人間を考えることはできません」（西岡, 2002, p.50）と述べている。学びの継続が様々に支えられることで、子どもたちは将来の夢や職業を思い描くことから切り離されずに未来を生きる自分を考えることができるのである。

　患児にとって未来を生きるために学校生活が不可欠であるということはいう

210　Ⅱ部　キャリア教育

までもないが、中学（あるいは高校）卒業を迎えたときに、次の学校生活をどのように確保するか、それが未来を描くことにどれほどかかわるものなのかを、教師はもちろん患児を取り巻く人々が共通にもつということが重要なのである。病状の悪化で合格した高校に通うことができなくても、所属感があることは、社会を生きる上で重要なのである。卒業後、どこにも所属しないことは、心理的な不安をもたらし、将来像が描きにくいとされる。谷口は、「入院児の不安」についての調査の結果、「将来への不安」に関して、入院が長くなるほど社会との隔絶感も強まり、卒業後の職業選択が身近な問題となる高校段階のほうが中学生よりも「将来への不安」が高まることが十分理解できるとしている（谷口, 2009, p.54）。

　たとえ、合格した学校に一度も通えずに亡くなったとしても、それまでの時間を、所属感をもって生きることを可能にする。ある患児の母親は「あの子は病気のために何もできないと感じていたが、何かをなせたという成功体験をあの子自身の中に残すことができた」と語った。キャリア教育はどのくらい生きるかに関係なく、「生き方」を支援する教育活動である。病気療養児のキャリア教育は、そのことの深い認識の上に成り立つものでなければならない。

　「学ぶ」という行為には、「学ぶ内容」に意味がある場合と、「学ぶ行為そのもの」に意味がある場合がある。前者は教科科目の習得であろうが、これは将来の職業などの夢や希望をかなえるためであったり、近い未来においては、前籍校に戻ったときの学力の不安を解決するためであったり、子ども自身のキャリアにかかわる側面である。後者は、「共有」である。病気のつらさや、不安、恐怖、寂しさ、そのようなものについて、今、ここで学ぶ仲間はそれらを共有しているのだということを確認し、共感が生まれる。そして、そこからは連帯性や共同性を基盤にしたコミュニケーションが生まれ、そこは安心感を得られる場となる。これは、自分がいかに生きるかの土台を作る。

　それゆえ、何より病気療養児のキャリア教育はトータル・ケアの視点から、教師のみならず、今後も彼らを取り巻く多職種チームの連携が必要なのである。

（山本桂子）

〈引用・参考文献〉

石塚謙二（2009）『特別支援教育×キャリア教育』東洋館出版社

梅永雄二・島田博祐（2011）『障害児の教育と生涯発達支援（改訂版）』北樹出版

江口尚美（2021）「学びの支援の充実をめざして～子どもたちの思いに寄り添いながら～」『心とからだの健康　2021　Nov.』健学社

国立特別支援教育総合研究所（2010）知的障害のある児童生徒の「キャリアプランニングマトリックス」（試案）http://www.nise.go.jp/cms/resources/content/119/B_career.pdf

ジェハ，S.S.（2008）「思春期および青年期の問題」，チャン，K.W.・レイニー，R.B.編／森鉄也監訳『小児がん―MD アンダーソン癌センターに学ぶ癌診療』シュプリンガー・ジャパン

全国特別支援学校知的障害者教育校長会（2010）『特別支援教育のための キャリア教育の手引き―特別支援教育とキャリア発達―』ジアース教育新社

谷口明子（2009）『長期入院児の心理と教育的援助』東京大学出版会

内閣府（2003）障害者基本計画　http://www8.cao.go.jp/shougai/suishin/kihonkeikaku.html

西岡正子（2018）『新しい時代の生涯学習　第3版』有斐閣

細谷亮太・真部淳（2008）『小児がん』中公新書

文部科学省（2021）『障害のある子供の教育支援の手引～子供たち一人一人の教育的ニーズを踏まえた学びの充実に向けて～令和3年6月』

文部科学省「特別支援教育　2．特別支援教育の現状」https://www.mext.go.jp/a_menu/shotou/tokubetu/002.htm

山本桂子（2012）「小児がん患児の進路選択に関わる支援と連携―院内学級における高校入試の事例をもとに―」京都教育大学紀要 No.121 pp.1-11

山本桂子（2023）「病気療養児のキャリア発達を支える学習と遠隔教育の課題―ICT 活用とこれからの院内学級の役割を探って―」『えびす教育学研究論集第6号　京都精華大学国際文化学部住友剛研究室』

European Association for Children in Hospital：EACH　http://www.each-for-sick-children.org/（2013-7-1　accessed）

〈参考・推薦図書〉

院内学級担当者の会（2004）『病弱教育 Q&A　PART Ⅳ院内学級編』ジアース教育新社

全国特別支援学校病弱児教育校長会（2012）『病気の子どものガイドブック』ジアース教育新社

CRS プロジェクト編（2010）『がんと一緒に働こう！』合同出版

谷川弘治・駒松仁子・松浦和代・夏路瑞穂編（2004）『病気の子どもの心理社会的支援入門』ナカニシヤ出版

吉田昌義・藤田誠・関口トシ子・進路指導21研究会編（2008）『特別支援教育（知的障害・自閉症）における進路指導・支援―担任のためのガイド―』ジアース出版

8章　アントレプレナーシップ教育

1　アントレプレナーシップ教育推進の背景

(1) アントレプレナーシップとは

　アントレプレナーシップ（entrepreneurship）は、「起業家（企業家）精神」と訳すことが多く、起業する人に特有の資質であると誤解されがちだ。しかし実際は、新しい事業を創造し、リスクに挑戦する姿勢であり、あらゆる職業で求められるものだ。したがって、精神というよりは、「起業家的行動能力」と訳すのが、より基本概念に近い。語源はフランス語の entrepreneur から来ており、これは東西貿易が盛んであったマルコポーロ時代に生まれた entreprendre という動詞から派生した言葉で、「仲買人」を意味していたと言われている。しかし単なる仲介業者ではなく、未知の危険に立ち向かい商売を行う開拓者精神あふれる事業家だ。それを、経済学者シュンペーター（Shumpeter,J.A.）が「イノベーションを遂行する当事者」を指す経済的用語として定義し、1985 年には、経営学者のドラッカー（Drucker,P.F.）が、「アントレプレナーシップという言葉は、経済の世界で生まれはしたものの、経済の領域に限定されるものではない。人間の実存に関わる活動を除くあらゆる人間活動に適用される」（ドラッカー , 上巻 , 1997, p.40）「イノベーションとアントレプレナーシップの原理と方法は、誰でも学ぶことができる」「社会的機関も、むしろ企業以上にアントレプレナーシップが必要である」（ドラッカー , 1997, 下巻 , pp. 44-45）と述べ、その概念を広めた。

　そして、ここ数年、どのような職業や産業分野においても必要とされる思考・行動要素として頻繁に言及されている。特に、起業する人が少なく、長く経済

が低迷している日本のような国において、アントレプレナーシップを奨励する動きが活発だ。なぜなら、アントレプレナーシップ溢れる社会では、イノベーションが起こりやすく、そこから新しい付加価値が創出され、それにより恩恵を受ける人や社会が出てくるからだ。今迄の在り方を一変するような革新的な事業が生まれると、それを模倣する人や組織が出現し、互いに切磋琢磨するダイナミズムが社会全体を活性化させることになる。

（2）学校教育での取り組み

　戦後直ぐの日本がそうだったように、物が不足し生活することに必死な環境では誰もがアントレプレナーシップを発揮しなければ生きていけない。しかし、経済が発展し製造業が急成長する過程では、従順な労働者が大量に必要となる。産業界のニーズに応えるべく、求められる人材を学校教育で意図的に育てる仕組みが作られた。一定の知識や技能を習得すれば終身雇用が約束され、安定した生活が送れる安心感はアントレプレナーシップを阻害する要因にもなる。ところが、生活水準が高くなり社会が成熟すると大量生産大量消費の時代が終焉を迎える。科学技術の発展により機械が人にとって代わり、グローバル競争で生産活動がより賃金の安い国へと移動し国内の仕事が消える。ロボットやAIの活用があらゆる業界で進み、働き手にはより創造的な能力が求められるだろう。

　同時に、気候変動という地球規模の危機に直面し、持続可能な事業を創出していける人材がいなければ、企業だけでなく国の存続も危うい。倫理観を持って新しい価値を生み出せるアントレプレナーシップ溢れる人材が不可欠という訳である。だがそんな人材は待っているだけでは簡単には輩出されない。音楽やスポーツと同様、小さい頃からの訓練や能力開発が大きく影響する。このことから、1980年〜90年代に経済活動が低迷するEU諸国を中心に、早いところでは就学前の児童からアントレプレナーシップ教育を取り入れるようになってきた。そして、そのイニシアティブは学校からというより、人材不足に悩む産業界や地域産業の衰退に頭を痛める市町村などから生まれ、日本の学習指導

要領に該当する学校教育のガイドラインのなかに重要な能力の一つとして位置付けられるようになっていったのである。EU（欧州連合）では、2000年のリスボン会議からアントレプレナーシップは、生涯教育の八つのキーコンピテンス（主要能力）の一つとして位置付けられている。

(3) 日本の取り組み

　日本では、20世紀終盤にバブル経済が崩壊し、その後の情報技術革新に社会経済や産業環境が追いつけずに景気後退が続いた。失業率や廃業率が高まり、政府は、イノベーションをもたらすベンチャー企業輩出のために、1990年代から、起業しやすい社会環境や法整備を積極的に進め、1998年通商産業省（現在の経済産業省）では、「アントレプレナーシップ教育研究会」を立ち上げ、翌年に報告書「起業家精神を有する人材輩出に向けて」（通商産業省，1998）をまとめ、アントレプレナーシップ教育を大学だけでなく、初等・中等教育段階で実施することの重要性について言及した。続く数年間、委託団体を通じて教材や教育プログラムの開発を行い、2000年から小・中・高校教育で段階的に始まった「総合的な学習の時間」にて、モデル授業的に導入された。筆者も、先進事例調査や「アントレの木」等の教材開発や学校での導入支援に携わった。

　同時期に、文部科学省を中心にキャリア教育が推進され、1999年に初めて公の文書として中央教育審議会の「初等中等教育と高等教育との接続について（答申）」にキャリア教育が登場する。その後のキャリア教育義務化の流れと並行し、2009年3月に改訂された高校の学習指導要領では、農業科で「経営の改善に取り組む活動として起業的な内容についても扱うこと」、工業科で「起業の重要性を扱うこと」、商業科で「起業の意義及び起業の手続の概要を扱うこと」が記述され、起業についての学習が定められる。2017年の学習指導要領の改訂では、中学の社会科の公民的分野に、「『個人や企業の経済活動における役割と責任』については、起業について触れるとともに、経済活動や起業などを支える金融などの働きについて取り扱うこと」とされ、「起業」についての学習が入る。また、2022年度から高校で一斉導入された「総合的な探究の

時間」では、「自己の在り方生き方を考えながら、よりよく課題を発見し解決していくための資質・能力の育成」を目的に、自らの個人としての成長や積極的な社会参画により、創造的なアイデアを行動にうつせる能力を育成するアントレプレナーシップ教育に取り組む学校が増えて来ている。ようやく、商業や経済・金融学習とは一線を画した、アントレプレナーシップ本来の概念である行動能力の育成のための教育が始まって来ている。

2 アントレプレナーシップ教育について

(1) キャリア教育とアントレプレナーシップ教育

　文部科学省は、キャリア教育の概念について「文部科学省中央審議会答申」(1999年) において「児童生徒一人一人のキャリア発達を支援し、それぞれにふさわしいキャリアを形成していくために必要な意欲・態度や能力を育てる教育」ととらえ、端的には「児童生徒一人一人の勤労観、職業観を育てる教育」とすると述べている。つまり、キャリア教育は、社会生活のなかでどのように働き生きていくかを個々人が見出す支援といえる。対して、アントレプレナーシップ教育は、「新しい価値を創造し、社会に変革をもたらすために必要な行動能力を培う」ものである。そのために、社会の一員として、既存の課題解決のために何ができるかを考え、他者に働きかけられる学習機会が必要である。ともに、若者が自立した市民として社会に参画していくには重要な教育であり、キャリアもアントレプレナーシップも、生涯を通じて継続的に開発すべきものである。

(2) アントレプレナーシップをいかに育てるか

　アントレプレナーシップについて、かつては"生まれながらに備わっている資質であり、教育で育つものではない"と考える人もいたが、近年では、若い時から意図的に訓練することでその素養を育成できるというのが定説になっている。また、アントレプレナーシップ教育は、プロ、つまりここでは起業家を

育てるだけではなく、音楽やスポーツの学習と同様に、観戦者としてプロを応援する人を育てるように、実際に事業を起こす人の支援者や応援者を醸成していくことも重要なねらいとなっている。

では、そのためにはどのような教育活動が効果的といえるだろうか。単にチャレンジ精神やリスクをとることをいとわないといった意欲の向上だけでなく、経済知識やビジネスプラン立案のスキルといった表面的なノウハウ取得でもない。アントレプレナーシップを培うには、既存の課題解決に果敢に取り組み、新しい価値を創造していく起業家の行動パターンにそって、イノベーションを生み出すプロセスを取り入れた学習活動を繰り返し体験し、行動能力を培うことが重要である。

初等・中等段階でのアントレプレナーシップ教育の研究者で、Mini-Societyなどの教材開発とその普及で実績のあるクリルスキー（Kourilsky,MarrilynL.）は、アントレプレナーシップ教育が成功を収めるために、Opportunity recognition（機会認識）、Marshalling of resources in the presence of risk（リスクに直面しながら資源獲得）、Building a business venture（事業構築）の三つが不可欠であると述べている（Kourilsky,M L., 1995, pp.8-11）。そして、大人が前もって失敗をしないようにお膳立てした活動ではアントレプレナーシップを育成することは難しいというのだ。もちろん、このような学習でも、ビジネス教育や職業理解という点では一定の効果はある。しかし、学習者が自ら身近な問題や変化から機会を見つけ出したり、新しい事業アイデアを生み出したり、限られた資源（時間、知識、人材や資金など）を費やす体験をしたり、アイデアを形にしていったりというなかで、成功や失敗によって評価を得る重要な学習プロセスや思考を欠いてしまうというのだ。アントレプレナーシップを培うには、資金が不足したり、客からクレームがついたり、想定外の事態が起きるリスクを背負う体験が重要である。答えのない課題にいかに対処していくかという能力こそ、アントレプレナーシップの真髄であり、今後の教育全般に求められる視点である。その実現には、守られたカプセルのなかでの仮想訓練では不十分で、実際の社会と接続した学習が必要である。それを考慮すると、アント

レプレナーシップを培うには、実際に新しい価値を創造するイノベーションプロセスをプロジェクトベースで体験するのが望ましい。NPO法人アントレプレナーシップ開発センターは、そのプロセスの重要なステップとして、「①調査・分析・機会認識、②アイデアの創出、③資源獲得とネットワーキング、④アイデアの具現化、⑤アイデアの検証、⑥新しい価値の創造」（原田,2010,pp38-39）、をあげ、教育プログラムのなかに組み込んでいる。

（3）実践と教育効果

　NPO法人アントレプレナーシップ開発センターでは、「ユースエンタプライズ」というオンライン教育プログラムを教育機関に提供している。そして、そのプログラムを使って起業実践を行う小学生～大学生たちが、年に一度京都に集合し、対面で展示販売をしながら他校と交流・学びあえる「トレードフェア」という場を設けている。2001年から開催しているものだが、出展者は、通年の授業のなかで、自分たちの身近なところでビジネスチャンスや社会課題を見つけ、地域の人たちや専門家の協力を得ながら事業アイデアを形にし、トレードフェアでその成果を披露している。当日は、一般の来場者や審査員が各校の取り組みを評価し、優れた取り組みに賞を授与している。

　このプログラムの参加者（7～8割が大学生）に、毎年アンケート調査を行っているが、2022年～2024年の回答者（有効回答数355名）の平均値から、彼らがこのような学習活動から何を学んでいるか見てみたい。まず、回答者のほぼ全員がこの活動が「将来の自分の職業を考えたり」（98％）「仕事を通じて社会に貢献する力をつけたり」（99％）するのに役立つと考えており、94％が「前より事業経営に興味を持ち、起業家を尊敬するようになった」と答え、そのうち30％が新しく事業を始めることに「ぜひ自分もいつかチャレンジしてみたい」、31％が「将来機会があれば、自分でやっても良いなと思う」としている。また、役立った活動として「トレードフェアに出展するまでの様々な準備」（78％）、「他の学校の取り組みを直接見れたこと」（70％）が上位に来ており、特に伸びた力として「他の人と一緒に協力して働く力」（77％）「アイデア

を形にする力」(76%)「新しい事業をつくりだす過程についての理解」(70%)「伝えたいことをまとめて発表したり、他人に説明したりする力」(66%)「新しいことにチャレンジする気持ち」(64%) などを挙げている。ただし、これらの数値は、彼らの実践内容に大きく左右される。学習者の自発性や主体性が高い取り組みの場合、学習効果は高く、反対の場合は、すべての数値が低く留まっている。

　クリルスキーが言及しているように、お膳立てされた活動を楽しくやるだけでは、アントレプレナーシップを培う機会はほとんどない。アントレプレナーシップの育成という視点では、学習者が自ら現場や当事者に触れ、機会を見極め、何をすべきかを決断し、実現していく一連の学習プロセスの体験が重要であるといえる。

(4) アントレプレナーシップ溢れる学校づくりへ

　前述したイノベーションプロセスをすべて網羅するにはかなりまとまった学習時間が必要である。限られた授業時間数しか割けない今の学校現場の現状を考えると、簡単に取り組めるものではないという意見が出てくるだろう。だがアントレプレナーシップの育成は、特別なプロジェクトを用意しなくても、イノベーションの創造プロセスを日常のあらゆる場面に浸透させることで、実現可能である。例えば、学校の体育祭・文化祭・修学旅行などの学校行事を生徒たちが経費の件も含めて主体的に企画運営したり、「総合的な探究の時間」の学習活動をアントレプレナーシップの要素を入れて実施したりということならハードルは高くないだろう。

　大切なのは、学習者にとって一番身近なコミュニティである学校や地域の大人たちが、あらゆる場面で彼らのアントレプレナーシップを奨励することである。そして、彼らが新たなことにチャレンジし、失敗を繰り返しながら訓練できる環境を提供することが重要である。いかに素晴らしいプロジェクトを行っても、培った能力が学校や現実社会において発揮できる機会がなければ何の意味もない。理想を言えば、学校で実践したことが社会で生かされるよう、学校

を取り囲む地域社会が、若者たちのチャレンジを受け入れるアントレプレナーシップに満ちた場所であってほしい。

　アントレプレナーシップ育成のゴールは、よりよい社会を創造していく若者を育てるのみならず、活性化した革新的な地域社会を創っていくことだからだ。そして、その実現は、学校を核として、教員だけでなく地域住民が一緒になって担っていくものである。

　日本が、多大な予算を使って起業支援や教育に投資しながらも、2001年から実施されている国際的な調査グローバル・アントレプレナーシップ・モニター（GEN）の報告書では、長期にわたり日本の起業活動が参加国中最下位層にランクしているのも、この本質的な部分での変革が起きていないからだろう。日本の旧態依然とした組織や社会の在り方に、変化を求める声が上がっている今だからこそ、アントレプレナーシップを発揮した市民の活動と若者の育成が期待される。

（原田紀久子）

〈引用・参考文献〉

シュンペーター J.A.（1997）塩野谷祐一・中山伊知郎・東野精一訳『経済発展の理論』岩波文庫

ドラッカー P.F.（1997）上田惇生訳『イノベーションと起業家精神』ダイヤモンド社

文部科学省中央教育審議会答申（1999）「初等中等教育と高等教育との接続について」

Kourilsky,Marilyn L.（1995）Entrepreneurship education: opportunity in search of curriculum, Business Education Forum

原田紀久子，（2010）「若者の社会参画を促す地域連携型アントレプレナーシップ教育」『文部科学省教育課程課編集中等教育資料3月号』

〈参考・推薦図書〉

Web教材「ユースエンタプライズ」2014, NPO法人アントレプレナーシップ開発センター　https://www.youthenterprise.jp/

Web資料「ユースエンタプライズトレードフェア」NPO法人アントレプレナーシップ開発センター　https://entreplanet.org/tradefair/

COLUMN

10年後の仕事

　2015年に、野村総合研究所と英オックスフォード大学のフレイ＆オズボーンとの共同研究で、10〜20年後には日本の労働人口の約49％が、人工知能（AI）やロボット等により代替される可能性が高いとの結果が発表された。それから10年、確かに店や企業へ問い合わせをすると殆どが自動音声での対応で、スーパーのレジの無人化も進み、ホテルのセルフチェックインも増え、人と接する機会が減っている。

　あるグローバル人材の転職サービス会社の調査では、2024年に最も需要の高い仕事のトップ10として、AI専門家、再生可能エネルギーの技術者、サイバーセキュリティの専門家、デジタル・マーケティングの専門家、医療従事者（遠隔医療）、データアナリスト／サイエンティスト、サステナビリティ・コンサルタント、ロボット工学エンジニア、ユーザー・エクスペリエンス（UX）デザイナー、ブロックチェーン開発者があげられていた。30年前の求人には殆ど見られなかった職種だろう。一方で、ビジネス特化型のSNSで世界最大規模のLinkedln（リンクトイン）が2024年に公表した「最も需要の高い能力」のトップ10は、コミュニケーション力、顧客サービス、リーダーシップ、プロジェクト管理力、経営力、分析力、チームワーク力、営業力、問題解決力、調査力だった。

　この二つのデータから、仕事で求められる知識や技術的なハードスキルは産業の発展にともない変化するが、対人スキルや問題解決力などのソフトスキルや資質は時代や社会環境が変化しても大きく変わらないといえる。前者は経験も必要だがいくつになっても学ぶことができる。一方、ソフトスキルや資質は、実践を経て長期的に形成されるもので、幼い時から家庭や学校教育のなかで意図的に育成していく必要があるだろう。今後、ロボットやAIの普及で、人間にしかできない創造的な活動や倫理的な判断、状況に応じて臨機応変に対応する能力が益々求められるようになる。これから社会人として働く若者には、ぜひハードとソフト両方のスキルを磨き、やりがいのある仕事に就いて欲しい。

（原田紀久子）

9章　生涯学習時代のキャリア教育

1　人生を拓くキャリア教育

（1）生涯にわたる発達と学習

　キャリアとは「人が、生涯の中で様々な役割を果たす過程で、自らの役割の価値や自分と役割との関係を見いだしていく連なりや積み重ねが、『キャリア』の意味するところである」と中央教育審議会答申「今後の学校におけるキャリア教育・職業教育の在り方について」（2011）において定義している。

　キャリア教育とはまさに生涯にわたるものであり、長いスパンを展望して行われなければならないものである。すなわちライフサイクルの概念を必要とするものである。Ⅱ部3章で述べたエリクソン、ハヴィガーストに加え、グールド（Gould, R.）、レヴィンソン（Levinson, D.J.）、ヴォントレス（Vontress, C.E.）、シーヒー（Sheehy, G.）等は、同じ時代、同じ文化であれば、年齢によって似通った問題に直面し、変化を迎え成長していくというステージ・セオリー（stage theory）の開発者である。児童期や青年期同様、成人期になってからも人は生涯、学び成長していくということが様々な研究によって明らかになっている。グールドは年齢グループで異なる社会観、自己認識等を調べ上げ、ライフステージにおける心の変化を明らかにしている。レヴィンソンらは、人間が一生を通じいかに変化していくか、その発達のパターンを発見し、人生の各段階における精神状態から態度、行動に至るまでを詳細に報告している。

　基本的に成人期は、交互に出現する二つの期間、すなわち比較的安定した人間としての生き方の基盤を形成する構築期と、それまでの生き方に変化を与え、構造的変革をする推移期によって構成される。特に青年期、成人初期、成人中

期、成人後期にある推移期は、ライフサイクルの中でも非常に重大な転換期で
あり、次にやってくる時期を生きるための基礎をつくり出す。これらの推移期
は躍進あるいは停滞の源となることによって、個々人の継続的な発展過程を基
本的に特徴づけていくというものである（レヴィンソン，1978, pp.317-318）。

　ヴォントレスは、「肉体的な衰退はあってもその人が生産的な生き方をして
いる限り、人格は成長・成熟し続ける」と、一生涯続く精神の成長・成熟を
強調し、生き方を援助する生涯教育の必要性を説いている（ヴォントレス，1970,
p.27）。1976年にステージ・セオリーに革命をもたらしたといわれる *Passage* を
著したシーヒー（Sheehy, G.）は、1995年に *New Passage* を著し、長寿時代の
人の生涯を分析し「成人の生活の新しい地図（The New Map of Adult Life）」
という 人生の地図まで作っている。長い生涯、人は様々な課題に遭遇し、そ
れらを克服し成長、変化していくのである。

　人の成長発達に関するもう一つの理論は、発達と年齢をそれほど結びつけな
いものである。それらは、人生の出来事（events）とトランジション（transition）
すなわち変遷期、移行期を重視する理論である。長寿化と多様化から近年は年
齢を中心として典型的と呼べるパターンを見出すことが難しくなってきた。職
業も生涯において一つとは限らない。探索期や確立期を繰り返す。

　年齢とはかかわりなく、成人はそれぞれの出来事に出会うたびに、またトラ
ンジションを克服していくために学習を必要とする。それぞれの出来事に出会
うたびに、学習が必要となるのである。成人の生活の研究結果から、成人は人
生の変化とうまく組みし、成長していくための学習を必要とすることや、出来
事が学習の引き金になることが明らかになっている。このように発達にはすべ
て学習が伴う。発達に必要な学習の機会をすべての成人が得ることができるよ
うにキャリア教育を含めた生涯学習体制を整えていかなければならない。

（2）意識変容という概念の出現

　2009年に出版された *Transformative Learning in Practice*（自己変容の学習の
実践）においてメジロー（Mezirow, J.）は次のように述べている。1978年

に彼が発表した自己変容の学習に基づく研究により、成人の自己変容のプロセスが明らかになった。そのプロセスは、①混乱を引き起こすジレンマ、②自己分析（self-examination）、③前提の批判的な考察および評価（critical assessment）、④自己の不満と変容過程を結びつけるという認識、⑤新しい役割、関係および行動の探求、⑥一連の行動の計画、⑦自己の計画を実施するための知識や技術の獲得、⑧新しい役割の実践の試み、⑨新しい役割と関係における能力と自信の形成、⑩自己の新しいパースペクティブの要求への新しい生活の再統一である（メジロー, 2009, p.19）。メジローも述べているが、その後様々な分野でこの理論が展開され実践されていった。

　メリアム（Merriam, S.B.）とカファレラ（Caffarella, R.S.）は、メジローの理論は大人がいかに自分の経験を解釈するか、またいかに意味付けをするかということに関するものであり、この意識変容の学習は、1980年以降中心的な存在となったと述べている（メリアム, 1998, p.318）。

　大人はすでに確立された経験や哲学をもっているがゆえに、その変容のためには学習が必要となってくるのである。クラントン（Cranton, P.A.）は意識変容の内容を次のように述べている。「意識変容の学習は、自己を批判的に振り返ろうとするプロセスであり、私たちの世界観の基礎をなす前提や価値観を問い直すプロセスである。価値観は必ずしも変えられるわけではないが、検討はされる。つまり、それらの価値観のもととなることを明らかにし、そのうえでその価値観を受け入れて正当化するか、あるいは変更したり、否定したりする。意識変容の学習は、たとえば転職、退職、配偶者との死別、転居、離婚のような人生の危機の結果として起こることもある。しかしまた、人（教育者を含む）との活発なやりとりによって生まれたり、あるいは入念に企画された演習や活動への参加や、読書や視覚教材によってもまた、突然、生じるかもしれない。ほとんどの人は、自分の世界観を変えさせてくれた特別な教育者や、これまでの価値観を考え直すことになった講座やワークショップ、あるいは影響された本や映画を忘れないだろう。これらは意識変容の学習の例である」（クラントン, 2005, p.204）。

意識変容の学習においては、自己の経験が自己によっていかに解釈されているかを明らかにすることが重要である。すなわち意識変容の学習は、すでに在ったものを問い直すことによって、新しい社会の中で新しい自己を主体的に生きていく学習であるということができる。まさに成人期のキャリア教育の中心となる学習である。

(3) キャリア・ダイナミクスと学習

シャイン（Schein, E.H.）の『キャリア・ダイナミクス』の副題は、「キャリアとは、生涯を通しての人間の生き方・表現である」である。シャインはこの著書の中で、個人と組織についてのダイナミクスを明らかにしている。個人と組織の調和のための改善を示す章で「個人は何をすることができるか」として「効果的に対処するための鍵は、自分のキャリアから何を手に入れたいのか、自分の才能と限界、自分の諸価値、およびこれらが組織の諸機関の諸価値とどう調和するか、等への自己洞察である」と述べ、キャリア・アンカーの認識を指摘している。個人が上記のことができるよう、外部諸機関による情報や援助の提供、さらに中年期のキャリア転換への援助等を説いている（シャイン，1991，p.300）。

二村は同書を「個人のキャリアが決まる力学」であるとし、キャリアの二つの力学を挙げている。一つは「ライフサイクルにおいて、仕事と家族と自己自身が個人の内部で強く影響し合う」ことであるとし、「この相互作用は成人期全体を通じて変化する。ここですでに動態的なダイナミクスがあることになろう」と説明している。もう一つは、個人の要求と組織の要求との調和へのダイナミクスである。つまり「シャインのいう個人と組織の相互作用である。そして、組織の要求も時の経過とともに変化する。また、個人も組織も複雑な環境の中におかれており、両者の相互作用は一部外部的諸力によっても決定される。こうして、仕事の決定について、きわめて複雑な動態的なダイナミクスが出現することになる」とし、これが、「キャリア・ダイナミクス」であると述べている（シャイン，1991，p.XV）。

高等教育を終えるまでの年月、さらには、その後の働きながら生きていく年月と、人の生涯は長く続くのである。この長い人生を拓くキャリア教育の重要性は、変化の激しい現代において、ますます高まりつつあるということができる。

2　キャリア教育における主体性

（1）定義にみる主体性

　従来は職業指導、進路指導というように「指導」という用語が用いられていたが、今日ではキャリア教育すなわち「教育」と呼ばれている。しかしキャリア教育が主体性を重視することを考えるなら、ヴォケイショナル・ガイダンス（vocational guidance）のガイダンスが意味する「指導」、「導き」がふさわしいといえるのかもしれない。

　1915（大正4）年にアメリカの vocational guidance を日本に紹介したのは、入澤宗壽である。vocational guidance の訳語として職業指導を用いた入澤は、大正自由教育運動の中心人物の一人であるということからも、このガイダンスは本人の主体性を表していると推察できる。その後、職業指導という言葉はさまざまな分野で使われたが、教育分野ではすでに1927（昭和2）年に「児童生徒の個性尊重及び職業指導に関する件」として文部省訓令が出ている。個性の尊重と併記されていることからも職業指導における個人の尊重がうかがえる。

　職業指導の定義はさまざまではあるが、最初の妥当な定義といわれているのは、1938年のアメリカの全国職業指導協会（National Vocational Guidance Association）が作成したものである。「職業指導とは、個人が一つの職業を選び、それに向かう準備をし、それに入り、その中で進歩することを援助する過程である。それは、彼が将来の計画を立て、生涯の経歴を形成していくことの中に含まれる決定や選択－満足な職業適応を実現するのに必要な決定や選択－をするのを援助することを、おもな仕事とする」とある（増田, 1967, p.3）。ここには二つの重要な概念がある。

　その一つは、過程（process）である。今まで見てきたように、職業に就い

て働き続けるというのは、単なる瞬間で決定することではない。それは長い過程なのである。「職業指導は一連の過程である」ことが明確に示されている。職業指導は、ある個人に対して職業の選択、職業の準備、就職、職業生活への適応という四つの援助を次々と行う長期にわたる連続的な活動なのである。

その二つめは、援助（assist）である。ガイダンスという言葉が示すように、指図、命令ではなく、傍らから適切に援助するものである。あくまで個人が主体であることが強調されている。

職業指導から進路指導、キャリア教育と使われる名称は変わっても、あくまで個人が主体であることを忘れてはならない。

(2) 個人の発達と主体性

1951年には、スーパー（Super, D.E.）は、「職業指導とは、自分自身および仕事の世界における自分の役割についての統合されたかつ妥当な映像を発展させ、これを受容すること、この映像を現実に対してためしてみること、自分でも満足し、社会にも利益をもたらすように、この映像を現実化することについて個人を援助する過程である」と定義している。個人が個人の職業的発達を図ることを強調している。また、個人の人格の統一性を重視すること、すなわち職業指導は個人に関連した生活指導（personal guidance）と一体的に行われるべきことを強調している（増田, 1967, p.4）。

ハワイのキャリア教育の母と呼ばれている工藤江美子は、「キャリア教育は過程であり、キャリア発達はその過程の結果である。われわれはまず第一にこの概念を認めねばならない。つまりすべての教育は、学習者が自己の目的を達成する過程である。教育の過程は出生から終生に至るまで続くもので、単に正規の教育だけをいうのではない。教育は学校教育と同義でない。学校教育は教育の一部にすぎない」と述べている。「全ての個人が生涯続けるものという前提に立って、ハワイ州のキャリア教育は開発された」として「ハワイにおけるキャリア発達の本質は『人間』である」ことを挙げている。さらに「キャリア発達は人間志向であり、幼児期から成年期に至るまでの、可能性実現に向かっての

継続的な個人発達である。この発達は、個人がその環境の中で計画された系統的な経験と決定を連続的に体得することで実現する」と述べている（工藤, 1981, p.101）。

また、ハワイの計画の前提として「すべての個人は、目標を持って行動するための前提条件として、ある水準の自己理解を達成する権利をもつ」が挙げられている。「すべての個人は、生産的で満足できる生き方をするのに必要な態度、知識を習得しなければならない。およびすべての個人は現実に即した決定をする能力を養うために、自己についての知識と職業的要請とを結びつける機会を与えられなければならない」というのである（工藤, 1981, pp.101-102）。個人の発達を個人自らが可能にすることができるような教育が実施されるべきであるというのである。教室内の授業もすべての人が生涯発達をしながら働いて生きていくことを基に実施されることが求められているということができる。

これらはすべて竹内義彰の著書『職業と人間形成』のタイトルそのものが言い表しているということができる。竹内は、日本の職業指導の第一人者として職業指導の重要性を指摘し続けてきた。職業指導を「個人の職業適応という名の問題解決を生涯に渡って適切に指導する活動である」（竹内, 1977, p.107）と述べている。職業の準備、選択、就職、適応という終生の課題は、指導者の誰かが当人に代わって仮に解決したとしても、それは課題をもつその個人自身の行動による解決でないかぎり、単なる回避にすぎないと指摘している。したがって、職業指導の正しい役割は個人が職業の準備から適応という終生にわたる自己自身の問題解決を自主的に遂行していくことのできる能力や態度を身につけられるように、側面から適切に援助するところに求めなければならないというのである。

心理学者であり経営の組織行動論の研究者であるシャインも、近年は『人を助けるとはどういうことか－本当の「協力関係」を作る7つの原則』（*HELPING-How to Offer, Give, and Receive Help*）というタイトルの著書を出している。監訳者である金井は「シャインが50年もかけて、内容の専門家（context expert）になるのに大事なこともあるが、過程の促進者（process facilitator）になるという手もあると主張し続けてきたのは、支援の仕方に、コペルニクス的転回を図るものであった。困っているひとの上に立つ立場から、あるいは外

在的に、回答を付与するのではなく、いっしょに考えるという姿勢を堅持することが、支援する側にも、支援される側にも、自律的に学ぶ機会を提供する」（金井，2010, p.287）と述べている。

金井は、シャインの組織開発の分野における貢献は、技術論だけではなく「クライアントが自律的に決められる人間になるように育つプロセスを生み出すほうが、頭ごなしに『こうあれ』と勧告するより望ましいという考え方、仮定がある。この考え方では、他人に代わりに考えてもらう依存的な人間に育ててしまうような支援よりも、自分で考えられる人間になるプロセスを同行するような支援を重視する」（シャイン，2009, p.268）と述べている。

職業指導・進路指導・キャリア教育においては、何よりも個人の主体性を重視し、指導者は傍らから支援または援助をすることが基本である。

職業指導、進路指導、キャリア教育は、その個人が主体となって実施していく過程を援助するものであり、その個人が能力をつける過程の援助である。また個人は生涯、発達を続けることから、職業指導は個人の生涯を考えたものでなければならない。さらに、その指導も生涯にわたり継続するものである。個人にとってはまさに生涯にわたる学習なのである。

生涯学習時代にあっては、主体的に学ぶ能力およびその育成が今後よりいっそう求められることになると考えられる。

（西岡正子）

〈引用・参考文献〉

金井壽宏（2010）「組織行動論におけるクリニカル・アプローチ－エドガー H. シャインのアプローチとアクション・リサーチの一形態－」『経営学研究者の先端的養成プログラム：研究力・教育力・実践力の縦横断的養成：プログラム成果報告書』，神戸大学大学院経営学研究科

工藤江美子（1981）「総合モデルによる K-12 段階のキャリア教育の実施におけるハワイの進歩」，第 2 回職業指導学会国際会議報告書

クラントン，P.A. ／入江直子・豊田千代子・三輪建二訳（2005）『おとなの学びを拓く－自己決定と意識変容をめざして』鳳書房

シャイン，E.H. ／二村敏子・三善勝代訳（1991）『キャリア・ダイナミクス－キャリアとは，生涯を通しての人間の生き方・表現である』白桃書房

シャイン，E.H. ／金井壽宏監訳（2009）『人を助けるとはどういうことか―本当の「協力関係」を作る７つの原則』英治出版

竹内義彰（1977）「職業指導と人間形成」竹内義彰他著『職業と人間形成』法律文化社

増田幸一・伊藤博（1967）『進路指導』創元社

Levinson，D.J. et al.（1978）*Seasons of Men's Life*, New York: Alfred A. Knopt, Inc.

Merriam，S.B. , Caffarella，R.S.（1998）*Learning in Adulthood : A Comprehensive Guide 2nd ed.* , San Francisco:Jossey-Bass

Mezirow，J. , Taylor，E.W. and Associates（2009）*Transformative Learning in Practice*，San Francisco:Jossey-Bass

Sheehy，G.（1976）*Passage*, New York: E.P. Dutton & Co.Inc.

Sheehy，G.（1995）*New Passage*, New York:Random House Value Publishing.

Vontress，C.E.（1970）"Adult Life Style: Implication for Education"，*Adult Leadership* 10.

〈参考・推薦図書〉

シャイン，E.H. ／二村敏子・三善勝代訳（1991）『キャリア・ダイナミクス－キャリアとは，生涯を通しての人間の生き方・表現である』白桃書房

シャイン，E.H. ／金井壽宏監訳（2009）『人を助けるとはどういうことか－本当の「協力関係」を作る７つの原則』英治出版

関口礼子・西岡正子他（2018）『新しい時代の生涯学習』（第３版）有斐閣

西岡正子（2014）『成長と変容の生涯学習』ミネルヴァ書房

COLUMN

カナダ・カルガリー大学における女性のキャリア教育

　カナダ・アルバータ州カルガリー市にあるカルガリー大学では、女性の能力を開発し平等な労働の機会を獲得できるようさまざまな活動を行っている。

　WISE（Women in Science and Engineering）は、自然科学と工学を専攻する大学生の組織であり、大学の協力を得て個別指導、講演会、奨学金の支給、ニューズレター配布等を実施している。教員と大学院生が女子学生を支援する組織から始まったが、現在は男女を問わず支援している。女子児童を対象とした科学キャンプ、中・高生の女生徒に対する授業のデモンストレーション、中学3年女子生徒を対象とした一日参加型プログラム Explore IT Conference の開催等も実施している。このプログラムは、ICT（Information Communication Technology）の紹介、専門分野に分かれての実践、ICT 分野の職業の紹介、およびその分野で活躍するロールモデルとなる女性との懇話会等を実施する。ICT 分野の職業に就くためには高校入学後、自然科学や数学の科目選択をする必要性を伝え、将来の職業選択の幅を狭めてしまうことを防いでいる。

　大学・大学院においては、工学部に高校1、2年の女子生徒を招待し、女性教員や女子学生・院生が、授業や工学分野の職業、実際に働く女性の例を紹介している。工学部・自然科学部の大学院生のネットワークでは研修活動、講演活動、懇親会に加え学部生のメンターとしての活動等、さまざまな活動を行っている。

　また、全国的な組織である CWSE（Chair for Women in Science and Engineering）の SCIber MENTER PROGRAM（サイバーメンタープログラム）は、自然科学や工学を学ぶ大学生・院生およびそれらの分野で働く女性が、11歳から18歳までの女子生徒と1対1の e-mail メンターの関係を結び支援する。アルバータ州においては、カルガリー大学、アルバータ大学、アルバータ女性科学者ネットワークによって実施されている。

（西岡正子）

索　引

あ

IEP　45, 205

ICT　11, 208

アイビィ　197

アクティブ・ラーニング　168

アスペルガー症候群　28

アセスメント　50, 56, 61, 69, 71, 73, 83, 201

安全・安心な風土の醸成　60

アントレプレナーシップ　138, 213

アントレプレナーシップ教育　216

い

生きる力　162, 165, 166

意識変容の学習　224, 225

いじめ　90, 91, 92, 94, 98, 187

いじめ重大事態　96

いじめの解消　97

いじめの防止等のための基本的な方針　94, 101

いじめ防止対策推進法　4, 90

命の教育　120

イリッチ　148

医療機関　112

インターンシップ　138, 207

院内学級　208

う

ウィリアムソン　196

ヴォントレス　222, 223

え

ASD（自閉症スペクトラム）　28

ADHD　44

ADHD（注意欠陥多動性障害）　28

NPO 法人アントレプレナーシップ開発センター　218

エリクソン　149, 150, 222

LD（学習障害）　28

遠隔教育　208

お

オープンエンド　169

オシポー　141

か

ガイダンス　6, 14, 149, 201, 226

開発的教育相談　58, 62

外部専門機関との連携　70

カウンセリング 6, 15, 44, 56, 138, 152, 195

カウンセリングの方法 62

学習指導要領 3, 60, 122, 134, 168

学習障害 44

課題早期発見対応 9, 11, 62, 67

課題未然防止教育 9, 10, 12, 62

学級編成基準 77

学校教育相談 57

学校教育法 161, 162

学校恐怖症 103

学校と地域の連携・協働 203

学校不適応 44

家庭児童相談室 28

家庭内暴力 12, 28

関係機関との連携 112

管理職との連携 67

き

規範意識 31, 53, 81

キャリア 133

キャリア・カウンセリング 198

キャリア教育 127, 132, 133, 145, 146, 148, 154, 160, 161, 162, 163, 165, 166, 167, 173, 176, 179, 181, 182, 199, 203,

204, 205, 206, 210, 211, 215, 216, 222, 223, 225, 226, 227, 229

キャリア形成 157, 163, 164, 167, 176, 199, 200

キャリアサポート 207

キャリア・ダイナミクス 225

キャリア転換 225

キャリア・パスポート 200

キャリア発達 133, 148, 154, 156, 158, 167, 207, 227

教育機会確保法 4, 106

教育基本法 161, 162

教育支援センター 105, 111

教育相談 53, 54

教育相談コーディネーター 25, 29

教育相談に活かせる手法 63

教育の適時 151

共感的な人間関係の育成 59

教師間連携 67

ギンズバーグ 129, 151, 154, 155

金銭マネジメント能力 171

勤労観 164, 165, 179, 181, 199

く

クランボルツ 141

グローバル・アントレプレナーシップ・
　モニター　220

け

計画された偶発性理論　142

傾聴　63, 65, 198

こ

校内体制　74

功利主義　36

公立義務教育諸学校の学級編成及び教
　職員定数の標準に関する法律　77

コーチング　175

COCOLO プラン　112, 114

コーディネーター　50, 82

子ども家庭支援センター　28

子どもたちの自殺の状況　116

個に焦点　54

個別支援　42, 111

個別指導　38

個別の教育支援計画　205

コミュニティ・スクール　18, 178,
　179

困難課題対応的生徒指導　9, 12, 67

さ

支える生徒指導　4, 9

小砂丘忠義　189

佐々木正之　191

し

シーヒー　222, 223

ジェンダー　181, 182

ジェンダーギャップ指数　181

支援の充実　110

自我　151, 154, 155, 157

自己概念　151, 152, 154, 157

自己決定の場の提供　60

自己コントロール力　39

自己実現　6, 132, 163, 164, 165

自己指導能力　6, 31, 60

自己存在感の感受　59

自己探求　164

自己のアイデンティティ　38

自己の生き方　163, 165, 166

自己理解　6, 15, 39, 65, 132, 134, 137,
　146, 148, 170, 194, 200, 228

自殺者の年次推移　117

自殺の原因と動機　118

自殺予防教育　120

自殺予防の取組　119

支持的学級風土　80

児童虐待　28, 53, 71, 112

児童生徒理解（アセスメント）　7, 21, 28, 56, 73

児童相談所　28, 112

指導体制　26

児童の権利に関する条約　14, 112

児童福祉機関　112

シャイン　156, 157, 225, 228, 229

社会教育士　179

就業体験　207

集団指導　38, 42, 45

集団に焦点　54

就労　205

主体性　6, 175, 219, 226, 227, 229

生涯学習　148, 176, 183

生涯学習時代　iii, iv, 1, 127, 135, 222, 229

生涯学習体制　223

生涯発達　228

少年サポートセンター　28, 125

勝利至上主義　174

職業観　133, 164, 165, 179, 181

職業教育　148, 178, 179, 206, 222

職業興味検査　140

職業指導　128, 148, 152, 161, 162, 182, 226, 227, 228, 229

職業選択　128, 137, 152, 154, 155, 156, 161, 170

職業適応　143, 226, 228

職業適応理論　142

職業適性検査　145

職業的発達　151, 152, 153, 154, 195, 227

職業的発達理論　149, 151, 154

進路指導　131, 148, 154, 161, 163, 167, 192, 195, 226, 227, 229

進路相談　195

す

スーパー　129, 151, 152, 153, 154, 196, 227

スクールカウンセラー（SC）　25, 54, 70, 95, 110

スクールカウンセラー（SC）との連携　68

SCの活動　71

スクールソーシャルワーカー（SSW）　11, 25, 74, 95

スクールロイヤー　28

ステージ・セオリー　222, 223

スペシャルサポートルーム　105, 111

スポーツライフ　173

せ

生活指導　188, 227

生活綴方　186

精神保健福祉センター　28

生徒指導　53, 54

生徒指導主事　25, 29, 67

生徒指導提要　3

生徒指導の「2軸3類4層構造」8

生物・心理・社会モデル　80

積極技法　197

そ

総合的な探究の時間　164, 165, 215, 219

ソーシャルワーク　16

組織マネジメント　26

た

竹内義彰　182, 228

ち

地域学校協働活動　19, 179

地域学校協働活動推進員　179

チーム学校　24, 33, 50, 74, 126, 201

チーム支援　12, 22, 24

チームとしての学校　68, 74

長期欠席者　104

て

ティーチング　175

デュアルキャリア　174

デュルケム　81

と

登校拒否　103

道徳性の三要素　81

同僚性　18, 48, 95

特性因子論　137, 149

特別支援学校　204

な

何を求めているのか　109

成田忠久　189

の

ノールズ　127

は

ハーズバーグ　144

パーソンズ　129, 137, 149, 195

発達課題　82, 133, 150, 151

発達過程　154, 155, 200

発達支持的生徒指導　9, 31, 67, 82, 199

発達障害　4, 12, 44

ハヴィガースト　149, 150, 151, 222

反社会的な問題 54

ひ

BPS モデル 56, 80

非社会的な問題 54

非正規雇用 180

ヒドゥンカリキュラム 36, 181

病気療養児 207

病弱者 204

ふ

VUCA な時代 4

不登校のきっかけ 108

不登校の現状 104

不登校の子どもたちの進路 109

不登校の定義 103

不登校は何が問題か 110

フリースクール 105, 111

ブリル 138

ブルーム 143

フレイレ 160

ほ

ボーディン 138, 152

保健室との連携 68

保護者対応 26, 45, 99

保護者との連携 69

北方教育 189

ホランド 139

ま

学びの多様化学校 105, 111

み

峰地光重 188

め

メジロー 223, 224

も

問題解決的教育相談 58

問題行動 17, 37, 71, 72

よ

予防的教育相談 58, 62

ら

ライフキャリア 170

ライフスタイル 36, 170

り

利己主義 36

れ

レヴィンソン 160, 222, 223

ろ

ロジックモデル 80

ロジャーズ 57, 63, 196

わ

ワーキングメモリ 81

ワークライフバランス 180

改訂版　生涯学習時代の生徒指導・キャリア教育

2013年12月 9日　初版第1刷発行
2025年3月21日　改訂版第1刷発行

編　者　西　岡　正　子
　　　　桶　谷　　　守

発行者　伊　東　千　尋

発行所　教　育　出　版　株　式　会　社

〒135-0063　東京都江東区有明3-4-10　TFT ビル西館
電話　03-5579-6725　振替　00190-1-107340

©S. Nishioka／M. Oketani 2025　　　印刷　モリモト印刷
Printed in Japan　　　　　　　　　　製本　上島製本
落丁・乱丁はお取替いたします。

ISBN978-4-316-80515-3　C3037